高等职业教育财务会计类系列教材

税法与纳税实务（上册）

主　编◎郑福芹　王妮娜　邢庆亮
副主编◎张永新　王美婷
　　　　李　梅　刘纪录

同济大学出版社
TONGJI UNIVERSITY PRESS
·上海·

内 容 提 要

本书以满足办税员、税务管理、税务会计、税务代理等纳税岗位需求为依据，将税法理论与纳税实务相结合，做到理实一体，具有较强的实用性、实战性。全书共分上、下两册九个项目。上册主要包括税法总论及纳税实务基础，增值税法及纳税实务，消费税法及纳税实务，城市维护建设税法及纳税实务，企业所得税法及纳税实务。

本书不仅可以作为高等职业院校财经商贸类专业的教学用书，也可作为各种财税培训机构的培训用书，还可以供广大财税实务工作者阅读参考。

图书在版编目（CIP）数据

税法与纳税实务. 上册 / 郑福芹，王妮娜，邢庆亮主编；张永新等副主编. --上海：同济大学出版社，2024.11. -- ISBN 978-7-5765-1043-0

Ⅰ. D922.22;F812.423

中国国家版本馆 CIP 数据核字第 2024MY7823 号

税法与纳税实务(上册)

主　编　郑福芹　王妮娜　邢庆亮

责任编辑　杨　艳　**助理编辑**　张瀚文　**责任校对**　徐春莲　**封面设计**　渲彩轩

出版发行　同济大学出版社　www.tongjipress.com.cn
(地址:上海市四平路 1239 号　邮编:200092　电话:021-65985622)

经　销　全国各地新华书店

排　版　南京文脉图文设计制作有限公司

印　刷　启东市人民印刷有限公司

开　本　787mm×1092mm　1/16

印　张　17.25

字　数　378 000

版　次　2024 年 11 月第 1 版

印　次　2024 年 11 月第 1 次印刷

书　号　ISBN 978-7-5765-1043-0

定　价　59.80 元

前　言

随着我国税制改革的不断深入和税收立法步伐的加快，税法教材内容的更新换代需求更为迫切，而在实际教学中，因为出版周期长、时间跨度大等，税法教材内容的更新相对滞后，不能满足财经商贸类专业的教学需求。同时，一些高等职业院校将“税法”与“纳税实务”课程合二为一，在现行市面上很难找到与之相匹配的单本教材，只能征订《税法》《纳税实务》等多本教材配合教学使用，这样既增加了教材使用成本，教学内容的重复也增加了教师的教学负担，所以我们迫切需要一本适合税法理论与纳税实务并行教学的单本教材，本书的编写就显得极为必要。

本书编写以习近平新时代中国特色社会主义思想为指导，深入贯彻党的二十大精神，严格遵守教育部印发的《职业院校教材管理办法》的规定，全面贯彻党的教育方针，落实立德树人根本任务。《税法与纳税实务》以满足办税员、税务管理、税务会计、税务代理等纳税岗位需求为依据，以培养学生良好的职业道德、依法纳税意识以及税法应用和考证能力、纳税实操能力、税务管理能力等职业核心能力为目标，集税法与纳税实务于一体，将税法与纳税实务、税务筹划等的内容有机融合，既注重税法理论学习，也注重纳税实务操作处理，要求学生掌握税法基本理论，增值税、消费税、企业所得税、个人所得税等现行各税种的基本法律内容，税额计算，纳税申报，网上报税实务操作等内容。

与国内外已出版的同类书比较，本书主要有以下特点：

一是全过程全方位融入课程思政教育，重视课程思政建设。本书以普法教育为基础，加强社会主义法治教育，注重培养学生的依法纳税意识和自律意识，注重立德树人，将税法知识传授和价值引领有机结合，每个项目均明确了课程思政目标、提炼了课程思政元素、融入了课程思政教学内容，在各项目、各税种的教学中全方位全过程融入课程思政内容，在案例讲解和税法条款解读中潜移默化地融入社会主义核心价值观、爱国主义理想信念，以及劳动教育、职业道德、依法纳税、诚信、环保、绿色低碳等课程思政教育理念。

二是注重时效性，力求引入最新税法内容（本书适用最新税法政策截至2024年6月）。本书根据截稿时间前的最新财税政策内容编写，力求政策最新，突出时效性。本书所用各税种纳税申报表等表格均为最新版本。

三是理实结合，强调教学做一体化。本书将税法理论与纳税实务操作融为一体，每个税种的学习内容包括税法基本要素理论、税额计算、网上报税实务操作等部分，坚持理实融合、课证融合、产教融合、学岗融通、知行合一。同时，本书体例新颖，教学资源丰富，含课件、案例、讲义、习题等资源，方便教学使用。

四是注重实用性。本书以实际案例模拟企业各税种税务操作流程，突出培养纳税岗位实践能力。

五是注重实战性，突出岗课赛证融合。本书将课程内容与近年会计考证真题考点、技能大赛项目等有机融合，培育学生的考证能力和后续可持续发展能力。

本书总学时为 96 学时，各章具体学时分配建议如下：

《税法与纳税实务》学时参考表

编号	教学内容		学时安排	
			理论	实践
1	项目一　税法总论及纳税实务基础	前言、税法要素、税法体系、涉税会计岗位、税务登记管理、纳税操作基础等	6	2
2	项目二　增值税法及纳税实务	增值税基本法律、增值税计税管理、税务会计及网上报税操作处理	16	14
3	项目三　消费税法及纳税实务	消费税基本法律、消费税计税管理、税务会计及网上报税操作处理	6	4
4	项目四　城市维护建设税法及纳税实务	城建税、教育费附加的基本内容及网上报税操作处理		
5	项目五　企业所得税法及纳税实务	企业所得税基本法律、企业所得税计税管理、税务会计及网上报税操作处理	8	10
6	项目六　个人所得税法及纳税实务	个人所得税基本法律、个人所得税计税管理、税务会计及网上报税操作处理	6	4
7	项目七　关税法、船舶吨税法及纳税实务	关税、船舶吨税的基本法律及计税管理	2	0
8	项目八　财产和行为类税法及纳税实务	资源税、土地增值税、城镇土地使用税、耕地占用税、房产税、环境保护税、契税、车船税、印花税、车辆购置税的基本法律及计税管理、税务会计及网上报税操作处理	8	4
9	项目九　税务行政法制	税务管理、税款征收、税务检查、违法处理、税务会计及网上报税操作处理	4	2
合计			56	40

本书不仅可以作为高等职业院校财经商贸类专业的教学用书，也可作为各种财税培训机构的培训用书，还可以供广大财税实务工作者阅读参考。

本书分为上、下两册，由同济大学出版社出版。

上册由潍坊职业学院郑福芹、王妮娜、邢庆亮主编，张永新、王美婷、李梅、刘纪录为副主编，分工如下：郑福芹主编项目一至项目五主体部分；王妮娜主编项目四、参编项目二；邢庆亮参编项目一并对全书的课程思政进行审核指导；张永新参编项目三；王美婷参编项目一；李梅、刘纪录参编项目五。

下册由潍坊职业学院郑福芹、张永新、邢庆亮主编，冀香芬、刘纪录、王春芳、郭太相为副主编，分工如下：郑福芹主编项目六至项目八主体部分；张永新共同主编项目六、项目七；邢庆亮编写项目八任务 8.3、8.4 并对全书的课程思政进行审核指导；冀香芬编写项目九；刘纪录编写项目六任务 6.3；王春芳编写项目八任务 8.5；郭太相编写项目八任务 8.6、8.7。

本书在编写过程中借鉴了专家学者们的研究成果，同时得到了山东北方联合会计师事务所（普通合伙）注册会计师兼律师李建军、致同会计师事务所（特殊普通合伙）注册会计师赵艳美和同济大学出版社的大力支持，在此表示衷心感谢。由于作者水平有限，书中难免存在一些不足之处，敬请广大读者批评指正。

编者

2024 年 6 月

目　录

前言

项目一
税法总论及纳税实务基础

职业能力与思政目标

1. 掌握税收的概念及特征；
2. 理解税法的概念及作用；
3. 理解并掌握税收法律关系的概念及特征；
4. 掌握税收的分类；
5. 掌握税法的基本税制要素；
6. 了解纳税工作流程；
7. 了解我国现阶段国情，对学生进行普法教育，以及社会主义核心价值观、劳动价值观和爱国主义教育；
8. 培养学生良好的职业道德、诚信品质、依法纳税意识；
9. 理解“税收人民性”“取之于民、用之于民”的内涵。

案例导入

美国政治家本杰明·富兰克林（Benjamin Franklin）说：“这个世界上只有死亡和征税是确定无疑的。”人的衣、食、住、行离不开税收。你了解税收吗？

美国政府“关门”危机

“关门”是指由于美国政府预算拨款案未获得批准，美国政府没钱可花而造成的政府停摆。1977—2018 年，美国联邦政府曾关门 19 次，几乎平均每年关门一次，最短 1 天，最长 21 天。其中 1995—1996 年，克林顿政府执政时期，曾关门 2 次。

当地时间 2018 年 1 月 19 日晚，由于美国民主党与共和党在“梦想者”以及美墨边境墙等问题上存在分歧，2018 财年预算法案迟迟未能出台。美国国会参议院未能通过临时拨款法案，联邦政府部门从 1 月 20 日零时起正式关门，关门大限推迟到 2 月 16 日。

联邦政府机构关闭，联邦雇员被迫休假，除了维护国家安全所必需的机构，诸多服务停摆，包括美国疾控中心、护照申请、19 个国家博物馆、美国宇航局部分项目、华盛顿特区公共服务停摆等，每天损失约 65 亿美元。

2018 年 12 月底，美国联邦政府局部关门开始爆发，两党协商却仍卡在美墨边境墙经费。政府关门已影响愈来愈多服务，机场安检、公园卫生状况等堪忧。到 2019 年 1 月 12 日，时任美国总统特朗普（Trump）打破了克林顿时期的纪录，创下美国联邦政府史上最长关门时间纪录。

从以上案例不难看出：税收是国家存在的经济基础，国家财政主要来源是税收，没有税收，国家的公共需要便得不到满足。

课程思政元素

1. 用实际案例进行普法教育、国情教育，以及价值观、劳动观、消费观教育。
2. 了解宏观调控、国家产业政策，进行普法教育、国情教育和价值观教育。
3. 理解碳达峰、碳中和、绿水青山就是金山银山、环保、节约、低碳、人类命运共同体等理念。

任务 1.1　税法的概念和基本理论

一、税收的概念与特征

（一）税收的概念

税收是指以国家为主体，为实现国家职能，满足社会公共需要，凭借政治权力，按照法定标准，强制、无偿地取得财政收入的一种特定分配形式。税收体现了一定社会制度下国家与纳税人在征、纳税的利益分配上的一种特定的征纳关系。政府为了不断发展和发挥其管理职能，必然要消耗一定的社会资源和产品，但是，政府本身不直接从事生产活动和创造社会产品价值，因此政府只能依靠自身拥有的政治权力，强制性地征收一部分社会产品，以满足国家机关运作和社会公共产品消费所需。

税收本质上是一种收入分配形式。政府征税是将纳税人所拥有的社会剩余产品或部分既得利益转变为国家所有。而税法的作用是固定税收分配中形成的权利义务关系。

马克思（Marx）指出："赋税是政府机关的经济基础，而不是其他任何东西。""国家存在的经济体现就是捐税。"恩格斯（Engels）指出："为了维持这种公共权力，就需要公民缴纳费用——捐税。"19 世纪美国法官霍尔姆斯（Holmes）说："税收是我们为文明社会付出的代价。"这些都说明了税收对于国家经济生活和社会文明的重要作用。

不同的人对税收的基本内涵认识有所不同，但是对税收的概念理解大致包括这样几个共同点：第一，征税的主体是国家，除了国家之外，任何机构和团体都无权征税；第二，国家征税依据的是其政治权力，没有国家的政治权力作为依托，征税就无法实现；第三，征税的基本目的是满足国家的财政需要，以实现其进行阶级统治和满足社会公共需要的职能；第四，税收分配的客体是社会剩余产品；第五，税收具有强制性、无偿性、固定性的特征。

知识链接

社会再生产包含四个环节：生产、分配、交换、消费。税收处于分配环节。社会再生产的产品价值由三个部分组成，即 C+V+M。其中，C 是指社会再生产中消耗的生产资料的价值；V 是指支付给劳动者的必要的个人劳动报酬；M 是指剩余产品的价值，即税收的来源，税收分配的是剩余产品的价值。

（二）税收的产生与发展

人民税收，取之于民、用之于民

原始社会末期，随着生产力水平的提高，出现了剩余产品，氏族首领占有剩余产品，就产生了私有制，私有制进一步推动了阶级和国家的产生。历史上，在国家产生的同时，也出现了保证国家实现其职能的财政。在我国古代的第一个奴隶制国家夏朝，最早出现的财政征收方式是"贡"，即臣属将物品进献给君王。"贡"只是税收的雏形，而后出现了"赋"和"税"。西周时期，征收军事物资称"赋"，征收土产物资称"税"。

公元前 594 年，鲁国实行了"初税亩"，按平均产量对土地征税。"初税亩"的实施反映了土地制度的变化，是一种历史的进步。春秋后期，赋与税统一按田亩征收。国家征集的收入不仅限于军赋，还包括用于国家其他方面支出的产品。此外，国家对关口、集市、山地、水面等征集的收入也称"赋"。所以，"赋"已不仅指国家征集的军用品，同时也有了"税"的含义。清末，"租税"成为多种捐税的统称，农民向地主交纳实物曰"租"，向国家交纳货币曰"税"。

中国封建社会的赋役制度主要有四种：战国秦汉时期的租赋制（征收土地税和人头税）、魏晋至隋唐的租调制（征收土地税、人头税和劳役税）、中唐至明中叶的两税法（征收资产税和土地税）、明中叶至鸦片战争前的一条鞭法和地丁合一（征收土地税）。

税收是国家存在的物质基础和宏观调控的重要手段，也是国家财政收入最重要的来源，占财政收入的90%左右。社会剩余产品和国家的存在是税收产生的基本前提。

（三）税收的特征

税收与其他财政收入相比，具有强制性、无偿性和固定性三个特征。

1. 强制性

税收的强制性是指税收是国家以社会管理者的身份，凭借政治权力，通过颁布法律或政令来强制征收。强制性是税收的基本保障。税收将纳税人所拥有的社会产品转为国家所有，在某种意义上是对财产所有权的侵犯，因此，税收的执行需要很高的强制权力作为征税保障，这种权力的主体是国家，依据的是国家政治权力，而法律将这种政治权力得以体现和落实。因此，依法纳税是每个公民应尽的义务，而偷税漏税要受到法律的制裁。

2. 无偿性

税收的无偿性是指国家凭借政治权力强制征收的税收既不需要向纳税人偿还，也不需要付出任何形式的直接报酬。税收实现的是由纳税人部分剩余产品向国家的单方面转移，而非等价交换。税收的无偿性特征是区别于其他财政收入形式的最本质的特征。税收的无偿性至关重要，体现了财政分配的本质，它是税收的核心特征。

3. 固定性

税收的固定性是指税收是一种固定的连续收入，税收义务通过法律预先设定，税收总量和结构都是不能随意变更的，要按照事先确定的标准，由国家和纳税人共同遵守。税收中的征税对象、征税方法、征收标准等都通过国家最高权力机关以法律的形式加以规定。固定性是强制性和无偿性的必然结果。固定性的特征体现在：它是一种相对稳定性，不能朝令夕改；征税数额有限性；法律保证稳定性。

税收的以上特征称为税收的“三性”。税收的“三性”是一个完整的体系，它们相辅相成，缺一不可，是税收区别于其他财政收入形式的标志。

二、税收的职能和作用

（一）税收的职能

税收职能是指在一定社会制度下，税收这种分配关系本身在社会经济活动中内在固有的基本功能。它是税收本质的具体表现。在我国学术界，一般有“税收三职能”说，即税收有财政职能、经济职能和监督职能三个职能。

1. 财政职能

财政职能又称“筹集财政收入职能”。国家为了实现其职能需要大量的财政资金，而税收作为国家依照法律规定参与剩余产品分配的活动，承担起筹集财政收入的重要任务。

税收自产生之日起，就具备了筹集财政收入的职能，这也是税收最基本的职能。

知识链接

筹集财政收入是税收最基本的职能。国家财政收入的来源有税收收入、规费收入、债务收入、专项收入、其他收入等形式。其中税收收入占财政收入的比重约为90%。而在我国现行税法体系中，增值税已经成为我国最主要的税种之一。

2. 经济职能

经济职能又称“调节经济职能”。国家为了执行其管理社会和干预经济的职能，除需筹集必要的财政资金作为其物质基础外，还要制定一系列正确的经济政策和执行各种有效手段以保障政策顺利实施。国家利用税收实现相关社会经济政策，通过对各种经济组织和社会成员的经济利益的调节，使他们的微观经济行为尽可能符合国家预期的社会经济发展方向，有助于社会经济的顺利发展，从而使税收成为国家调节社会经济活动的重要经济杠杆。税法具有调节经济的职能。例如，为调节房地产行业发展，我国开征了土地增值税；为刺激消费扩大内需，我国实行了消费型增值税；为促进社会公平、缩小贫富差距，我国开征了个人所得税。

税收自产生之日起，就具备调节社会经济杠杆的功能。借助税法，纳税人能预知自己在各种情况下的纳税义务、法律责任以及经济后果，从而对自己的经营活动做出最有利的选择，主动适应税收调节的要求。

促进机会公平，加大税收调节力度，规范收入分配秩序

社会主义市场经济体制下国家宏观调控体系的建立，对实现税收调节社会经济的职能，既提出了强制的要求，也提供了可能的条件。

3. 监督职能

监督职能是税收的另一个重要职能。税收政策体现国家的意志，税收制度是纳税人必须遵守的法律准绳，它约束纳税人的经济行为，使之符合国家的政治要求。因此，税收是国家监督社会经济活动的强有力的工具。税收监督社会经济活动的广泛性与深入性，是随商品经济发展和国家干预社会经济生活的程度而动态发展的。一般而言，商品经济越发达，经济生活越复杂，国家干预或调节社会经济生活的必要性就越强烈，税收监督也就越广泛和深入。保证监督管理的公正性是税收得以顺利实现的基本前提。

筹集财政收入是税收的基本职能，是实现调节社会经济生活和监督社会经济生活的基础条件，随着市场经济的发展，调节社会经济生活和监督社会经济生活的职能也变得越来越重要。

（二）税法的作用

税法是税收的法律形式和执行依据，税法的作用是税法在一定社会经济条件下所具体表现出来的效果，这种作用必须通过税收法律、法令、条例、施行细则等具体表现形

式才能得以实现。没有税法，就无法进行税收分配。我国税法的重要作用主要体现在以下几方面。

1. 税法是国家取得财政收入的法律保证

税收的最根本职能是组织财政收入。通过制定税法，可以以法律的形式规定纳税人的具体纳税项目、纳税范围、纳税数额和纳税程序。税法的强制性和固定性使税收收入成为一种及时、稳定的国家财政收入。同时，税法也对偷税漏税的违法行为进行约束，能够防止税款流失，保证国家依法征税。

2. 税法是国家实现宏观调控的重要手段

国家宏观调控主要依靠法律、经济的手段实现。税法以法律的形式确定国家与纳税人之间的利益分配关系，通过依法课税调节纳税人的收入水平、优化产业结构和合理配置社会资源。

3. 税法是监督经济活动、维护经济秩序的有力武器

税法坚持客观平等的原则，公平分配纳税人的税收负担，鼓励平等竞争。纳税人依法办理税务登记、建账建制、纳税申报，税务机关也依法对纳税人进行税务检查，税法使一切经济活动在法律规范的保护和约束下有规则地进行，为市场经济的健康发展创造了一个良好、稳定的环境。

4. 税法是维护国家利益的可靠保障

对外经济交往活动中，税法是各国政府普遍采用的维护国家权益的基本手段之一。例如，征收关税能够改变进出口商品在销售市场的实际价格，对保护民族产业、提高我国产品在国际市场的竞争力有非常实际的意义。除了既有的税法，我国还与多个国家签订了双边或多边的国际税收协定，这既维护了国家的权益，又为鼓励外商投资、发展国家间平等互利的经济合作关系提供了可靠的法律保障。

税收与税法存在着密切的关系。有税必有法，每开征一个新税种就要制定一部新税法，每变更一个税种就要对税法做出相应的调整，每废止一个税种就要废除一部税法。税收以取得财政收入和实现宏观经济调控为目的，而税法是达到这一目的的保证。因而税收制度改革总是与制定、修订税法联系在一起，税收制度建设与税收法制建设密不可分。

三、税收原则

税收原则是税收法律制度制定和实施的基本准则。在现代税收理论中，关于税收体系设计的最重要原则包括两个方面，一是公平原则，二是效率原则。

（一）公平原则

税收公平原则，就是政府征税过程中（包括税制的建立和税收政策的运用）应确保公平，要求条件相同者缴纳相同的税（横向公平），而对条件不同者应加以区别对待（纵

向公平)。税收公平原则是税收的基本原则。在现代社会，税收公平原则更是各国政府完善税制所追求的目标之一。但税收怎样才算公平，在不同时期往往标准不同，理解也不同。从历史发展过程看，税收公平经历了一个从绝对公平转变到相对公平、从社会公平拓展到经济公平的发展过程。

(二) 效率原则

税收效率原则，就是政府征税过程中（包括税制的建立和税收政策的运用）应讲求效率，要求政府征税有利于资源的有效配置和经济机制的有效运行，提高税务行政的管理效率。它可以分为税收效率原则和税收本身的效率原则两个方面。税收不仅应是公平的，而且应是有效率的，这里的效率通常有两层含义：一是行政效率，也就是征税过程本身的效率，它要求税收在征收和缴纳过程中耗费成本最小；二是经济效率，就是征税应有利于促进经济效率的提高，或者对经济效率的不利影响最小。

四、税法

(一) 税法的概念

税法是指有权的国家机关制定的有关调整税收分配过程中形成的权利义务关系的法律规范总和。税收是经济学概念，税法则是法学概念。

首先，有权的国家机关是指国家最高权力机关，在我国即全国人民代表大会及其常务委员会。同时，在一定的法律框架之下，地方人民代表大会及其常务委员会也往往拥有一定的税法立法权，因此也是制定税法的主体。此外，国家最高权力机关还可以授权行政机关制定某些税法，获得授权的行政机关也是制定税法的主体的构成者。

其次，税法的调整对象是税收分配中形成的权利义务关系。从经济角度讲，税收分配关系是国家参与社会剩余产品分配所形成的一种经济利益关系，包括国家与纳税人之间的税收分配关系和各级政府间的税收利益分配关系两个方面。这种经济利益关系是借助法的形式规定国家与纳税人可以怎样行为、应当怎样行为和不得怎样行为，即通过设定税收权利义务来实现的。如果说实现税收分配是目标，从法律上设定税收权利义务则是实现目标的手段。税法调整的是税收权利义务关系，而不是税收分配关系。

最后，税法有广义和狭义之分。从广义上讲，税法是各种税收法律规范形式的总和，从立法层次上划分，包括由国家最高权力机关即全国人民代表大会正式立法制定的税收法律，由国务院制定的税收法规或由省级人民代表大会制定的地方性税收法规，由有规章制定权的单位制定的税务部门规章。从狭义上讲，税法是指经过国家最高权力机关正式立法的税收法律，如我国的个人所得税法、税收征收管理法等。

培养依法纳税意识、坚守法律底线

知识链接

从税法的法律效力上看，按照法律效力由高到低分别是：宪法、税收法律、税收行政法规、国务院财税主管部门制定的部门规章、地方性法规、地方规章。截至2023年初，我国现行18个税种中，立法税种已达12个，而在2012年，这个数量仅为3个。近年来，增值税的立法步伐不断加快，2022年12月27日，《中华人民共和国增值税法（草案）》提请十三届全国人大常委会第三十八次会议审议。

法是税收的存在形式，税收必须采用法的形式是由税收和法的本质与特性决定的。

第一，从税收的本质来看，税收是国家与纳税人之间形成的以国家为主体的社会剩余产品分配关系。国家向纳税人征税，是将一部分社会剩余产品或一部分既得利益从纳税人所有转变为国家所有。然而，在这种经济利益的转移过程中，其总量与结构都是不能随意改变的，必须按照事先确定的标准，由国家与纳税人双方共同遵守，违反这种约定要受到一定的惩罚，出现争议要有公平的解决方式。严格地讲，只有法才是真正以规定人们权利与义务为其调整机制的。因此税收所反映的分配关系要通过法的形式才得以实现。

第二，税收具有强制性、无偿性、固定性的特点。其中，无偿性是核心，强制性是基本保障。税收是对财产私有权的一种限制和削弱，因而要求有很高的强制性权力作为征税保障，这种权力只能是国家政治权力，法使这种政治权力得以体现和落实。

第三，从职能来看，调节经济是税收的一项重要职能。这种调节不是盲目的，而是要求调节目标必须明确，税收采用法律的形式，可以借助法律的评价作用，按照法律提供的行为标准，判定纳税人的经济行为是否符合税收调节经济的要求，对违法者强制地改变其经济行为，使之符合税收调节的需要。

（二）税法的形式特征

税法的特点是指税收上升为法律后的形式特征，这种特征是与其他法律部门的特点相区别的、与税收属于经济范畴的形式特征相区别的一般性特征。其可以概括为以下三个方面。

1. 从立法过程来看，税法属于制定法

现代国家的税法都是经过一定的立法程序制定出来的，即税法是由国家制定而不是认可的，这表明税法属于制定法而不是习惯法。尽管从早期税收形成的历史来考察，不乏由种种不规范的缴纳形式逐渐演化而成的税法，但其一开始就是以国家强制力为后盾形成的规则，而不是对人们自觉形成的纳税习惯以立法的形式予以认可。因此，从总体上讲，税法是由国家制定而不是认可的。税法属于制定法而不属于习惯法，其根本原因在于国家征税权凌驾于生产资料所有权之上，是对纳税人收入的再分配，征纳双方在利益上的矛盾与对立是显而易见的，离开法律约束的纳税习惯并不存在，由纳税习惯演化成习

惯法只能是空谈。同时，为确保税收收入的稳定，需要提高其可预测性，这也促使税收采用制定法的形式。

2. 从法律性质看，税法属于义务性法规

义务性法规是相对授权性法规而言的，是指直接要求人们从事或不从事某种行为的法规，即直接规定人们某种义务的法规。义务性法规具有强制性，它所规定的行为方式明确而肯定，不允许任何个人或机关随意改变或违反。从定义的角度看，税收是纳税人的经济利益向国家的无偿让渡。税法是以规定纳税义务为核心构建的，任何人（包括税务执法机关）都不能随意变更或违反法定纳税义务。从税法的角度看，纳税人以尽义务为主，所以我们称税法为义务性法规。税法属于义务性法规，并不是指税法没有规定纳税人的权利，而是纳税人的权利是建立在其纳税义务的基础之上，是从属性的，并且这些权利从总体上看不是纳税人的实体权利，而是纳税人的程序性权利。这些权利都是以履行纳税义务为前提派生出来的，从根本上讲也是为履行纳税义务服务的。

3. 从内容看，税法具有综合性

税法不是单一的法律，而是由实体法、程序法、争讼法等构成的综合法律体系，其内容涉及课税的基本原则、征纳双方的权利义务、税收管理规则、法律责任、解决税务争议的法律规范等，包括立法、行政执法、司法各个方面。税法具有综合性，是保证国家正确行使征税权力，有效实施税务管理，确保依法足额取得财政收入，保障纳税人合法权利，建立合作信赖的税收征纳关系的需要。税法在国家法律体系中具有重要地位。

（三）税收法律关系

税收法律关系是指税收法律制度所确认和调整的国家与纳税人之间在税收分配过程中形成的权利和义务关系。从税法的性质上看，税收法律关系是一种国家意志关系，对什么征税、对谁征税、征多少税，都是国家以法律形式规定的，反映国家的意志而不是纳税人的意志；从税法的经济内容上看，税收法律关系是一种财产所有权或支配权单向转移的关系，表现为社会财富从社会各阶级、阶层、单位或个人手中无偿地转移到国家手中。

税收法律关系的特征，主要表现在以下四方面。

1. 主体一方必须是国家

税收法律关系的主体，一方必须始终是国家，另一方则可以是企业、单位或个人。

2. 体现国家单方面的意志

征纳双方的税收法律关系，不以征纳双方的意志为转移。只要纳税人发生了税法规定的应税事件或行为，就产生了税收法律关系。

3. 权利义务不对等

税收法律关系相对具有单方面的权利和义务的性质，即国家有依法征税的权利，纳税人有依法纳税的义务。

4. 财产所有权或支配权单向转移

税收法律关系带有财产权（或支配权）无偿转移的性质，即纳税人履行了纳税义务，就意味着将一定的货币资金或财产所有权（或支配权）无偿地交予国家。

税收法律关系三要素包括主体、客体、内容。税收法律关系主体是指税收法律关系中享有权利和承担义务的当事人，即税收法律关系的参加者，包括征税主体和纳税主体。征税主体只能是国家，代表国家征税的有税务机关、海关。纳税主体是指税收法律关系中负有纳税义务的一方当事人，包括法人、自然人和其他组织。我国采取属地兼属人原则确定纳税主体，凡在中国境内有所得来源的，都是我国税收法律关系的纳税主体。

税收法律关系客体是税收法律关系主体双方的权利和义务所共同指向、影响和作用的客观对象，表现为税收的征纳活动，包括财、物、行为。

税收法律关系内容是税收法律关系主体所享受的权利和应承担的义务。这是税收法律关系中最实质的内容，也是税法的灵魂，规定了主体为或不为一定的行为，若违反了规定须承担什么样的法律责任。权利义务受法律保护和制约，任何单位和个人都必须按税法规定严格行使权利，并自觉履行纳税义务。

【做中学 1-1】 下列各项中，可以成为税收法律关系主体的有（　　）。

A. 税务部门　　B. 在我国境内有所得的外国企业

C. 海关部门　　D. 在我国境内有所得的外籍个人

【答案】 ABCD

【做中学 1-2】 对于税收法律关系纳税主体的确定，我国采取（　　）。

A. 国籍原则　　B. 属地原则　　C. 属人原则　　D. 属地兼属人原则

【答案】 D

五、税收的分类

（一）按征税对象的性质分类

1. 流转税类

流转税类包括增值税、消费税、关税、烟叶税。

2. 所得税类

所得税类包括企业所得税、个人所得税。

3. 资源税类

资源税类包括资源税、土地增值税、城镇土地使用税、耕地占用税、环境保护税。

4. 财产税类

财产税类包括房产税、契税、车船税、船舶吨税。

5. 行为税类

行为税类包括城市维护建设税、印花税、车辆购置税。

（二）按税收管理和使用权限分类

1. 中央税

中央税属于中央财政收入，纳入中央国库，如消费税、关税、船舶吨税、车辆购置税。

2. 地方税

地方税属于地方财政收入，如城镇土地使用税、房产税、契税、车船税、土地增值税、环境保护税、耕地占用税等。

3. 中央地方共享税

中央地方共享税属于中央和地方的共同收入，由中央、地方政府按一定的比例分享。如增值税、企业所得税、个人所得税、资源税、证券交易印花税。

我国现行税种管理和使用权限划分情况见表 1-1。

表 1-1　我国现行税种管理和使用权限划分

序号	税种	中央税	地方税	共享税	备注说明
1	增值税	√		√	海关代征增值税属于中央固定收入；其他为共享收入，中央分享 75%，地方分享 25%；2016 年 5 月 1 日起全面实现营改增，分享比例改为各占 50%
2	消费税	√			含海关代征消费税
3	关税	√			
4	车辆购置税	√			2001 年 1 月 1 日起开征
5	企业所得税	√		√	2002 年起，央企的、铁路和银行等总部的及海洋石油的所得税归中央；其余由中央与地方共享，其中 60%归中央，40%归地方
6	个人所得税			√	2002 年起调整为共享税，中央分享 60%，地方分享 40%
7	房产税		√		
8	城镇土地使用税		√		
9	车船税		√		2012 年 1 月 1 日起执行新的车船税法
10	印花税	√	√		2016 年 1 月 1 日起证券交易印花税归中央，其余归地方
11	城市维护建设税	√	√		铁道、银行总行、保险公司总公司等集中缴纳的归中央，其余归地方
12	土地增值税		√		
13	契税		√		
14	耕地占用税		√		
15	资源税	√	√		海洋石油企业的归中央，其余归地方
16	烟叶税		√		2006 年 4 月 1 日起开征

（续表）

序号	税种	中央税	地方税	共享税	备注说明
17	船舶吨税	√			仅对境外港口进入境内的船舶征税
18	环境保护税		√		2018 年 1 月 1 日起开征

知识链接

国税、地税的分分合合

1994 年，我国开始实行分税制财政管理体制改革。中央政府设立国家税务总局，省级及省级以下税务机构相应地配套设置了国家税务局和地方税务局两大系统。两大机构各司其职，国家税务局征收中央税以及中央与地方共享税，由国家税务总局实行垂直管理，而地方税务局征收企业所得税及地方税，主要由省级地方税务局垂直管理，中央和地方政府均能各自保持稳定的税基，防止互相交叉和侵蚀。

截至 2018 年，国税、地税并行的制度已平稳运行了 24 年。但两套机构的税收征管体制存在职责不够清晰、办税不够便利、管理不够科学等问题，必须加以改革完善，加之营改增、金税工程、税收信息化等的税改推行，2015 年 12 月，中共中央办公厅、国务院办公厅联合下发了《深化国税、地税征管体制改革方案》，提出“厘清国税与地税、地税与其他部门的税费征管职责划分，着力解决国税、地税征管职责交叉以及部分税费征管职责不清等问题”，即“合作不合并”。2018 年 6 月 15 日，国地税实现省级合并，7 月 5 日实现市级合并，7 月 20 日实现县乡级合并，国地税最终实现了分久必合。

（三）按计税依据不同分类

1. 从价税

从价税以价格为计税依据，从价定率计税，如增值税、所得税等。

2. 从量税

从量税以数量、重量、体积等作为计税依据，从量定额计税，如啤酒、汽油等。

3. 复合计税

复合计税指从价定率与从量定额一起计税，如卷烟、白酒消费税等。

（四）按税负能否转嫁分类

1. 间接税

间接税能直接转嫁，纳税人不是负税人，如增值税、消费税等。

2. 直接税

直接税不能直接转嫁，纳税人是负税人，如所得税类等。

税负转嫁是纳税人通过提高销售价格或压低进价的方法，将税负转嫁给他人负担的过程。

（五）按税收与价格的关系分类

1. 价外税

价外税是指价款不包括税金，如增值税、车辆购置税。价外税的价格＝成本＋利润。

2. 价内税

价内税是指价款包括税金，如消费税。价内税的价格＝成本＋利润＋税金。

【做中学 1-3】 下列各项中，属于流转税的有（　　）。

A. 增值税　　B. 消费税　　C. 关税　　D. 所得税

【答案】 ABC

【做中学 1-4】 下列各项中，属于中央税的有（　　）。

A. 关税　　B. 增值税　　C. 消费税　　D. 契税

【答案】 AC

【做中学 1-5】 下列各项中，属于地方税的有（　　）。

A. 增值税　　B. 房产税　　C. 车船税　　D. 土地增值税

【答案】 BCD

【做中学 1-6】 下列各项中，属于从价税的有（　　）。

A. 企业所得税　　B. 增值税　　C. 卷烟消费税　　D. 契税

【答案】 ABD

任务 1.2　税 法 要 素

税收实体法是规定税收法律关系主体的实体权利和义务的法律规范的总称，其主要内容包括纳税主体、征税客体、计税依据、税目、税率、减税、免税等，是国家向纳税人行使征税权和纳税人承担纳税义务的要件，只有具备这些要件时，纳税人才负有纳税义务，国家才能向纳税人征税。税收实体法直接影响到国家与纳税人之间权利义务的分配，是税法的核心部分，没有税收实体法，税法体系就不能成立。

实体法的结构具有规范性和统一性，其主要表现在：一是税种与税收实体法一一对应，一税一法。由于各税种的开征目的不同，国家一般按单个税种立法，使征税有明确的、可操作的标准和法律依据。二是税收要素固定。虽然各单行税种法的具体内容有别，但就每一部单行税种法而言，税收的基本要素（如纳税人、课税对象、税率、计税依据等）是必须予以规定的。

我国税收实体法内容主要包括：①流转税法，是调整以流转额为课税对象的税收关系的法律规范的总称，具体指增值税、消费税、关税等；②所得税法，是调整所得额的税收关系的法律规范的总称，即以纳税人的所得额或收益额为课税对象的一类税，具体指个人所得税、企业所得税等；③财产税法，是调整财产税关系的法律规范的总称，即以法律规定的纳税人的某些特定财产的数量或价值额为课税对象的税，具体指房产税、契税等；④行为税法，是以某种特定的行为的发生为条件，对行为人加以课税的法律规范的总称，具体指印花税、车船税等。

本部分主要介绍税收实体法的构成要素。

一、税收实体法

税收实体法的基本要素构成包括以下内容：纳税人（纳税义务人）、征税对象、税目、税率、计税依据、纳税环节、纳税期限、减免税和法律责任。其中，最基本的要素包括三个：纳税人、征税对象、税率。

（一）纳税人

纳税人又称纳税义务人，是税法中规定的直接负有纳税义务的单位和个人，也称纳税主体。无论征收什么税，其税负总要由有关的纳税义务人来承担。每一种税都有关于纳税义务人的规定，通过规定纳税义务人落实税收义务和法律责任。纳税义务人一般分为自然人和法人两种。

自然人是指依法享有民事权利并承担民事义务的公民个人。例如，在我国从事工商业活动的个人，以及工资和劳务报酬的获得者等，都是以个人身份来承担法律规定的民事责任及民事义务的。

法人是指依法成立，能够独立地支配财产，并能以自己的名义享受民事权利和承担民事义务的社会组织。例如，我国的国有企业、集体企业、合资企业等，都是以其社会组织的名义承担民事责任的。法人同自然人一样，负有依法向国家纳税的义务。

与纳税义务人相关的概念包括负税人、代扣代缴义务人、代收代缴义务人、代征代缴义务人和纳税单位等。

1. 负税人

纳税人与负税人是两个既有联系又有区别的概念。纳税人是直接向税务机关缴纳税款的单位和个人，负税人是实际负担税款的单位和个人。纳税人如果能够通过一定途径把税款转嫁或转移出去，纳税人就不再是负税人，否则，纳税人同时也是负税人。负税人是指税款的实际负担者或最终承担者。

2. 代扣代缴义务人

代扣代缴义务人是指有义务从持有的纳税人收入中扣除其应纳税款并代为缴纳的企业、单位或个人。对税法规定的扣缴义务人，税务机关应向其颁发代扣代缴证书，明确其代扣代缴义务。代扣代缴义务人必须严格履行扣缴义务，对不履行扣缴义务的，税务机关应视情节轻重予以适当处置，并责令其补缴税款。例如，个人所得税法规定：个人所得税以所得人为纳税义务人，以支付所得的单位或个人为扣缴义务人。

3. 代收代缴义务人

代收代缴义务人是指有义务借助与纳税人的经济交往而向纳税人收取应纳税款并代为缴纳的单位。例如，消费税法规定：委托加工的应税消费品，除受托方为个人外，由受托方在向委托方交货时代收代缴税款。

4. 代征代缴义务人

代征代缴义务人是指因税法规定受税务机关委托而代征税款的单位和个人。由代征代缴义务人代征税款，不仅便利了纳税人税款的缴纳，有效地保证了税款征收的实现，而且对于强化税收征管，有效地杜绝和防止税款流失有明显作用。例如，进口环节增值税、消费税由海关代征。

5. 纳税单位

纳税单位是指申报缴纳税款的单位，是纳税人的有效集合。纳税单位的大小通常要根据管理上的需要和国家政策来确定。例如，个人所得税可以单个人为纳税单位，也可以夫妇俩为一个纳税单位，还可以一个家庭为一个纳税单位；企业所得税可以每个分公司为一个纳税单位，也可以总公司为一个纳税单位。

知识链接

图解纳税人与负税人

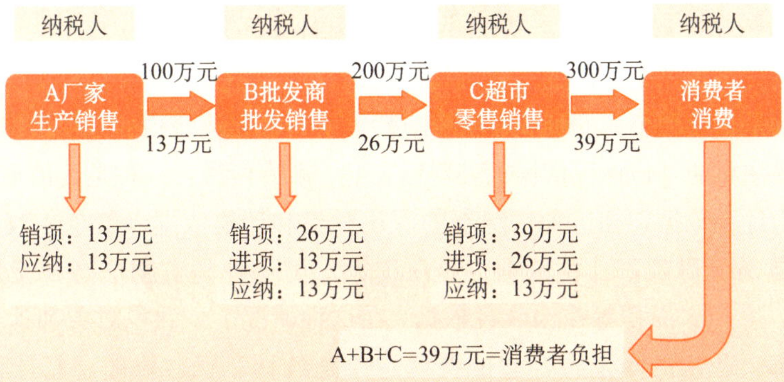

图 1-1 纳税人与负税人图解

（二）征税对象

征税对象又称课税对象，是税法中规定的征税的目的物，是纳税的客体，是指税收法律关系中权利义务所指的对象，即对什么征税。征税对象包括物和行为。

每一种税都有自己的课税对象，否则这一税种就失去了存在的意义。被列为课税对象的，就属于该税种的征收范围；未被列为课税对象的，就不属于该税种的征税范围。

例如，我国增值税的课税对象是货物和应税劳务在生产、流通过程中的增值额；所得税的课税对象是企业利润和个人工资、薪金等项所得；房产税的课税对象是房屋的价值和房屋的租金等。总之，每一种税首先要选择确定它的课税对象，因为它体现着不同税种征税的基本界限，决定着不同税种名称的由来以及各个税种在性质上的差别，并对税源、税收负担问题产生直接影响。

课税对象是构成税收实体法诸要素中的基础性要素。主要在于：第一，课税对象是一种税区别于另一种税的最主要标志。也就是说，税种的不同主要是因为课税对象的不同。正是由于这一原因，各种税的名称通常都是根据课税对象确定的。例如，增值税、所得税、房产税、车船税等。第二，课税对象体现着各种税的征税范围。第三，其他要素的内容一般都是以课税对象为基础确定的。例如，国家开征一种税，之所以要选择这些单位和个人作为纳税人，而不选择其他单位和个人作为纳税人，是因为这些单位和个人拥有税法或税收条例中规定的课税对象，或者是发生了规定的课税行为。可见，纳税人同课税对象相比，课税对象是第一性的。凡拥有课税对象或发生了课税行为的单位和个人，才有可能成为纳税人。又如税率这一要素，也是以课税对象为基础确定的，税率本身表示对课税对象征税的比率或征税数额，没有课税对象，也就无从确定税率。此外，纳税环节、减税免税等，也都是以课税对象为基础确定的。

1. 计税依据

计税依据又称税基，是指税法中规定的据以计算各种应征税款的依据或标准，即根据什么来计算纳税人应缴纳的税额。正确掌握计税依据，是税务机关贯彻执行税收政策、法令，保证国家财政收入的重要工作，也是纳税人正确履行纳税义务，合理负担税收的重要标志。计税依据一般有三种：从价计征、从量计征和复合计税。

不同税种的计税依据是不同的。我国增值税的计税依据是货物和应税劳务的增值额；所得税的计税依据是企业和个人的利润、工资或薪金所得额；消费税的计税依据是应税产品的销售额等。需要注意的是，计税依据在表现形态上一般有两种：一种是价值形态，即以征税对象的价值作为计税依据，在这种情况下的课税对象和计税依据一般是一致的。例如，所得税的课税对象是所得额，计税依据也是所得额。另一种是实物形态，就是以课税对象的数量、重量、容积、面积等作为计税依据，在这种情况下，课税对象和计税依据一般是不一致的。例如，我国的车船税，它的课税对象是各种车辆、船舶，而计税依据则是车船的吨位。

课税对象与计税依据的关系是：课税对象是指征税的目的物，计税依据则是在目的物已经确定的前提下，对目的物据以计算税款的依据或标准；课税对象是从质的方面对征税所作的规定，而计税依据则是从量的方面对征税所作的规定，是课税对象量的表现。

2. 税源

税源是指税款的最终来源，或者说税收负担的最终归宿。纳税人缴纳税款的直接来源是一定的货币收入，而一切货币收入都是由社会产品价值派生出来的。在社会产品价值中，能够成为税源的只能是国民收入分配中形成的各种收入，如工资、奖金、利润、利息等。当某些税种以国民收入分配中形成的各种收入为课税对象时，税源和课税对象就是一致的，如对各种所得课税。但是，很多税种的课税对象并不是或不完全是国民收入分配中形成的各种收入，如消费税、房产税等。可见，只有在少数的情况下，课税对象同税源才是一致的。对于大多数税种来说，税源并不等于课税对象。课税对象是据以征税的依据，税源则体现纳税人的负担能力。

3. 税目

税目是税法中具体规定应当征税的项目，是课税对象的具体化，反映具体的征税范围，代表征税的广度。不是所有的税种都规定税目，有些税种的征税对象简单、明确，没有另行规定税目的必要，如房产税、土地增值税等。但是，大多数税种的课税对象一般都比较复杂，且税种内部不同课税对象之间又需要采取不同的税率档次进行调节。这就需要对课税对象做进一步的划分，做出具体的界限规定，这个规定的界限范围就是税目。

划分税目的主要作用：一是进一步明确征税范围。凡列入税目的都征税，未列入的不征税。二是解决课税对象的归类问题，并根据归类确定税率。每一个税目都是课税对象的一个具体类别或项目，通过这种归类可以为确定差别税率打下基础。实际工作中，确定税目同确定税率是同步考虑的，并以“税目税率表”的形式将税目和税率统一表示出来。例如，消费税税目税率表、资源税税目税额表等。

税目一般可分为列举税目和概括税目。

(1) 列举税目。列举税目是指将每一种商品或经营项目采用一一列举的方法分别规定税目，必要时还可以在税目之下划分若干个细目。制定列举税目的优点是界限明确，便于征管人员掌握；缺点是税目过多，不便于查找，不利于征管。

在我国现行税法中，列举税目的方法也可分为两类：一类是细列举，即在税法中按每一产品或项目设计税目，本税目的征税范围仅限于列举的产品或项目，属于本税目列举的产品或项目按照本税目适用的税率征税。否则，就不能按照本税目适用的税率征税，如消费税中的“粮食白酒”等税目。另一类是粗列举，即在税种中按两种以上产品设计税目，本税目的征税范围不体现为单一产品，而是列举的两种以上产品都需按本税目适用的税率征税，如消费税中的“鞭炮、焰火”税目。

(2) 概括税目。概括税目是指按照商品大类或行业采用概括方法设计税目。制定概括税目的优点是税目较少，查找方便；缺点是税目过粗，不便于贯彻合理负担政策。

在我国现行税法中，概括税目又可分为两类：一类是小概括，即在本税目下属的各个细目中，凡不属于规定细目的征税范围，但又同本税目征税范围的产品，在材质上、用途上或生产工艺方法上相近的，则另增列一个细目，把其划归为本细目的征收范围，如消费税“酒”税目中的“其他酒”等。另一类是大概括，即在本税种下属的各个税目中，凡不属于规定税目的征税范围，但又确属本税种征税范围的产品，则另增列一个税目，将其全部划归为本税目的征税范围，如资源税中的“其他非金属矿原矿”税目。在税法中适当采用概括性税目，可以大大简化税种的复杂性，但过于概括又不利于充分发挥税收的经济杠杆作用。所以，在具体运用时，应注意把概括税目同列举税目有机地结合起来。

（三）税率

税率是应纳税额与计税金额（或计量单位）之间的比例，是计算税额的尺度，代表课税的深度。其中，计税金额是指征税对象的数量乘以计税价格的数额。税率的高低直接体现国家的政策要求，直接关系到国家财政收入的多少和纳税人的负担程度，是税收法律制度中的核心要素。各税种的职能作用主要是通过税率来体现的，因此，税率是税收制度的核心和灵魂。

合理地设计税率，正确地执行有关税率的规定，是依法治税的重要内容。税率的设计要体现国家政治、经济政策，如消费税税率设计的原则之一是体现国家消费政策，限制某些商品的消费。同时，税率的设计也要公平、简化。

税率有名义税率和实际税率之分。名义税率是指税法规定的税率，是应纳税额与计税依据的比率。实际税率是实际缴纳税额与实际计税依据的比率。在实际征税时，由于计税依据等要素的变动和减免税等原因，名义税率与实际税率可能不一致。我国现行的税法规定的税率有以下几种。

1. 比例税率

比例税率是指对同一征税对象，不论其数额大小，均按同一比率征税的税率。税率本身是应纳税额与计税金额之间的比例。税额与征税对象成正比例关系。在比例税率中，根据不同的情况又可以划分为以下几种：

（1）产品比例税率，即一种（或一类）产品采用一个税率。我国现行的消费税、增值税等都采用这种税率形式。分类、分级、分档比例税率是产品比例税率的特殊形式，是按课税对象的性质、用途、质量、设备、生产能力等规定不同的税率。例如，消费税中，酒按类设计税率，卷烟原来按级设计税率，小汽车依照排气量设计税率，等等。

（2）行业比例税率，即对不同行业采用不同的税率。

（3）地区差别比例税率，即对同一课税对象，按照不同地区的生产水平和收益水平，采用不同的税率，如城市维护建设税。

（4）有幅度的比例税率，即对同一课税对象，税法只规定最低税率和最高税率，在这个幅度内，各地区可以根据自己的实际情况确定适当的税率。我国娱乐业就曾实行过5%～20%的营业税幅度税率。

比例税率计算简便，它的基本特点是税率不随课税对象数额的变动而变动。这就便于按不同的产品设计不同的税率，有利于调整产业（产品）结构，实现资源的合理配置。同时，课税对象数额越大，纳税人相对直接负担越轻，从而在一定程度上推动经济的发展。但是，从另一个角度看，上述情况有悖于税收公平的原则。这表明比例税率调节纳税人收入的能力不及累进税率，这是它的不足。

2. 累进税率

累进税率是指对同一征税对象，随着数量的增大，征收比例也随之增高的税率。累进税率将征税对象按数额大小分成若干等级，不同等级适用由低到高的不同税率，包括最低税率、最高税率和若干等级的中间税率，一般多在收益征税中使用。它可以更有效地调节纳税人的收入，正确处理税收负担的纵向公平问题。

按照税率累进依据的性质，我国现行税制将累进税率分为“额累”和“率累”两种。额累是按征税对象数量的绝对额分级累进，如所得税一般按所得额大小分级累进。率累是按与征税对象有关的某一比率分级累进，如我国目前征收的土地增值税就是按照增值额与扣除项目金额的比率实行四级超率累进税率。额累和率累按累进依据的构成又可分为“全累”和“超累”，如额累分为全额累进和超额累进，率累分为全率累进和超率累进。全累是对征税对象的全部数额，都按照相应等级的累进税率征税。超累是对征税对象数额超过前级数额的部分，分别按照各自对应的累进税率计征税款。

（1）全额累进税率是指按征税对象金额的多少划分若干等级，并按其达到的不同等级规定不同的税率，征税对象的金额达到哪一个等级，则全额按相应的税率征税。它有两个特点：①对具体纳税人来说，在应税所得额确定以后，相当于按照比例税率计征，计算方法简单；②税收负担不合理，特别是在各级征税对象数额的分界处负担相差悬殊，甚至会出现增加的税额超过增加的征税对象数额的现象，不利于鼓励纳税人增加收入。故为现行税法所弃用。

（2）超额累进税率是指分别以征税对象数额超过前级的部分为基础计算应纳税的累进税率。超额累进税率征税的特点是：①计算方法比较复杂，征税对象数量越大，包括等级越多，计算步骤也越多；②累进幅度比较缓和，税收负担较为合理，特别是在征税对象级次分界点上下，只就超过部分按高一级税率计算，一般不会发生增加的税额超过增加的征税对象数额的不合理现象，有利于鼓励纳税人增产增收；③边际税率和平均税率不一致，税收负担的透明度较差。

两种方式相比而言，全累的计算方法比较简单，但在累进分界点上税负呈跳跃式递增，不够合理；超累的计算方法复杂一些，但累进程度比较缓和，因而比较合理。

【做中学 1-7】 若赵某所得额为 3 500 元，钱某所得额为 3 501 元，税率规定见表 1-2。

表 1-2　税率规定

级次	应纳税所得额（元）	税率	全额累进税额（元）	超额累进税额（元）
1	1 000（含）以下	10%	1 000×10%=100	1 000×10%=100
2	1 000～3 500（含）	20%	3 500×20%=700	100+2 500×20%=600
3	3 500～10 000（含）	28%	10 000×28%=2 800	600+6 500×28%=2 420
4	10 000～25 000（含）	35%	25 000×35%=8 750	2 420+15 000×35%=7 670
5	25 000 以上	40%	25 001×40%=10 000.4	7 670+1×40%=7 670.4

分别计算两人全额累进、超额累进应纳税额。

【答案】 全额累进时：赵某税额=3 500×20%=700(元)

钱某税额＝3 501×28%＝980.28（元）

收入多 1 元，税额多 280.28 元。

超额累进时：赵某税额＝1 000×10%＋2 500×20%＝600（元）

钱某税额＝600＋1×28%＝600.28（元）

收入多 1 元，税额多 0.28 元。

解析：全额累进税率计算方法简单，但税负不合理，特别是在累进分界点上税负呈跳跃式递增；超额累进税率计算方法复杂，累进幅度比较缓和，税负较为合理。故全额累进被弃用。

知识链接

速算扣除数

为解决超额累进税率计算税款比较复杂的问题，在实际工作中引进了“速算扣除数”这个概念，通过预先计算出的速算扣除数，即可直接计算应纳税额，不必再分级分段计算。采用速算扣除数计算应纳税额的公式是：

应纳税额＝应税所得额×适用税率－速算扣除数

速算扣除数是为简化计税程序而按全额累进税率计算超额累进税额时所使用的扣除数额，即按全额累进税率和超额累进税率计算的应纳税额的差额。采用速算扣除数计算结果完全一样，但方法简便得多。一般速算扣除数事先计算出来后，附在税率表中，并与税率表一同颁布。如【做中学 1-7】，若使用超额累进税率，则对应级次的速算扣除数见表 1-3。

表 1-3　速算扣除数计算表

级次	所得额级距（元）	税率	全额累进税额（元）	超额累进税额（元）	速算扣除数（元）
1	1 000（含）以下	10%	1 000×10%＝100	1 000×10%＝100	0
2	1 000～3 500（含）	20%	3 500×20%＝700	100＋2 500×20%＝600	100
3	3 500～10 000（含）	28%	10 000×28%＝2 800	600＋6 500×28%＝2 420	380
4	10 000～25 000（含）	35%	25 000×35%＝8 750	2 420＋15 000×35%＝7 670	1 080
5	25 000 以上	40%	25 001×40%＝10 000.4	7 670＋1×40%＝7 670.4	2 330

（3）超率累进税率是指以课税对象数额的相对率为累进依据，按超累方式计算应纳税额的税率。采用超率累进税率，首先需要确定课税对象数额的相对率，如在对利润征税时以销售利润率为相对率，对工资征税时以工资增长率为相对率，然后再把课税对象的相对率从低到高划分为若干级次，分别规定不同的税率。计税时，先按各级相对率计算出应税的课税对象数额，再按对应的税率分别计算各级税款，最后汇总求出全部应纳税额。

现行税制中的土地增值税即采用超率累进税率计税，规定了四级超率累进税率。

（4）超倍累进税率是指以课税对象数额相当于计税基数的倍数为累进依据，按超累方式计算应纳税额的税率。采用超倍累进税率，首先必须确定计税基数，然后把课税对象数按相当于计税基数的倍数划分为若干级次，分别规定不同的税率，再分别计算应纳税额。计税基数可以是绝对数，也可以是相对数。当计税基数是绝对数时，超倍累进税率实际上是超额累进税率，因为可以把递增倍数换算成递增额；当计税基数是相对数时，超倍累进税率实际上是超率累进税率，因为可以把递增倍数换算成递增率。

3. 定额税率

定额税率又称固定税额，它根据课税对象计量单位直接规定固定的征税数额。课税对象的计量单位可以是重量、数量、面积、体积等自然单位，也可以是专门规定的复合单位。例如，现行税制中的土地使用税、耕地占用税分别以“平方米”和“亩”这些自然单位为计量单位；消费税中的汽油、柴油以“升”为计量单位。按定额税率征税，税额的多少只同课税对象的数量有关，同价格无关，当价格普遍上涨或下跌时，仍按固定税额计税。定额税率适用于从量计征的税种。

定额税率在表现形式上可分为单一定额税率和差别定额税率两种。在同一税种中只采用一种定额税率的，为单一定额税率；同时采用几个定额税率的，为差别定额税率。差别定额税率有以下几种形式：

（1）地区差别定额税率，即对同一课税对象按照不同地区分别规定不同的征税数额，该税率具有调节地区之间级差收入的作用，如现行税制中的城镇土地使用税、耕地占用税等税种。

（2）分类分项定额税率，即首先按照某种标志把课税对象分为几类，然后再将每一类按一定标志分为若干项，最后对每一项分别规定不同的征税数额，如现行车船税。

定额税率的基本特点是：①税率与课税对象的价值量脱离了联系，不受课税对象价值量变化的影响；②适用于对价格稳定、质量等级和品种规格单一的大宗产品征税的税种。同时对某些产品采用定额税率，有助于提高产品质量或改进包装。但是，如果对价格变动频繁的产品采用定额税率，由于产品价格变动的总趋势是上升的，因此，产品的税负就会呈现累退性，从宏观上看将无法保证国家财政收入随国民收入的增加而持续稳定地增长。

知识链接

其他形式的税率

名义税率是指税法规定的税率。实际税率是指实际负担率，即纳税人在一定时期内实际缴纳税额占其课税对象实际数额的比例。由于某些税种中计税依据与征税对象不一致，税率存在差异，减免税手段的使用以及偷逃税和错征等因素的实际存在，实际税率常常低于名义税率。这时，区分名义税率和实际税率，确定纳税人的实际负担水平和税负结构，为设计合理可行的税制提供依据是十分必要的。

边际税率是指随着课税对象数额的增加，纳税人所纳税额的变动额与课税对象变动额之间的比例。在这里，平均税率是相对于边际税率而言的，它是指全部税额与全部收入之比。在比例税率条件下，边际税率等于平均税率。在累进税率条件下，边际税率往往要大于平均税率。边际税率的提高还会带动平均税率的上升。边际税率上升的幅度越大，平均税率提高就越多，调节收入的能力也就越强，但对纳税人的反激励作用也越大。因此，通过二者的比较可以了解税率的累进程度和税负的变化情况。

零税率是指以零表示的税率，是免税的一种方式，表明课税对象的持有人负有纳税义务，但无须缴纳税款。这通常适用于两种情况：一是在所得课税中，对所得中的免税部分规定税率为零，目的是保证所得少者的生活和生产需要；二是在商品税中，对出口商品规定税率为零，即退还出口商品的产、制和流转环节已缴纳的商品税，使商品以不含税价格进入国际市场，以增强商品在国际市场上的竞争力。

负税率是指政府利用税收形式对所得额低于某一特定标准的家庭或个人予以补贴的比例。负税率主要用于负所得税的计算。所谓负所得税，是指现代一些西方国家把所得税和社会福利补助制度结合的一种主张和试验，即对那些实际收入低于维持一定生活水平所需费用的家庭或个人，按一定比例付给所得税。负税率的确定是实施负所得税计划的关键。经济学家一般认为：负税率的设计必须依据社会愿意加以运用的社会福利函数来衡量。百分之百的负税率将会严重削弱人们工作的积极性，成为阻碍工作的因素。因此，确定负税率必须适度，应使其对工作的阻碍作用降到最低点。

（四）纳税环节

纳税环节是指税法上规定的课税对象从生产到消费的流转过程中应当缴纳税款的环节。纳税环节有广义和狭义之分。广义的纳税环节是指全部课税对象在再生产中的分布情况。例如，资源税分布在生产环节，商品税分布在流通环节，所得税分布在分配环节，等等。狭义的纳税环节是指应税商品在流转过程中应纳税的环节，具体指每一种税的纳税环节，是商品课税中的特殊概念。商品经济条件下，商品从生产到消费要经过许多环节。例如，工业品一般要经过产制、批发和零售环节，农产品一般要经过产制、收购、批发和零售环节。这些环节都存在商品流转额，都可以成为纳税环节。但是，为了更好地发挥税收促进经济发展、保证财政收入的作用，以及便于征收管理，国家对不同的商品课税往往确定不同的纳税环节。按照纳税环节的多少，可将税收课征制度划分为两类：一次课征制和多次课征制。

一次课征制是指同一税种在商品流转的全过程中只选择某一环节课征的制度，是纳税环节的一种具体形式，如车辆购置税。实行一次课征制，纳税环节多选择在商品流转的必经环节和税源比较集中的环节，以便既避免重复课征，又避免税款流失。多次课征制是指同一税种在商品流转全过程中选择两个或两个以上环节课征的制度，如增值税、卷烟的消费税等。

（五）纳税期限

纳税期限是指纳税人向国家缴纳税款的法定期限。国家开征的每一种税都有纳税期限的规定，合理确定和严格执行纳税期限，是为了保证国家财政收入的及时实现，也是税收强制性和固定性的体现。不同性质的税种以及不同情况的纳税人，其纳税期限也不相同，这主要是由以下因素决定的：①税种的性质。不同性质的税种，其纳税期限也不同。例如，流转税的征税依据是销售收入或营业收入，故纳税期限比较短；所得税的征税依据是企业利润和个人的工资、奖金等各项所得，企业利润通过年终决算才能确定，个人所得一般是按月或按次计算，因此，企业所得税按年征收，个人所得税按月或按次征收。②应纳税额的大小。同一种税，纳税人生产经营规模大、应纳税额多的纳税期限短；反之，则纳税期限长。

我国现行税制的纳税期限有三种形式：①按期纳税，即根据纳税义务的发生时间，通过确定纳税间隔期，实行按日纳税。例如，增值税法规定，按期纳税的纳税间隔期分为1日、3日、5日、10日、15日、1个月或1个季度。②按次纳税，即根据纳税行为的发生次数确定纳税均限。例如，车辆购置税、耕地占用税以及临时经营者个人所得税中的劳务报酬所得等均采取按次纳税的办法。③按年计征，分期预缴或缴纳。例如，企业所得税按规定的期限预缴税款，年度结束后汇算清缴，多退少补；房产税、城镇土地使用税实行按年计算、分期缴纳。这是为了对按年度计算税款的税种及时、均衡地取得财政收入而采取的一种纳税期限。分期预缴一般是按月或按季预缴。

采取哪种形式的纳税期限缴纳税款，同课税对象的性质有着密切关系。一般来说，商品课税大多采取“按期纳税”形式；所得课税采取“按年计征，分期预缴”形式。无论采取哪种形式，如果纳税期限的最后一天是法定节假日，或期限内有连续3日以上法定节假日，都可以顺延。

（六）减免税

减税、免税是国家对某些纳税人或课税对象的鼓励或照顾措施。减税是从应征税款中减征部分税款；免税是免征全部税款。减税、免税规定是为了解决按税制规定的税率征税时所不能解决的具体问题而采取的一种措施，是在一定时期内给予纳税人的一种税收优惠，同时也是税收的统一性和灵活性相结合的具体体现。正确制定并严格执行减免税规定，可以更好地贯彻国家的税收政策，发挥税收调节经济的作用。按照《中华人民共和国税收征收管理法》（以下简称《税收征管法》）的规定，减税、免税依照法律的规定执行，法律授权国务院规定的，依照国务院制定的行政法规的规定执行。

1. 减免税的基本形式

减免税的基本形式主要包括：税基式减免、税率式减免、税额式减免。

（1）税基式减免，即通过直接缩小计税依据基数的方式实行的减税、免税。其具体包括起征点、免征额、项目扣除以及跨期结转等。其中，起征点是征税对象达到一定数额开始征税的起点，免征额是在征税对象的全部数额中免予征税的数额。起征点与免征额同为征税与否的界限，对纳税人来说，在其收入没有达到起征点或没有超过免征额的情况下都不征税，二者是一样的。但是，它们又有明显的区别：第一，当纳税人收入达到或超过起征点时，就其收入全额征税；而当纳税人收入超过免征额时，则只就超过的部分征税。第二，当纳税人的收入恰好达到起征点时，就要按其收入全额征税；而当纳税人收入恰好与免征额相同时，则免予征税。二者相比，享受免征额的纳税人就要比享受同额起征点的纳税人税负轻。此外，起征点只能照顾一部分纳税人，而免征税额则可以照顾适用范围内的所有纳税人。项目扣除是指在课税对象中扣除一定项目的数额，以其余额作为依据计算税额。跨期结转是将以前纳税年度的经营亏损等在本纳税年度经营利润中扣除，也等于直接缩小了税基。

（2）税率式减免，即通过直接降低税率的方式实行的减税、免税。其具体包括重新确定税率、选用其他税率、零税率等形式。

（3）税额式减免，即通过直接减少应纳税额的方式实行的减税、免税。其具体包括全部免征、减半征收、核定减免率、抵免税额以及另定减征税额等。

在上述三种形式的减免税中，税基式减免使用范围最广泛，从原则上说，它适用于所有生产经营情况；税率式减免比较适合于对某个行业或某种产品这种“线”上的减免，所以流转税中运用最多；税额式减免适用范围最窄，它一般仅限于解决“点”上的个别问题，往往仅在特殊情况下使用。

知识链接

起征点与免征额

假定某税种的税率为10%，张三的应税收入为999元，李四的应税收入为1 001元。

（1）当起征点为1 000元时：

张三应交税额=0(元)

李四应交税额=1 001×10%=100.10(元)

（2）当免征额为1 000元时：

张三应交税额=0(元)

李四应交税额=(1 001−1 000)×10%=0.10(元)

【思考】 免征额与起征点，对纳税人来讲，哪个更优惠呢？

2. 减免税的分类

（1）法定减免，凡是由各种税的基本法规定的减税、免税都为法定减免。它体现了该种税减免的基本原则，具有长期的适用性。法定减免必须在基本法规中明确列举减免项目、减免税的范围和时间。例如，《中华人民共和国增值税暂行条例》（以下简称《增殖税暂行条例》）明确规定，对农业生产者销售的自产农业产品实行免税政策。

（2）临时减免又称“困难减免”，是指除法定减免和特定减免以外的其他临时性减免税。临时减免主要是为了照顾纳税人的某些特殊的、暂时的困难，而临时批准的一些减税、免税。它通常是定期的减免税或一次性的减免税。

（3）特定减免，是指根据社会经济情况发展变化和发挥税收调节作用的需要而规定的减税、免税。特定减免主要有两种情况：一是在税收的基本法确定以后，随着国家政治经济情况的发展变化所作的新的减免税补充规定；二是在税收基本法中，不能或不宜一一列举，而采用补充规定的减免税形式。以上两种特定减免，通常由国务院或作为国家主管业务部门的财政部、国家税务总局、海关总署做出规定。特定减免可分为无限期的和有限期的两种。大多数的特定减免都是有限期的，减免税到了规定的期限，就应该按规定恢复征税。

3. 税收附加与加成

税收附加和税收加成是加重纳税人负担的措施。税收附加又称地方附加，是地方政府按照国家规定的比例随同正税一起征收的、列入地方预算外收入的一种款项。正税是指国家正式开征并纳入预算内收入的各种税收。税收附加由地方财政单独管理并按规定的范围使用，不得自行变更。例如，教育费附加只能用于发展地方教育事业。税收附加的计算方法是以正税税款为依据，按规定的附加率计算附加额。

税收加成是指根据税制规定的税率征税以后，再以应纳税额为依据加征一定成数和税额。加征一成相当于纳税额的10%，加征成数一般规定在一成到十成之间。和加成相适应的还有税收加倍，即在应纳税额的基础上加征一定倍数的税款。所以，加成和加倍没有实质性区别。税收加成或加倍实际上是税率的延伸，但因这种措施只是针对个别情况，所以没有采取提高税率的办法，而是以已征税款为基础再加征一定的税款。

无论是税收附加还是税收加成都增加了纳税人的负担，但这两种加税措施的目的是不同的。实行地方附加是为了给地方政府筹措一定的机动财力，用于发展地方建设事业；实行加成征收则是为了调节和限制某些纳税人获取的过多收入或者是对纳税人违章行为进行的处罚措施。

（七）法律责任

法律责任是指对违反国家税法规定的行为人采取的处罚措施，一般包括违法行为和因违法而应承担的法律责任两部分内容。

二、税收程序法

税收程序法又称税收行政程序法，是指规范税务机关和税务行政相对人在行政程序中权利义务的法律规范的总称，即只要是与税收程序有关的法律规范，不论其存在于哪个法律文件中，都属于税收程序法的范畴。税收程序法具体规定了税收征收管理、发票管理、税务争议处理等内容，如《税收征管法》。

税收程序法的作用主要在于：保障实体法的实施，弥补实体法的不足，规范和控制行政权的行使，保障纳税人的合法权益和提高执法效率，等等。

任务 1.3　我国现行税法体系

我国现行的税收法律体系，大体上经历了 1950 年中华人民共和国税制的建立，1953 年到 1973 年税法的重建与改革，20 世纪 80 年代和 20 世纪 90 年代税法的发展与完善，21 世纪以来的税制改革几个阶段，可以说，我国现行的税法体系是在税制的建立和改革完善中逐步形成的。

一、1950 年税制建立

1949 年 9 月，中国人民政治协商会议第一届全体会议通过《中国人民政治协商会议共同纲领》，其中第 40 条规定："国家的税收政策，应以保障革命战争的供给、照顾生产的恢复和发展及国家建设的需要为原则，简化税制，实行合理负担。"1949 年 11 月，中央人民政府政务院财政经济委员会和财政部在北京召开首届全国税务会议，据此制定了《全国税政实施要则》和《全国各级税务机关暂行组织规程》，并于 1950 年 1 月由中央人民政府（政务院）颁布施行。《全国税政实施要则》规定：除农业税外，在全国统一征收 14 种税，即货物税、工商业税、盐税、关税、薪给报酬所得税、存款利息所得税、印花税、遗产税、交易税、屠宰税、房产税、地产税、特种消费行为税和车船使用牌照税（后两种缓征），初步创建了适应我国过渡时期经济发展和财政需要的新税制。

二、1953 年到 1973 年税法的重建与改革

从 1953 年起，我国开始实行第一个"五年计划"，进入了大规模经济建设时期。这一时期，我国进行了以"试行商品流通税，修订货物税和工商业税"为主要内容的税制修正。经过税制修正，达到了在原有税负的基础上简化税制的目的。1958 年，我国对实体

税法先后做了一些调整，合并了原来实行的货物税、商品流通税、营业税和印花税，税制进一步简化。自 1958 年以后，“非税论”思想逐渐抬头，税法建设出现曲折，1973 年进行的税法修订，其中心仍是合并税种、简化税制，经过此次改革，对国营企业只征收工商税，对集体企业只征收工商税和所得税。

三、20 世纪 80 年代税收法制建设进入初创阶段

党的十一届三中全会以后，我国社会主义建设事业进入一个崭新的历史发展时期。以经济建设为中心，实行对外开放政策，经济体制改革从农村到城市全面展开，各项法律制度得到恢复和发展。1982 年通过的我国第四部《中华人民共和国宪法》恢复了“中华人民共和国公民有依照法律纳税的义务”的税收条款。“非税论”思想禁忌被打破，税收的作用得到人们的重新评价与重视，税法体系的改革也逐步展开。20 世纪 80 年代，涉外税收法制体系、以利改税为核心的税收法制体系逐步建立，税收征管法建设也加快了步伐。

四、20 世纪 90 年代税收法制建设不断完善

20 世纪 90 年代，随着经济体制改革的不断深化，我国由“有计划的商品经济”转向“市场经济”，按照“统一税法、公平税负、简化税制、合理分权，理顺分配关系，保障财政收入，建立符合社会主义市场经济要求的税收体系”的指导思想，对实体税法又一次进行了新一轮全面改革。

《税收征管法》实施。1992 年 9 月 4 日，第七届全国人大常委会第二十七次会议通过了《税收征管法》，该法是有关税收征收管理和征税程序的最基本的税法，它对税收征管方式、程序、税务检查、法律责任等都做了较明确的规定。《税收征管法》的颁布实施，标志着我国税法建设上了一个新的台阶，也对新实体税法的实施起到了保障作用。

流转税法以实行全面的增值税为核心。1993 年 11 月 26 日，国务院第十二次常务会议通过了《中华人民共和国增值税暂行条例》《中华人民共和国消费税暂行条例》《中华人民共和国营业税暂行条例》和《中华人民共和国资源税暂行条例》，从 1994 年 1 月 1 日起施行。根据第八届全国人大常委会第五次会议审议通过的《全国人民代表大会常务委员会关于外商投资企业和外国企业适用增值税、消费税、营业税等税收暂行条例的决定》，流转税法首先实现了内外企业的统一。最终形成了以实行全面的增值税为主，在征收增值税的基础上选择少数消费品交叉征收消费税，对不实行增值税的劳务交易征收营业税的新的流转税法格局。

所得税法向税法的统一又迈出了重要的一步。它将原有的“国营企业所得税”“集体企业所得税”合并为企业所得税。1993 年 11 月 26 日，国务院第十二次常务会议通过了

《中华人民共和国企业所得税暂行条例》，1994 年 2 月 4 日，财政部发布了该暂行条例的实施细则。1993 年 10 月 31 日，第八届全国人大常委会第四次会议将原有的个人所得税合并为新的个人所得税法。《中华人民共和国外商投资企业和外国企业所得税法》将原来两部涉外所得税法进行了合并。

其他税法也相应进行了调整、规范。为了达到合理调节土地增值收益、维护国家权益的目的，1993 年 12 月 13 日，国务院发布了《中华人民共和国土地增值税暂行条例》（以下简称《土地增值税暂行条例》），对土地增值额进行课税。

实行新的实体税法体系后，利用增值税专用发票偷税、骗税的犯罪活动有所抬头，对新税法的实施和国家财政收入的稳定构成了严重威胁，为此，国家颁布了一系列遏制税收犯罪的政策措施，保障了新税制的正常运行，税收救济法建设开始走上正轨。1999 年 4 月 29 日，第九届全国人大常委会第九次会议通过了《中华人民共和国行政诉讼法》，同年 10 月 1 日起开始实施，此后国家税务总局相应修订了《税务行政复议规则》，税收救济法建设得到进一步加强。

五、21 世纪初税收法制建设规范化

21 世纪以来，中国经济进入了全面完善社会主义市场经济体制的新阶段，2001 年加入世界贸易组织（WTO）使中国经济的发展与世界经济融为一体。伴随着依法治国方略的确立，中国法制建设进入了一个新时期，税收法制建设也逐步迈向规范化阶段。

（一）税收立法及程序规范化

2000 年 3 月，第九届全国人大第三次会议通过《中华人民共和国立法法》（以下简称《立法法》），这是中国法制建设史上的一件大事。《立法法》第 8 条明确规定：基本经济制度以及财政、税收、海关、金融和外贸的基本制度只能制定法律。这标志着税收立法及程序开始规范化。

（二）税收实体法制建设进入崭新阶段

2000 年 10 月 22 日，国务院公布了《中华人民共和国车辆购置税暂行条例》，实现了费改税历史性突破。经国务院批准，财政部、国家税务总局于 2004 年 9 月 14 日发布了《东北地区扩大增值税抵扣范围若干问题的决定》，实行消费型增值税的试点，并随后扩大到中部六省和内蒙古以及汶川地震受灾严重地区。2005 年 12 月 29 日，第十届全国人大常委会第十九次会议通过了废止《中华人民共和国农业税条例》的决定，结束了千年来农民负担皇粮国税的历史。2005 年和 2007 年，第十届全国人大常委会对《中华人民共和国个人所得税法》（以下简称《个人所得税法》）进行了修正、修改，提高了个人所得税的费用扣除标准。2006 年 4 月 28 日，国务院公布了《中华人民共和国烟叶税暂行条例》。2006 年 3 月 20 日，财政部、国家税务总局发布了《关于调整和完善消费税政策的

通知》，对消费税税目、税率及相关政策进行了调整。2006 年 12 月 27 日，国务院公布了《中华人民共和国车船税暂行条例》。2007 年 3 月 16 日，全国人大公布了《中华人民共和国企业所得税法》（以下简称《企业所得税法》），自 2008 年 1 月 1 日起实施，从而统一了内外资企业所得税制度。2008 年 11 月 10 日，国务院公布了修订后的《中华人民共和国增值税暂行条例》《中华人民共和国消费税暂行条例》《中华人民共和国营业税暂行条例》，并于 2009 年 1 月 1 日起施行。2011 年 9 月 30 日，修改资源税暂行条例，自 2011 年 11 月 1 日起施行新的《中华人民共和国资源税暂行条例》。2012 年，全国人大颁布实施了《中华人民共和国车船税法》，标志着我国又一部实体税种完成了立法程序。

经国务院批准，自 2012 年 1 月 1 日起，上海等地开始试点营业税改增值税改革。自 2013 年 8 月 1 日起，试点扩围到在全国范围内开展交通运输业和部分现代服务业营业税改征增值税的试点工作。从 2014 年起，相继在铁路运输业、邮政电信业推行营改增试点。自 2016 年 5 月 1 日起，现代服务业、金融业、建筑业、房地产业四个行业全面进入营改增试点，至此，增值税全面开始实施，营业税完成历史使命。

2013 年 11 月，党的十八届三中全会明确提出了未来税制改革的具体任务。2014 年 6 月 30 日，中共中央政治局通过《深化财税体制改革总体方案》，主要涉及“六税一法”的改革，即增值税、个人所得税、消费税、资源税、房地产税、环境保护税和税收征收管理法的改革。

为促进资源节约集约利用，加快生态文明建设，财政部、国家税务总局于 2016 年 5 月 9 日联合发布《关于全面推进资源税改革的通知》，扩大征税范围，开始征收水资源税。

2016 年 12 月 25 日，第十二届全国人大常委会第二十五次会议通过《中华人民共和国环境保护税法》，于 2018 年 1 月 1 日起实施，这是我国第一部专门体现“绿色税制”、推进生态文明建设的单行税法。2018 年 3 月，国务院常务会议决定，从 2018 年 5 月 1 日起降低增值税税率，由 17%降为 16%，13%降为 11%，以减轻企业税负。2019 年 4 月，为刺激经济发展，国务院决定进一步降低增值税税率，由 16%降为 13%，11%降为 9%。

2020 年 9 月 1 日正式施行的资源税法，让中国绿色税制“再进一步”。

（三）税收征管法制建设

2001 年 4 月 28 日，第九届全国人大第二十一次会议对《税收征管法》进行了修订。新的《税收征管法》在税务管理、税款征收、税务检查和法律责任等方面都做出了许多新规定，比较突出地体现了对纳税人权益的保护。2002 年 9 月 7 日，国务院颁布了《中华人民共和国税收征收管理法实施细则》，对《税收征管法》的规定予以细化。2003 年 4 月 23 日，国家税务总局印发了《关于贯彻〈中华人民共和国税收征收管理法〉及其实施细则若干具体问题的通知》，对税务登记代码、纳税申报等问题做了说明。随后，国家税务总局又相继发布了具体的管理办法。如《纳税信用等级评定管理试行办法》《税务登记管理办法》等。根据《中华人民共和国行政复议法》及《税收征管法》的要求，国家税务总局于2015年12月发布修订后的《税务行政复议规则》。

2004年，国家税务总局发布了《关于进一步加强税收征管工作的若干意见》，强化税源管理，形成纳税申报“一窗式”、涉税事项“一站式”、征管信息“一户式”的管理格局。

截至目前，我国现行18个税种中，立法税种已达12个，包括：个人所得税、企业所得税、车船税、环境保护税、烟叶税、船舶吨税、车辆购置税、耕地占用税、资源税、契税、城市维护建设税和印花税。

我国现行税种有18个，其中税务机关负责征收的有16个，包括：增值税、消费税、烟叶税、企业所得税、个人所得税、资源税、土地增值税、城镇土地使用税、耕地占用税、房产税、契税、车船税、印花税、城市维护建设税、车辆购置税、环境保护税。海关负责征收的有2个，包括：关税、船舶吨税。

【做中学1-8】 下列各项中，不属于税收实体法基本要素的有（　　）。

A. 纳税担保人　　B. 纳税义务人　　C. 征税人　　D. 税务代理人

【答案】 AD

任务1.4　纳税实务基础

一、涉税登记

（一）涉税登记

为改革市场准入制度，简政放权、建设服务型政府，2015年6月23日，《国务院办公厅关于加快推进“三证合一”登记制度改革的意见》发布。“三证合一”登记制度是指将企业登记时依次申请，分别由工商行政管理部门核发工商营业执照、质量技术监督部门核发组织机构代码证、税务部门核发税务登记证的登记制度，改为一次申请、由工商行政管理部门核发一个营业执照的登记制度，即“一照一码”登记模式。

为继续深化简政放权、优化营商环境、推动大众创业、万众创新，在全面实施工商营业执照、组织机构代码证、税务登记证“三证合一”登记制度改革的基础上，再整合社会保险登记证和统计登记证，从2016年10月1日起正式实施“五证合一、一照一码”登记制度改革。

“五证合一、一照一码”登记模式全面实行“一套材料、一表登记、一窗受理”的工作模式，申请人办理企业注册登记时只需填写“一张表格”，向“一个窗口”提交“一套材料”，登记部门审核通过后直接核发加载统一社会信用代码的营业执照。工商登记“一个窗口”统一受理申请后，申请材料和登记信息在部门间共享，各部门数据互换、档案互认。各级税务机关应加强与登记机关的沟通协调，确保登记信息采集准确、完整。

提示

党的二十大报告提出继续深化简政放权、放管结合、优化服务改革。

（二）一般纳税人资格登记

增值税一般纳税人实行登记制。符合一般纳税人条件的纳税人，应当向主管税务机关办理一般纳税人登记。纳税人自一般纳税人生效之日起，按照增值税一般计税方法计算应纳税额，并可以按照规定领用增值税专用发票，财政部、国家税务总局另有规定的除外。纳税人应当填报《增值税一般纳税人登记表》，向其机构所在地主管税务机关办理一般纳税人登记手续。

年应税销售额超过小规模纳税人标准的认定为一般纳税人，即年应税销售额超过500万元的，应向主管税务机关办理一般纳税人认定登记。未超过规定标准的纳税人会计核算健全，能够提供准确税务资料的，可以向主管税务机关申请一般纳税人资格认定，成为一般纳税人。年应税销售额未超过小规模纳税人标准以及新开业的纳税人，可以向主管税务机关申请一般纳税人资格认定。须符合以下条件：有固定的生产经营场所；会计核算健全，能够提供完整准确的税务资料。

二、发票管理

（一）发票领购

领购发票必须先提供经办人身份证明、税务登记证件或者其他有关证明，以及财务印章或者发票专用章的印模，经主管税务机关审核后，发给发票领购簿。临时到外地（本省以外）从事经营活动的单位和个人，应当凭所在地税务机关证明，向经营地税务机关申请领购经营地的发票。对于外省来本辖区从事临时经营活动的单位和个人申请领购发票的，税务机关可以要求其提供保证人或者缴纳不超过1万元的保证金。

初次申请领取增值税专用发票、增值税普通发票及机动车销售统一发票的纳税人，税务机关依据其申请，核定其使用增值税税控系统开具的发票种类、单次（月）领用数量及增值税普通发票、机动车销售统一发票的最高开票限额。

对实行纳税辅导期管理的增值税一般纳税人，每次核定发放的增值税专用发票数量不超过25份。使用增值税发票系统升级版的纳税人，税务机关可按照纳税人生产经营规模、经营模式、行业特点、开具发票特殊性等因素设置增值税发票基本月供应量，同时还应设定纳税人离线开票时限和离线开票总金额。

税务机关依据增值税一般纳税人提供的《税务行政许可申请表》和《增值税专用发票最高开票限额申请单》，审批其开具增值税专用发票的最高限额。

增值税一般纳税人申请专用发票最高开票限额不超过10万元的，税务机关不需要事前进行实地查验，办税服务厅应当场办结；实行纳税辅导期管理的小型商贸批发纳税人，领用增值税专用发票的最高开票限额不得超过10万元，其他增值税一般纳税人增值税专用发票最高开票限额根据纳税人的实际经营情况核定。

（二）发票开具

开具发票时，必须做到按号码顺序填开，填写项目齐全，内容真实，字迹清楚，逐栏、全部联次一次复写、打印，内容完全一致，并在发票联和抵扣联加盖单位财务印章或者发票专用章。开具发票应当使用中文，外商投资企业和外国企业可以同时使用一种外国文字。任何单位和个人不得转借、转让、代开发票；未经税务机关批准，不得拆本使用发票；不得自行扩大专业发票的使用范围。

一般纳税人销售货物、应税劳务、服务、无形资产、不动产给一般纳税人的，应向购买方开具增值税专用发票。开具时应注意：项目齐全，与实际交易相符；字迹清楚，不得压线、错格；发票联和抵扣联加盖发票专用章；按照增值税纳税义务的发生时间开具。

一般纳税人有下列情形之一的，不得领用开具增值税专用发票：

（1）会计核算不健全，不能向税务机关准确提供增值税销项税额、进项税额、应纳税额数据及其他有关增值税税务资料的。其他有关增值税税务资料的内容，由省、自治区、直辖市和计划单列市国家税务局确定。

（2）有《税收征管法》规定的税收违法行为，拒不接受税务机关处理的。

（3）应当办理一般纳税人资格登记而未办理的。

（4）有下列行为之一，经税务机关责令限期改正而仍未改正的：

① 虚开增值税专用发票；

② 私自印制增值税专用发票；

③ 向税务机关以外的单位和个人买取增值税专用发票；

④ 借用他人增值税专用发票；

⑤ 未按规定要求开具增值税专用发票；

⑥ 未按规定保管增值税专用发票和专用设备；

⑦ 未按规定申请办理防伪税控系统变更发行；

⑧ 未按规定接受税务机关检查。

（三）发票的保管

已开具的发票存根联和发票登记簿应当保存5年。保存期满，报经税务机关查验后销毁。账簿、记账凭证、报表、完税凭证、发票、出口凭证以及其他涉税资料应当保存10年。

发票丢失，应于丢失当日书面报告主管税务机关，并在报刊和电视等传播媒介上公告声明作废。

三、纳税申报

纳税申报是指纳税人按照税法规定，定期就计算缴纳税款的有关事项向税务机关提交书面报告的法定手续。凡是按照国家法律、行政法规的规定负有纳税义务的纳税人或代征人、扣缴义务人（含享受减免税优惠的纳税人），无论本期有无应纳、应缴税款，都必须按税法规定的期限如实向主管税务机关办理纳税申报。纳税人享受减税、免税待遇的，在减税、免税期间应当按照规定办理纳税申报。纳税人应指派专门办税人员办理纳税申报，如实填报纳税申报表，加盖单位公章，并提供有关纳税申报资料，纳税人应对其申报的内容，承担完全的法律责任。

（一）纳税申报的方式

1. 直接申报

直接申报是指纳税人、扣缴义务人持纳税申报表等相关资料，在纳税申报期内直接到当地主管税务机关设立的纳税服务大厅进行申报纳税。

2. 邮寄申报

邮寄申报是指纳税人在规定的纳税期限内，将各类填好的纳税表格和资料通过邮寄的方式向当地税务机关进行申报纳税。邮寄申报以邮政部门收寄邮戳日期为准。

3. 数据电文申报

数据电文申报是指纳税人采用包括电子数据交换、电子邮件、电报、电传和传真、互联网等手段按照法律规定的期限进行纳税申报的方式。

4. 简易申报

简易申报是指实行定期定额缴纳税款的纳税人，经税务机关批准，可以实行简易申报的申报纳税方式，即以缴纳税款凭证代替申报或简并征期。

5. 其他方式

其他方式，是指纳税人、扣缴义务人采用直接办理、邮寄办理、数据电文以外的方式向税务机关办理纳税申报或报送代扣代缴、代收代缴报告表。

（二）延期申报

纳税人、扣缴义务人不能按期办理纳税申报或者报送代扣代缴、代收代缴税款报告表的，经税务机关核准，可以延期申报。经核准延期办理前款规定的申报、报送事项的，应当在纳税期内按照上期实际缴纳的税额或者税务机关核定的税额预缴税款，并在核准的延期内办理税款结算。

四、税款征收

税款征收是指税务机关依照税收法律、法规的规定将纳税人应当缴纳的税款组织入库的一系列活动的总称。它是税收征收管理工作的中心环节，税款征收是税务机关依法征税和纳税人依法纳税过程的统一。税务机关依照法律、行政法规的规定征收税款，不得违反法律、行政法规的规定开征、停征、多征、少征、提前征收、延缓征收或者摊派税款。除税务机关、税务人员以及经税务机关依照法律、行政法规委托的单位和人员外，任何单位和个人不得进行税款征收活动。

（一）税款征收方式

税款征收方式是指税务机关根据各税种的不同特点、征纳双方的具体条件而确定的计算征收税款的方法和形式。税款征收方式主要有以下几种。

1. 查账征收

查账征收是指税务机关按照纳税人提供的账表所反映的经营情况，依照适用税率计算缴纳税款的方式。适合于经营规模较大，财务会计制度健全，能够如实核算和提供生产经营情况，正确计算应纳税款的纳税人。

2. 查定征收

查定征收是指税务机关根据纳税人的从业人员、生产设备、采用原材料等因素，对其产制的应税产品查实核定产量、销售额并据以征收税款的方式。适用生产经营规模较小、产品零星、税源分散、会计账册不健全的小型厂矿和作坊。

3. 查验征收

查验征收是指税务机关对纳税人应税商品，通过查验数量，按市场一般销售单价计算其销售收入并据以征税的方式。适用于纳税人财务制度不健全，生产经营不固定，零星分散、流动性大的税源。

4. 定期定额征收

定期定额征收是指税务机关通过典型调查，逐户确定营业额和所得额并据以征税的方式。适用于经主管税务机关认定和县以上税务机关批准的生产、经营规模小，难以查账征收，不能准确计算计税依据的个体工商户（包括个人独资企业）。

5. 核定应纳税额

核定应纳税额又称核定征收，是指税务机关对不能完整、准确提供纳税资料的纳税人采用核定方法确定其应纳税额，并由纳税人据以缴纳税款的一种方式。税务机关有权核定应纳税额的情形包括：①依照法律、行政法规的规定可以不设置账簿的；②依照法律、行政法规的规定应当设置但未设置账簿的；③擅自销毁账簿或者拒不提供纳税资料的；④虽设置账簿，但账目混乱，或者成本资料、收入凭证、费用凭证残缺不全，难以查账的；⑤发生纳税义务，未按照规定的期限办理纳税申报，经税务机关责令限期申报，逾期仍不申报的；⑥纳税人申报的计税依据明显偏低，又无正当理由的；⑦未按照规定办理税务登记的从事生产、经营的纳税人以及临时经营的纳税人。

（二）税款缴纳方式

1. 纳税人直接向国库经收处缴纳

纳税人直接向国库经收处缴纳是指纳税人先向税务机关领取税票，自行填写，然后到国库经收处缴纳税款。适用于在设有国库经收处的银行和其他金融机构开设账户的纳税人。

2. 税务机关自收税款

税务机关自收税款是指由税务机关直接收取税款并办理入库手续的征收方式。适用于由税务机关代开发票的纳税人缴纳的税款；临时发生纳税义务，需向税务机关直接缴纳的税款；税务机关采取强制执行措施，以拍卖所得或变卖所得缴纳的税款。

3. 代扣代缴、代收代缴

代扣代缴、代收代缴是指依照税法规定负有代扣代缴、代收代缴税款义务的单位和个人，按照税法规定对纳税人应当缴纳的税款进行扣缴或代缴的征收方式。这种方式有利于加强对税收源泉的控制，减少税款流失，降低税收成本，手续也比较简单。

4. 委托代征

委托代征是指税务机关委托代征人以税务机关的名义征收税款，并将税款缴入国库的方式。一般适用于小额、零散税源的征收。

（三）税款缴纳期限

1. 按期缴纳

按期缴纳是指纳税人、扣缴义务人应当按照法律、行政法规的规定或者税务机关依照法律、行政法规的规定确定的期限缴纳或者解缴税款。

2. 延期缴纳

延期缴纳是指纳税人、扣缴义务人遇有不可抗力因素或特殊困难，不能按期缴纳税款的，经省、自治区、直辖市税务局批准，可以延期缴纳税款，但最长不得超过 3 个月。在批准的期限内，不加收滞纳金。

3. 限期缴纳

限期缴纳是指从事生产、经营的纳税人、扣缴义务人未按照规定的期限缴纳或者解缴税款的，纳税担保人未按照规定的期限缴纳所担保的税款的，由税务机关发出限期缴纳税款通知书，责令缴纳或者解缴税款的最长期限不得超过 15 日。纳税人未按照规定期限缴纳税款的，扣缴义务人未按照规定期限解缴税款的，税务机关除责令限期缴纳外，从滞纳税款之日起，按日加收滞纳税款万分之五的滞纳金。加收滞纳金的起止时间，为法律、行政法规规定的税款缴纳期限届满次日起至纳税人实际缴纳之日止。

【做中学 1-9】 某公司将税务机关确定的应于 2022 年 12 月 5 日缴纳的税款 20 万元拖至 12 月 15 日缴纳，根据《税收征管法》的规定，税务机关依法加收该公司滞纳税款的滞纳金为（　　）元。

A. 100　　B. 1 000　　C. 10 000　　D. 4 000

【答案】 B［加收滞纳金的起止时间为税款缴纳期限届满次日起至纳税人实际缴纳税款之日止，即12月6—15日；滞纳金＝200 000×0.05%×10＝1 000(元)。］

（四）税款的退还、补征与追征

1. 多缴税款的退还

纳税人超过应纳税额缴纳的税款，税务机关发现后应当立即退还；纳税人自结算缴纳税款之日起3年内发现的，可以向税务机关要求退还多缴的税款并加计银行同期存款利息，税务机关及时查实后应当立即退还；涉及从国库中退库的，依照法律、行政法规有关国库管理的规定退还。

税务机关发现纳税人多缴税款的，应当自发现之日起10日内办理退还手续；纳税人发现多缴税款要求退还的，税务机关应当自接到退还申请之日起30日内查实并办理退还手续。

2. 少缴税款的补征、追征

（1）因税务机关的责任，致使纳税人、扣缴义务人未缴或者少缴税款的，税务机关在3年内可以要求纳税人、扣缴义务人补缴税款，但不得加收滞纳金。

（2）因纳税人、扣缴义务人计算错误等失误，未缴或者少缴税款的，税务机关在3年内可以追征；数额在10万元以上的，有特殊情况的，追征期可以延长到5年。在追征税款的同时，加收滞纳金。补缴和追征税款的期限自纳税人、扣缴义务人应缴未缴或者少缴税款之日起计算。

（3）因纳税人、扣缴义务人和其他当事人偷税、抗税、骗税，未缴或者少缴税款、滞纳金或者骗取退税款的，税务机关可以无限期追征。

【做中学1-10】 根据《税收征管法》规定，下列各项中，税务机关可以无限期追征的有（　　）。

A. 纳税人偷税的税款

B. 纳税人抗税的税款

C. 纳税人骗税的税款

D. 因纳税人计算错误未缴或者少缴的税款在10万元以上的

【答案】 ABC

（五）税款征收措施

1. 核定应纳税额

纳税人有下列情形之一的，税务机关有权核定其应纳税额：

（1）依照法律、行政法规的规定可以不设置账簿的。

（2）依照法律、行政法规的规定应当设置但未设置账簿的。

(3) 擅自销毁账簿或者拒不提供纳税资料的。

(4) 虽设置账簿，但账目混乱，或者成本资料、收入凭证、费用凭证残缺不全，难以查账的。

(5) 发生纳税义务，未按照规定的期限办理纳税申报，经税务机关责令限期申报，逾期仍不申报的。

(6) 纳税人申报的计税依据明显偏低，又无正当理由的。

2. 责令提供纳税担保

纳税担保是指经税务机关同意或确认，纳税人或其他自然人、法人、经济组织以保证、抵押、质押的方式，为纳税人应当缴纳的税款及滞纳金提供担保的行为。纳税担保的范围包括：税款、滞纳金和实现税款、滞纳金的费用、抵押、质押登记费用，质押保管费用，以及保管、拍卖、变卖担保财产的费用。

纳税担保的适用条件包括以下几种：

(1) 税务机关有根据认为从事生产、经营的纳税人有逃避纳税义务行为，可在规定的纳税期限之前，责令其限期缴纳应纳税款；在限期内发现纳税人有明显的转移、隐匿其应纳税的商品、货物以及其他财产或者应纳税收入迹象的，可以责成纳税人提供纳税担保。

(2) 欠缴税款、滞纳金的纳税人或者其法定代表人需要出境的，可以责成纳税人提供纳税担保。

(3) 纳税人同税务机关在纳税上发生争议而未缴清税款，需要申请行政复议的，需要纳税人提供纳税担保。

(4) 税法、行政法规规定可以提供纳税担保的其他情形。

3. 采取税收保全措施

《税收征管法》第 38 条规定：税务机关有根据认为从事生产、经营的纳税人有逃避纳税义务行为的，可以在规定的纳税期之前，责令限期缴纳应纳税款；在限期内发现纳税人有明显的转移、隐匿其应纳税的商品、货物以及其他财产或者应纳税的收入的迹象的，税务机关可以责成纳税人提供纳税担保。如果纳税人不能提供纳税担保，经县以上税务局（分局）局长批准，税务机关可以采取下列税收保全措施：①书面通知纳税人开户银行或者其他金融机构冻结纳税人的金额相当于应纳税款的存款；②扣押、查封纳税人的价值相当于应纳税款的商品、货物或者其他财产。

税收保全有严格的程序：责令限期缴纳在前，责成提供纳税担保居中，采取税收保全措施在后。但是，个人及其所抚养的家属维持生活必需的住房和用品，不在税收保全措施的范围之内。税收保全措施仅适用于从事生产、经营的纳税人。

纳税人在规定的期限内缴纳税款的，税务机关必须立即解除税收保全措施。如果税务机关未立即解除保全措施，使纳税人的合法权益遭受损失的，税务机关应当承担赔偿责任。税务机关滥用职权违法采取税收保全措施，或者采取税收保全措施不当，使纳税人、扣缴义务人或者纳税担保人的合法权益遭受损失的，应当依法承担赔偿责任。

4. 采取强制执行措施

《税收征管法》第40条规定：从事生产、经营的纳税人、扣缴义务人未按照规定的期限缴纳或者解缴税款，纳税担保人未按照规定的期限缴纳所担保的税款，由税务机关责令限期缴纳，逾期仍未缴纳的，经县以上税务局（分局）局长批准，税务机关可以采取下列强制执行措施：①书面通知其开户银行或者其他金融机构从其存款中扣缴税款；②扣押、查封、依法拍卖或变卖其价值相当于应纳税款的商品、货物或者其他财产，以拍卖或变卖所得抵缴税款。税务机关采取强制执行措施时，对上述所列纳税人、扣缴义务人、纳税担保人未缴纳的滞纳金同时强制执行。个人及其所抚养家属维持生活所必需的住房和用品，不在强制执行措施的范围内。

但是，税务机关在采取强制执行措施时，要有确切的证据并严格按法律规定的条件和程序进行，决不能随意行使强制执行权。税务机关滥用职权违法采取税收强制执行措施，或者采取强制执行措施不当，使纳税人、扣缴义务人或者纳税担保人的合法权益遭受损失的，应当依法承担赔偿责任。

【做中学1-11】 根据《税收征管法》的规定，税务机关在税款征收过程中，根据不同情况有权采取的措施有（　　）。

A. 加收滞纳金　　B. 追征税款

C. 核定应纳税额　　D. 吊销营业执照

【答案】 ABC

【做中学1-12】 根据《税收征管法》的规定，下列情形中，税务机关有权核定纳税人应纳税额的有（　　）。

A. 有偷税、骗税前科的

B. 拒不提供纳税资料的

C. 按规定应设置账簿而未设置的

D. 虽设置账簿，但账目混乱，难以查账的

【答案】 BCD

【做中学1-13】 根据《税收征管法》的规定，下列各项中，属于税收保全措施的是（　　）。

A. 暂扣纳税人税务登记证

B. 书面通知纳税人开户银行从其存款中扣缴税款

C. 拍卖纳税人价值相当于应纳税款的货物，以拍卖所得抵缴税款

D. 查封纳税人价值相当于应纳税款的货物

【答案】 D

5. 阻止出境

欠缴税款的纳税人或者其法定代表人在出境前未按规定结清应纳税款、滞纳金或者提供纳税担保的，税务机关可以通知出境管理机关阻止其出境。

五、税务检查

税务机关在进行税务检查的过程中，具备以下权限。

1. 账证检查权

账证检查权是指检查纳税人的账簿、记账凭证、报表和有关资料；扣缴义务人代扣代缴、代收代缴税款账簿、记账凭证和有关资料。

2. 场地检查权

场地检查权是指到纳税人的生产、经营场所和货物存放地检查纳税人应纳税的商品、货物或者其他财产；检查扣缴义务人与代扣代缴、代收代缴税款有关的经营情况。

3. 责成提供资料权

责成提供资料权是指责成纳税人、扣缴义务人提供与纳税或者代扣代缴、代收代缴税款有关的文件、证明材料和有关资料。

4. 询问权

询问权是指询问纳税人、扣缴义务人与纳税或者代扣代缴、代收代缴税款有关的问题和情况。

5. 交通邮政检查权

交通邮政检查权是指到车站、码头、机场、邮政企业及其分支机构检查纳税人托运、邮寄应纳税商品、货物或者其他财产的有关单据、凭证和有关资料。

6. 存款账户检查权

存款账户检查权是指经县以上税务局（分局）局长批准，凭全国统一格式的检查存款账户许可证明，可以查询从事生产、经营的纳税人、扣缴义务人在银行或者其他金融机构的存款账户。税务机关在调查税收违法案件时，经设区的市、自治州以上税务局（分局）局长批准，可以查询案件涉嫌人员的储蓄存款。

纳税人、扣缴义务人必须接受税务机关依法进行的税务检查，如实反映情况，提供有关资料，不得拒绝、隐瞒。税务机关依法进行税务检查时，有权向有关单位和个人调查纳税人、扣缴义务人和其他当事人与纳税或者代扣代缴、代收代缴税款有关的情况，有关单位和个人有义务向税务机关如实提供有关资料及证明材料。

税务机关派出的人员进行税务检查时，应当出示税务检查证和税务检查通知书，并有责任为被检查人保守秘密；未出示税务检查证和税务检查通知书的，被检查人有权拒绝检查。税务机关调查税务违法案件时，对与案件有关的情况和资料，可以记录、录音、录像、照相和复制。税务机关查询所获得的资料，不得用于税收以外的用途。

项目小结

税收是指以国家为主体，为实现国家职能，满足社会公共需要，凭借政治权力，按照法定标准，强制、无偿地取得财政收入的一种特定分配形式。税收具有强制性、无偿性、固定性的特征。

税收实体法的构成要素包括纳税人、征税对象（税目、计税依据）、税率、纳税环节、纳税期限、减免税和法律责任。

我国现行税种有18个：增值税、消费税、烟叶税、企业所得税、个人所得税、资源税、土地增值税、城镇土地使用税、耕地占用税、房产税、契税、车船税、印花税、城市维护建设税、车辆购置税、环境保护税、关税、船舶吨税。

课后训练

一、判断题

1. 税收的“三性”是税收本质的具体表现，是税收区别于其他财政收入形式的标志。（　　）

2. 税收的法律关系主体是征纳双方，作为主体一方的政府具有强大的政治权力，而税法是一部义务法，是以规范纳税人义务为核心内容的法律，它涉及纳税人的各类财产。（　　）

3. 增值税、关税、消费税均能将税负全部或部分转嫁给他人，是一种间接税。（　　）

4. 比例税率适用于价格稳定或质量等级较为单一的征税对象。（　　）

5. 起征点、免征额都是税额式减免的具体表现形式。（　　）

二、单项选择题

1. 下列各项中，关于税法的特点说法不正确的是（　　）。

A. 税法属于制定法　　B. 税法属于义务性法规

C. 税法属于习惯法　　D. 税法具有综合性

2. 税收的特征不包括（　　）。

A. 固定性　　B. 经济性　　C. 强制性　　D. 无偿性

3. 下列各项中，关于税收法律关系的表述正确的是（　　）。

A. 征纳双方通过平等协商、等价有偿的原则进行财产所有权的让渡

B. 税收法律关系中权利与义务具有对等性

C. 税收法律关系的成立不以征纳双方意思表示一致为要件

D. 征税权虽是国家法律授予的，但是可以放弃或转让

4. 按照车船税法，某省对该省载货汽车按每辆每吨年税额 80 元来征收车船税，这种征税的税率方式叫作（　　）。

A. 比例税率　　B. 定额税率

C. 全额累进税率　　D. 超额累进税率

5. 税款的实际承担者指的是（　　）。

A. 纳税人　　B. 负税人

C. 代扣代缴义务人　　D. 代收代缴义务人

6.（　　）是衡量税负轻重与否的重要标志，是税收制度的核心。

A. 征税对象　　B. 税目　　C. 计税依据　　D. 税率

7. 以商品或劳务的流转额为征税对象的税种叫作（　　）。

A. 流转税　　B. 所得税　　C. 财产税　　D. 资源税

8. 下列各项中，属于中央政府与地方政府共享收入的是（　　）。

A. 资源税　　B. 关税

C. 城镇土地使用税　　D. 增值税

9. 下列各项中，不是税基式减免的具体形式的是（　　）。

A. 起征点　　B. 免征额　　C. 项目扣除　　D. 减半征收

10. 下列各项中，享有税收管理权、强制执行权、税务行政处罚权、税款追征权和税法解释权的是（　　）。

A. 纳税人　　B. 税务机关　　C. 财政机关　　D. 海关

三、多项选择题

1. 下列各项中，关于纳税人的说法正确的是（　　）。

A. 纳税人是直接向税务机关缴纳税款的单位和个人

B. 负税人是实际负担税款的单位和个人

C. 纳税人一定是负税人

D. 负税人不一定是纳税人

2. 下列各项中，关于减免税基本形式的表述正确的是（　　）。

A. 当纳税人收入达到或超过起征点时，就其收入全额征税

B. 纳税人收入超过免征额时，则只就超过部分征税

C. 减半征收是税率式减免

D. 抵免税额是税额式减免

3. 税收法律是指享有国家立法权的国家最高权力机关，依照法律程序制定的有关税收分配活动的基本制度。下列各项中，属于税收法律的是（　　）。

A.《中华人民共和国企业所得税法》

B.《中华人民共和国个人所得税法》

C.《中华人民共和国增值税暂行条例》

D.《税务行政复议规则》

4. 按照税收实体法要素的规定，下列表述正确的有（　　）。

A. 直接负有纳税义务的单位和个人是纳税人

B. 所得税的负税人和纳税人是一样的

C. 税种的不同最主要原因是课税对象的不同

D. 定额税率适用于从量计征的税种

5. 下列各项中，为政府固定收入的有（　　）。

A. 消费税　　B. 关税

C. 房产税　　D. 个人所得税

四、计算分析题

表 1-4 所列为某地针对个人所得税设置的超额累进税率。

表 1-4　某地个人所得税超额累进税率

应纳税所得额（元）	税率	速算扣除数
2 000（含）以下	3%	
2 000～5 000（含）	6%	
5 000～7 000（含）	10%	
7 000～10 000（含）	12%	
10 000 以上	15%	

请根据上述内容完成下列小题。

1. 计算出每个级距的速算扣除数，并填入表格中空白处。

2. 甲纳税人某月取得应税所得为 5 000 元，请按照以上超额累进税率计算甲的应纳税额。

3. 假设税法规定该地的应税收入起征点为 1 500 元，乙纳税人某月取得了 3 000 元收入，请按照以上超额累进税率计算乙的应纳税额。

4. 假设税法规定该地的应税收入免征额为 1 500 元，丙纳税人某月取得了 3 000 元收入，请按照以上超额累进税率计算丙的应纳税额。

项目二 增值税法及纳税实务

职业能力与思政目标

1. 理解增值税的概念、类型及特点，了解我国增值税的基本改革内容；
2. 掌握增值税纳税人、征税范围、税率、税收优惠等税法要素内容；
3. 掌握增值税的计税方法、计税依据，准确计算应纳税额；
4. 了解增值税的征收管理，掌握纳税申报和网上报税等实务处理、金税四期规定；
5. 能正确识别增值税的纳税人、正确判定征税范围、正确选择适用税率；
6. 能正确计算一般纳税人应纳增值税额和小规模纳税人应纳税额；
7. 能正确进行一般纳税人和小规模纳税人的纳税申报和网上报税等税务操作；
8. 培养税务职业判断能力、岗课赛证融通能力、智能财税实操能力；
9. 了解增值税理论和国家财税政策，了解我国现阶段国情、供给侧结构性改革内容，培养学生的社会主义核心价值观、劳动价值观和爱国主义精神；
10. 培养学生良好的职业道德、诚信品质、依法纳税意识、团队精神、创新精神；
11. 培养学生熟练的税务实操能力和一定的税务筹划与风险管控能力。

案例导入

孙霞是某职业学院会计专业大三的学生，按照学校安排到阳光服饰公司学习增值税业务实务操作处理。经过半个月的业务熟悉后，财务经理安排她进入税务岗位实习，要求她对 2022 年 8 月的经济业务进行税务处理，即按照业务顺序，计算公司本月的销项税额、进项税额和应缴纳的增值税额。

课程思政元素

1. 以实际案例讲解、体会家国情怀、税收人民性、社会主义核心价值观、爱国主义、中国智造等思政理念，理解制度自信。
2. 铸牢法治意识、依法纳税意识、法律底线意识。
3. 理解人类命运共同体意识、绿色发展理念等，领会助企纾困优惠政策的意义。
4. 树立良好职业道德理念、诚信纳税意识。
5. 培养精确计税、精准报税、税筹与风控能力。
6. 培养正确的劳动价值观、奋斗理念、自主学习能力、团队精神。

任务 2.1　增值税法概述

一、增值税概述

增值税是对纳税人在生产经营过程中实现的增值额征收的一种税。增值税被称为最优良的税种，其最大优点是有效地防止了商品流转过程中的重复征税问题，保持了税收中性，起到调节经济的作用。增值税 1954 年起源于法国，之后迅速在世界上众多国家中推广。目前世界上已经有 160 多个国家和地区实行了增值税。

我国现行税法体系是以流转税和所得税为主体的，增值税作为流转税的一种，是我国现行税法体系的第一大税种，增值税收入约占全国税收收入的 40%，基本覆盖所有市场主体的纳税人。

（一）增值税的概念及法律依据

增值税是以商品和劳务在流转过程中产生的增值额作为征税对象而征收的一种流转税。按照我国增值税法规定，增值税是指对在我国境内销售货物或者提供加工、修理修配劳务、销售应税服务、销售无形资产或不动产，以及进口货物的单位和个人取得的增值额为计税依据征收的一种流转税。

知识链接

我国的增值税改革

增值税改革历程始终与中国改革开放的关键节点紧密契合。我国从 1979 年开始在湖北襄樊市（2010 年 12 月更名为襄阳市）试行生产型增值税，1984 年正式开征增值税。1994年税制改革形成了增、消、营三税并存的流转税体系，增值税成为流转税第一大税种，在商品生产和流通领域全面实施生产型增值税，对一般纳税人采用购进扣税法，设置17%、13%、0%三档税率，小规模纳税人则实行简易计税办法。

随着生产型增值税的弊端显现，2008年国务院决定全面实施增值税改革，2009年1月1日起，我国将生产型增值税全面转型为消费型增值税。

2012至2016年，增值税改革进入营业税改征增值税（以下简称营改增）扩围阶段，为解决营业税重复课税、税负结构不合理的缺点，促进税收公平和产业结构转型升级，国家适时提出了营改增重大举措，分“三步走”：第一步，从2012年1月1日起，上海交通运输业和部分现代服务业进行营改增试点，同年扩围至京津等8省市；第二步，自2013年8月1日起，交通运输业和部分现代服务业在全国范围推开，自2014年1月1日和6月1日起，铁路运输、邮政和电信业相继纳入全国试点；第三步，2016年5月1日起，全面实现营改增。至2018年底，营改增累计减税达2万亿元，我国基本建成了在世界范围内具有先导意义的现代增值税制度。

2017年起，增值税进入深化改革阶段，重点是减税并档。2018年5月1日起，国家实行了降低税率，17%降至16%、11%降至10%，统一上调小规模纳税人标准、对先进装备制造业等企业一次性退还留抵税额，此举使2018年企业减税1.3万亿元。2019年，我国实施了更大规模的减税降费，2019年4月1日起，将16%税率降至13%、10%降至9%。2019年，我国累计减税降费2.36万亿元。这些减税措施着眼“放水养鱼”，是减轻税负、激发市场活力的重大举措。

近年来，增值税立法步伐加快。2022年12月27日，《中华人民共和国增值税法（草案）》提请十三届全国人大常委会第三十八次会议审议。本次草案总体上是按照税制平移的思路，保持现行税制框架和税负水平基本不变，将《中华人民共和国增值税暂行条例》和有关政策规定上升为法律。

增值税法是指国家制定的用以调整增值税征收与缴纳之间权利及义务关系的法律规范。我国现行增值税法的基本规范是2017年11月19日国务院发布的《中华人民共和国增值税暂行条例》（国务院令第691号）、《中华人民共和国增值税暂行条例实施细则》（2011年修订），以及2016年3月发布的《财政部 国家税务总局关于全面推开营业税改征增值税试点的通知》。

（二）增值额的含义

增值额是指企业在生产经营过程中新创造的那部分价值。一般从以下两方面进行分析。

1. 理论上的增值额

马克思劳动价值论认为，增值额是指人类劳动创造的社会产品价值C+V+M中的

V+M 部分。C 是生产资料消耗的价值，需要产品销售后作为成本收回，它不是税收的征收对象；V 是劳动者为自己创造的必要价值，它与 M（劳动者为社会创造的价值）同属于劳动者新创造的价值，即国民收入；V+M 就是理论上作为增值税征税对象的增值额。

2. 实践上的增值额

实践上的增值额可以从两个方面理解：

（1）从生产经营单位来看，增值额=收入额−外购成本。

增值额为生产经营单位销售货物或提供劳务、发生应税行为的收入额扣除为生产经营外购货物价款后的余额。另外，增值额也可以理解为生产经营单位在生产商品或提供劳务等过程中新创造的价值量，表现为工资、资金利息、企业利润等。

（2）从货物经营全过程看，增值额就是该货物在生产到流通各环节创造的新增加价值之和。

以一个皮包从生产到零售环节为例，可以分析出一个皮包实现最终消费时最后的销售总值相当于该皮包从生产到流通各个经营环节的增值额之和，详见表 2-1。

表 2-1　流通环节增值额分析表

单位：万元

生产经营环节	销售额	购进额	增值额
皮革生产	100	0	100−0=100
成品皮包生产	300	100	300−100=200
成品皮包批发	600	300	600−300=300
成品皮包零售	1 000	600	1 000−600=400
合计	—	—	1 000

由表 2-1 分析可知，一个皮包从原料生产到最终零售环节，各环节新创造的新增价值合计为 1 000 元，与成品皮包的最后零售价格 1 000 元一致。就某一商品而言，其增值额等于商品进入最终消费时的销售价格。也就是说，在税率一致的情况下，如果对其每一生产流通环节产生的增值额征税，征收的增值税之和实际就是按货物最终销售额征收的增值税额。

在现实经济生活中，各生产流通环节中产生的新增价值难以准确核算和监督计量，如果按照以上理论来进行增值税的计算和征收，实际可操作性意义不大。因此，目前实行增值税的国家，据以征税的增值额都是一种法定增值额，并非理论上的增值额。法定增值额是指各国政府根据各自的国情、政策要求，在增值税制度中人为地确定的增值额。法定增值额可能等于理论增值额，也可能大于或小于理论增值额。即：

理论增值额 $=V+M=$ 工资 + 盈利 = 工资 + 租金 + 利息 + 利润 + 其他增值项目

法定增值额 = 产出 − 投入 = 销售收入额 − 外购商品、劳务、服务支付金额

二、增值税的类型

按照外购固定资产处理方式的不同，增值税划分为生产型增值税、收入型增值税和消费型增值税三种类型。

1. 生产型增值税

计算增值税时，不允许扣除外购固定资产的价值，以销售收入总额减去所购中间产品价值后的余额为税基。

2. 收入型增值税

计算增值税时，允许将外购固定资产“折旧部分”扣除，以销售收入总额减去所购中间产品价值与固定资产折旧额后的余额为税基。

3. 消费型增值税

计算增值税时，允许将外购固定资产的价值“一次性全部”扣除，以销售收入总额减去所购中间产品价值与固定资产投资额后的余额为税基。

我国自 1979 年开始试行生产型增值税。自 2009 年 1 月 1 日起，为了刺激消费扩大内需，由生产型增值税全面转型为消费型增值税。

知识链接

若某企业 2009 年 1 月销售额 300 万元，购进材料 60 万元、购进机器 100 万元，均取得增值税专用发票，机器使用寿命 10 年。这三种不同的增值税类型下的法定增值额结果有较大差别，消费型增值税充分体现了税收政策刺激消费扩大内需的目的。详见表 2-2。

表 2-2　不同类型增值税的税额计算分析表

单位：万元

增值税类型	使用时间	外购固定资产处理方式	理论增值额	法定增值额
生产型增值税	1979—2008 年	不得扣除	300－60－100÷10＝230	300－60＝240
收入型增值税	实践中不用	按折旧扣除	230	230
消费型增值税	2009 年起	一次性扣除	230	300－60－100＝140

三、增值税的特征

增值税虽然属于刚性的流转税，但对流转过程中的增值额征税的特殊征税方式，使其具有不同于其他流转税的特点。我国增值税主要有以下特征。

1. 税不重征

这是增值税最本质的特点。增值税只对货物或劳务销售额中未征过税的那部分销售额征税，对销售额中属于转移过来的以前环节已征过税的那部分销售额不再征税，即只对增值额征税，从而有效地避免了重复征税的弊端。

2. 中性税收，税负公平

中性税收提倡税收对经济应该保持中立，不得干预纳税人的经济行为，不可影响市场对社会资源配置和国民经济运行的自发引导，不偏不倚，普遍调节经济，税收课征应以增值额为限，避免使纳税人和社会遭受额外负担。增值税的税负不受商品生产经营环节和结构变化的影响，只要一种商品的最后销售价格相同，那么不论经过的生产经营环节多与少，其所纳的增值税额总是相同的，即售价相同、税负相同，因而同一种商品的税负始终保持一致，体现了税负公平、利于平等竞争的特点。

3. 道道征税、逐环节征税、逐环节纳税

增值税就各个生产流通环节道道征税，它的征税环节包括生产、批发到消费的所有环节，是一种多环节连续性课征的税种。增值税实行统一的购进扣税法，每经过一道环节就征一道税，每道环节都是用销售额减去购进额后的增值额乘以税率计算，从而道道征税、环环相扣、税基广阔。

4. 价外计征

增值税实行价外计税，即税金不包含在销售价格内，价税分离，使企业的成本核算不受增值税的影响。销售发生的增值税税款由纳税人向购买方收取，体现了增值税的税负转嫁性质，价外计税为增值税税款抵扣制度奠定了基础。

可见，增值税以票扣税，道道征税，环环相扣，不偏不倚，连续、普遍征收，避免了重复征税，是一个理想的税种。

任务 2.2　增值税的纳税人

一、增值税的纳税义务人

《增值税暂行条例》第一条规定：在中华人民共和国境内销售货物或者加工、修理修配劳务（以下简称劳务），销售服务、无形资产、不动产以及进口货物的单位和个人，为增值税的纳税人，应当依照本条例缴纳增值税。规定中的单位是指企业、行政单位、事业单位、军事单位、社会团体及其他单位。个人是指个体工商户和其他个人。

单位以承包、承租、挂靠方式经营的，承包人、承租人、挂靠人（以下统称承包人）以发包人、出租人、被挂靠人（以下统称发包人）名义对外经营并由发包人承担相

关法律责任的，以该发包人为纳税人。否则，以承包人为纳税人。

采用承包、承租、挂靠经营方式，同时满足以下两个条件的，以发包人为纳税人：①以发包人名义对外经营；②由发包人承担相关法律责任。不同时满足上述两个条件的，以承包人为纳税人。

纳税人应当按照国家统一的会计制度进行增值税会计核算。

资管产品运营过程中发生的增值税应税销售行为，以资管产品管理人为增值税纳税人。

增值税实行凭增值税专用发票（不限于增值税专用发票）抵扣税款的制度，客观上要求纳税人具备健全的会计核算制度和能力。实际上，我国增值税纳税人数众多，会计核算水平参差不齐，大量的小企业和个人会计核算不健全。为了简化增值税的计算和征收，配合增值税专用发票管理，减少税收征管漏洞，我国增值税法将增值税纳税人按会计核算水平和经营规模分为一般纳税人和小规模纳税人。

二、增值税小规模纳税人的认定

增值税小规模纳税人是指年应税销售额在规定标准以下，并且会计核算不健全，不能按规定报送有关税务资料的增值税纳税人。

我国自 2018 年 5 月 1 日起统一增值税小规模纳税人标准，即小规模纳税人的具体认定标准为年应征增值税销售额 500 万元及以下。

需要注意的是，年应税销售额超过小规模纳税人标准的其他个人（个体工商户以外的个人），按小规模纳税人纳税。非企业性单位、不经常发生应税行为的企业、个体户，可选择按小规模纳税人纳税。

小规模纳税人会计核算健全，能够提供准确税务资料的，可以向主管税务机关申请一般纳税人资格认定，审核通过后可成为一般纳税人。单位和个人登记为一般纳税人后，不得转为小规模纳税人，国家税务总局另有规定的除外。

三、增值税一般纳税人的认定

根据《增值税一般纳税人登记管理办法》的规定，增值税纳税人年应税销售额超过财政部、国家税务总局规定的小规模纳税人标准的，除按政策规定选择按照小规模纳税人纳税的和年应税销售额超过规定标准的其他个人以外，应当向主管税务机关办理一般纳税人登记，即年应税销售额超过 500 万元的，应向主管税务机关办理一般纳税人登记。

年应税销售额是指纳税人在连续不超过 12 个月或四个季度的经营期内累计应征增值税销售额，包括纳税申报销售额、稽查查补销售额、纳税评估调整销售额。

销售服务、无形资产或者不动产（以下简称应税行为）有扣除项目的纳税人，其应税行为年应税销售额按未扣除之前的销售额计算。纳税人偶然发生的销售无形资产、转让不动产的销售额，不计入应税行为年应税销售额。

年应税销售额连续不超过12个月或四个季度经营期内累计销售额达到标准的小规模纳税人，可在次年1月底之前，申请办理一般纳税人资格认定。

年应税销售额未超过规定标准的纳税人，会计核算健全，能够提供准确税务资料的，可以向主管税务机关申请一般纳税人资格认定，成为一般纳税人。

年应税销售额未超过小规模纳税人标准以及新开业的纳税人，可以向主管税务机关申请一般纳税人资格认定。但必须同时符合下列两个条件：①有固定的生产经营场所；②会计核算健全，能够提供完整准确的税务资料。

纳税人总、分支机构实行统一核算，其总机构年应税销售额超过小规模纳税人标准，但分支机构年应税销售额未超过小规模纳税人标准的，其分支机构可以认定为一般纳税人。主管税务机关对一些新认定的小型商贸批发企业和其他一般纳税人实行纳税辅导期管理，纳税辅导期为6个月。

下列纳税人不办理一般纳税人资格认定，不得认定为一般纳税人，包括：①个体工商户以外的其他个人；②选择按小规模纳税人纳税的非企业性单位；③选择按小规模纳税人纳税的不经常发生应税行为的企业。

【做中学2-1】 根据增值税法律制度的规定，下列各项中，必须被认定为小规模纳税人的是（　　）。

A. 年应税销售额在500万元以上的从事货物生产的纳税人

B. 年应税销售额在500万元以上的从事货物批发的纳税人

C. 年应税销售额为500万元以下，会计核算制度不健全的从事货物零售的纳税人

D. 年应税销售额为500万元以上的其他个人

【答案】 CD

四、增值税的扣缴义务人

中华人民共和国境外的单位或者个人在境内销售劳务，在境内未设立经营机构的，以其境内代理人为扣缴义务人；在境内没有代理人的，以购买方为扣缴义务人。

任务2.3　增值税的征税范围

增值税的征税范围包括在境内发生应税销售行为以及进口货物等。根据《中华人民共和国增值税暂行条例》《中华人民共和国增值税暂行条例实施细则》以及《财政部　国家税务总局关于全面推开营业税改征增值税试点的通知》的规定，增值税征税范围分为

一般规定、特殊规定。

一、增值税征税范围的一般规定

在我国境内销售货物、应税劳务、应税服务、无形资产、不动产以及进口货物，属于增值税的征税范围。具体规定如下。

（一）销售货物或进口货物

货物是指有形动产，包括电力、热力、气体在内。销售货物是指有偿转让货物的所有权。

（二）销售劳务

对外有偿提供加工、修理修配劳务即工业性劳务。加工是指受托加工货物，即委托方提供原料及主要材料，受托方按照委托方的要求，制造货物并收取加工费的业务。修理修配是指受托对损伤和丧失功能的货物进行修复，使其恢复原状和功能的业务。

销售劳务即提供加工、修理修配劳务（以下称应税劳务），是指有偿提供加工、修理修配劳务。单位或者个体工商户聘用的员工为本单位或者雇主提供加工、修理修配劳务不包括在内。

（三）销售服务

销售服务是指有偿提供交通运输服务、邮政服务、电信服务、建筑服务、金融服务、现代服务、生活服务。具体征税范围如下。

1. 交通运输服务

交通运输服务包括陆路运输服务、水路运输服务、航空运输服务和管道运输服务。纳税人发生下列服务时的征税范围界定办法如下：

（1）陆路运输服务包括铁路运输服务和其他陆路运输服务。其他陆路运输服务包括公路运输、缆车运输、索道运输、地铁运输、城市轻轨运输等。

出租车公司向使用本公司自有出租车的出租车司机收取的管理费用，按照“陆路运输服务”缴纳增值税。

（2）水路运输的程租业务、期租业务属于水路运输服务。

程租业务是指运输企业为租船人完成某一特定航次的运输任务并收取租赁费的业务。期租业务是指运输企业将配备有操作人员的船舶承租给他人使用一定期限，承租期内听候承租方调遣，不论是否经营，均按天向承租方收取租赁费，发生的固定费用均由船东负担的业务。

（3）航空运输服务是指通过空中航线运送货物或者旅客的运输业务活动。航空运输的湿租业务属于航空运输服务。

湿租业务是指航空运输企业将配备有机组人员的飞机承租给他人使用一定期限，承租期内听候承租方调遣，不论是否经营，均按一定标准向承租方收取租赁费，发生的固定费用均由承租方承担的业务。

（4）管道运输服务是指通过管道设施输送气体、液体、固体物体的运输业务活动。

程租业务、期租业务、湿租业务，均属于交通运输服务。

（5）航天运输服务，按照“航空运输服务”缴纳增值税。

（6）纳税人已售票但客户逾期未消费取得的运输逾期票证收入，按照“交通运输服务”缴纳增值税。

（7）运输工具舱位承包业务是指承包方以承运人身份与托运人签订运输服务合同，收取运费并承担承运人责任，然后以承包他人运输工具舱位的方式，委托发包方实际完成相关运输服务的经营活动。在运输工具舱位承包业务中，发包方以其向承包方收取的全部价款和价外费用为销售额，按照“交通运输服务”缴纳增值税。承包方以其向托运人收取的全部价款和价外费用为销售额，按照“交通运输服务”缴纳增值税。

（8）运输工具舱位互换业务是指纳税人之间签订运输协议，在各自以承运人身份承揽的运输业务中，互相利用对方交通运输工具的舱位完成相关运输服务的经营活动。在运输工具舱位互换业务中，互换运输工具舱位的双方均以各自换出运输工具舱位确认的全部价款和价外费用为销售额，按照“交通运输服务”缴纳增值税。

（9）无运输工具承运业务，按照“交通运输服务”缴纳增值税。无运输工具承运业务是指经营者以承运人身份与托运人签订运输服务合同、收取运费并承担承运人责任，然后委托实际承运人完成运输服务的经营活动。

2. 邮政服务

邮政服务包括邮政普遍服务、邮政特殊服务和其他邮政服务。

（1）邮政普遍服务是指函件、包裹等邮件寄递，以及邮票发行、报刊发行和邮政汇兑等业务活动。

（2）邮政特殊服务是指义务兵平常信函、机要通信、盲人读物和革命烈士遗物的寄递等业务活动。

（3）其他邮政服务是指邮册等邮品销售、邮政代理等业务活动。

3. 电信服务

电信服务包括基础电信服务和增值电信服务。

（1）基础电信服务是指利用固网、移动网、卫星、互联网提供语音通话服务的业务活动，以及出租或者出售带宽、波长等网络元素的业务活动。

（2）增值电信服务是指利用固网、移动网、卫星、互联网、有线电视网络，提供短信和彩信服务、电子数据和信息的传输及应用服务、互联网接入服务等业务活动。卫星电视信号落地转接服务，按照“增值电信服务”缴纳增值税。

4. 建筑服务

建筑服务包括工程服务、安装服务、修缮服务、物业服务和其他建筑服务等。相关业务征税范围界定办法如下：

（1）工程服务包括与建筑物相连的各种设备或者支柱、操作平台的安装或者装设工程作业，以及各种窑炉和金属结构工程作业。

（2）安装服务包括与被安装设备相连的工作台、梯子、栏杆的装设工程作业，以及被安装设备的绝缘、防腐、保温、油漆等工程作业。

（3）固定电话、有线电视、宽带、水、电、燃气、暖气等经营者向用户收取的安装费、初装费、开户费、扩容费以及类似收费，按照“安装服务”缴纳增值税。

（4）物业服务企业为业主提供的装修服务，按照“建筑服务”缴纳增值税。

（5）其他建筑服务是指上述工程作业之外的各种工程作业服务，如钻井（打井）、拆除建筑物或构筑物、平整土地、园林绿化、疏浚（不包括航道疏浚）、建筑物平移、搭脚手架、爆破、矿山穿孔、表面附着物（包括岩层、土层、沙层等）剥离和清理等工程作业。

（6）纳税人将建筑施工设备出租给他人使用并配备操作人员，按照“建筑服务”缴纳增值税。

5. 金融服务

金融服务包括贷款服务、直接收费金融服务、保险服务和金融商品转让等。相关业务征税范围界定办法如下：

（1）各种占用、拆借资金取得的收入，包括金融商品持有期间（含到期）利息（如保本收益、报酬、资金占用费、补偿金等）收入、信用卡透支利息收入、买入返售金融商品利息收入、融资融券收取的利息收入，以及融资性售后回租、押汇、罚息、票据贴现、转贷等业务取得的利息及利息性质的收入，按照“贷款服务”缴纳增值税。

保本收益、报酬、资金占用费、补偿金是指合同中明确承诺到期本金可全部收回的投资收益。金融商品持有期间（含到期）取得的非保本的上述收益，不属于利息或利息性质的收入，不征收增值税。融资性售后回租是指承租方以融资为目的，将资产出售给从事融资性售后回租业务的企业后，从事融资性售后回租业务的企业将该资产出租给承租方的业务活动。

（2）以货币资金投资收取的固定利润或者保底利润，按照“贷款服务”缴纳增值税。

（3）直接收费金融服务包括提供货币兑换、账户管理、电子银行、信用卡、信用证、财务担保、资产管理、信托管理、基金管理、金融交易场所（平台）管理、资金结算清算、金融支付等服务。

（4）保险服务包括人身保险服务和财产保险服务。

（5）金融商品转让是指转让外汇、有价证券、非货物期货和其他金融商品所有权的业务活动。其他金融商品转让包括基金、信托、理财产品等各类资产管理产品和各种金融衍生品的转让。纳税人购入基金、信托、理财产品等各类资产管理产品持有至到期，不属于金融商品转让。

（6）纳税人转让因同时实施股权分置改革和重大资产重组而首次公开发行股票并上市形成的限售股，以及上市首日至解禁日期间由上述股份孳生的送、转股，以该上市公司股票上市首日开盘价为买入价，按照“金融商品转让”缴纳增值税。

6. 现代服务

现代服务包括研发和技术服务、信息技术服务、文化创意服务、物流辅助服务、租赁服务、鉴证咨询服务、广播影视服务、商务辅助服务和其他现代服务。相关业务征税范围界定办法如下：

（1）研发和技术服务包括研发服务、合同能源管理服务、工程勘察勘探服务、专业技术服务。

（2）信息技术服务包括软件服务、电路设计及测试服务、信息系统服务、业务流程管理服务和信息系统增值服务。

（3）文化创意服务包括设计服务、知识产权服务、广告服务和会议展览服务。宾馆、旅馆、旅社、度假村和其他经营性住宿场所提供会议场地及配套服务的活动，按照“会议展览服务”缴纳增值税。

（4）物流辅助服务包括航空服务、港口码头服务、货运客运场站服务、打捞救助服务、装卸搬运服务、仓储服务和收派服务。

（5）租赁服务包括融资租赁服务和经营租赁服务。

融资租赁服务是指具有融资性质和所有权转移特点的租赁活动，即出租人根据承租人所要求的规格、型号、性能等条件购入有形动产或者不动产租赁给承租人，合同期内租赁物所有权属于出租人，承租人只拥有使用权，合同期满付清租金后，承租人有权按照残值购入租赁物，以拥有其所有权。不论出租人是否将租赁物销售给承租人，均属于融资租赁。按照标的物的不同，融资租赁服务可分为有形动产融资租赁服务和不动产融资租赁服务。

经营租赁服务是指在约定时间内将有形动产或者不动产转让他人使用且租赁物所有权不变更的业务活动。按照标的物的不同，可分为有形动产经营租赁服务和不动产经营租赁服务。

知识链接

纳税人发生下列服务时的征税范围界定（一）

（1）融资性售后回租不按照“租赁服务”缴纳增值税。

（2）将建筑物、构筑物等不动产，或者飞机、车辆等有形动产的广告位出租给其他单位或者个人用于发布广告，按照“经营租赁服务”缴纳增值税。

（3）车辆停放服务、道路通行服务（包括过路费、过桥费、过闸费等），按照“不动产经营租赁服务”缴纳增值税。

（4）水路运输的光租业务、航空运输的干租业务，属于经营租赁。

光租业务是指运输企业将船舶在约定的时间内出租给他人使用，不配备操作人员，不承担运输过程中发生的各项费用，只收取固定租赁费的业务活动。

干租业务是指航空运输企业将飞机在约定的时间内出租给他人使用，不配备机组人员，不承担运输过程中发生的各项费用，只收取固定租赁费的业务活动。

光租业务、干租业务，均属于现代服务中的租赁服务。

(6) 鉴证咨询服务包括认证服务、鉴证服务和咨询服务。翻译服务和市场调查服务按照"咨询服务"缴纳增值税。

(7) 广播影视服务包括广播影视节目（作品）的制作服务、发行服务和播映（含放映）服务。

(8) 商务辅助服务包括企业管理服务、经纪代理服务、人力资源服务、安全保护服务。

知识链接

纳税人发生下列服务时的征税范围界定（二）

(1) 拍卖行受托拍卖取得的手续费或佣金收入，按照"经纪代理服务"缴纳增值税。

(2) 纳税人提供的安全保护服务，属于人力资源服务，比照劳务派遣服务政策执行。

(3) 纳税人提供武装守护押运服务，按照"安全保护服务"缴纳增值税。

(9) 其他现代服务是指除研发和技术服务、信息技术服务、文化创意服务、物流辅助服务、租赁服务、鉴证咨询服务、广播影视服务和商务辅助服务以外的现代服务。

纳税人为客户办理退票而向客户收取的退票费、手续费等收入，按照"其他现代服务"缴纳增值税。纳税人对安装运行后的机器设备提供的维护保养服务，按照"其他现代服务"缴纳增值税。

7. 生活服务

生活服务包括文化体育服务、教育医疗服务、旅游娱乐服务、餐饮住宿服务、居民日常服务和其他生活服务。相关业务征税范围界定办法如下：

(1) 提供餐饮服务的纳税人销售的外卖食品，按照"餐饮服务"缴纳增值税。

(2) 纳税人在游览场所经营索道、摆渡车、电瓶车、游船等取得的收入，按照"文化体育服务"缴纳增值税。

(3) 纳税人现场制作食品并直接销售给消费者，按照"餐饮服务"缴纳增值税。

(4) 纳税人提供植物养护服务，按照"其他生活服务"缴纳增值税。

(四) 销售无形资产

销售无形资产是指转让无形资产所有权或者使用权的业务活动。无形资产包括技术、商标、著作权、商誉、自然资源使用权和其他权益性无形资产。其他权益性无形资产包括基础设施资产经营权、公共事业特许权、配额、经营权（包括特许经营权、连锁经营权、其他经营权）、经销权、分销权、代理权、会员权、席位权、网络游戏虚拟道具、域名、名称权、肖像权、冠名权、转会费等。

(五) 销售不动产

销售不动产是指转让不动产所有权的业务活动。不动产包括建筑物、构筑物等。转让建筑物有限产权或者永久使用权的，转让在建的建筑物或者构筑物所有权的，以及在转让建筑物或者构筑物时一并转让其所占土地的使用权的，按照“销售不动产”缴纳增值税。

除另有规定外，缴纳增值税的经济行为一般应同时具备四个条件：应税行为发生在中华人民共和国境内、应税行为是属于《销售服务、无形资产、不动产注释》（财税〔2016〕36 号印发）范围内的业务活动、应税服务是为他人提供的、应税行为是有偿的。

【做中学 2-2】 下列行为中，属于增值税征收范围的有（　　）。

A. 甲公司将房屋与乙公司土地交换

B. 丙银行将房屋出租给丁饭店，而丁饭店长期不付租金，后经双方协商，由丙银行在丁饭店就餐抵账

C. 戊房地产开发企业委托己建筑工程公司建造房屋，双方在结算价款时，戊房地产企业将若干套房屋转让给己建筑公司冲抵工程款

D. 庚运输公司与辛汽车修理公司商定，庚运输公司为辛汽车修理公司免费提供运输服务，辛汽车修理公司为其免费提供汽车维修作为回报

【答案】 ABCD

二、增值税征税范围的特殊规定

（一）视同销售

单位或个体工商户的下列行为，视同发生应税销售行为：

1. 将货物交付其他单位或个人代销。

2. 销售代销货物。

3. 设有两个以上机构并实行统一核算的纳税人，将货物从一个机构移送其他机构用于销售，但相关机构设在同一县（市）的除外。

4. 将自产或委托加工的货物用于免税项目、简易计税项目。

5. 将自产、委托加工的货物用于集体福利或个人消费。

6. 将自产、委托加工或购进的货物作为投资，提供给其他单位或个体工商户。

7. 将自产、委托加工或购进的货物分配给股东或者投资者。

8. 将自产、委托加工或购进的货物无偿赠送给其他单位或个人。

9. 单位或个体工商户向其他单位或者个人无偿销售应税服务、无偿转让无形资产或者不动产，但用于公益事业或者以社会公众为对象的除外。

10. 财政部和国家税务总局规定的其他情形。

上述十种情况应该确定为视同发生应税销售行为，均要征收增值税。其确定的目的主要有三个：一是保证增值税税款抵扣制度的实施，不致因发生上述行为而造成各相关环节税款抵扣链条的中断，如前两种情况，如果不视同发生应税销售行为，则会出现销售代销货物方仅有销项税额而无进项税额，而将货物交付其他单位或者个人代销方则仅

有进项税额而无销项税额的情况，就会造成增值税抵扣链条不完整。二是避免因发生上述行为而造成应税销售行为之间税收负担不平衡的矛盾，防止以上述行为逃避纳税的现象。三是体现增值税计算的配比原则，即购进货物、劳务、服务、无形资产、不动产已经在购进环节实施了进项税额抵扣，这些购进货物、劳务、服务、无形资产、不动产应该产生相应的销售额，同时就应该产生相应的销项税额，否则就会产生不配比情况。如上述第 4 至第 9 项中的几种情况就属于此种原因。

【思考】 视同销售确认收入的条件是什么？

【做中学 2-3】 根据《增值税暂行条例》的规定，下列各项中，应缴纳增值税的有（　　）。

A. 将自产的货物用于投资　　B. 将自产的货物分配给股东

C. 将自产的货物用于集体福利　　D. 将自建的厂房对外转让

【答案】 ABC

【做中学 2-4】 根据增值税法律制度的规定，下列各项中，不视同销售的是（　　）。

A. 将外购的货物分配给股东　　B. 将外购的货物用于投资

C. 将外购的货物用于集体福利　　D. 将外购的货物无偿赠送他人

【答案】 C

（二）混合销售

一项销售行为如果既涉及货物又涉及服务，称为混合销售。从事货物的生产、批发或者零售的单位和个体工商户的混合销售，按照销售货物缴纳增值税；其他单位和个体工商户的混合销售，按照销售服务缴纳增值税。

上述从事货物的生产、批发或者零售的单位和个体工商户，包括以从事货物的生产、批发或者零售为主，并兼营销售服务的单位和个体工商户在内。

混合销售行为成立的行为标准有两点：一是其销售行为必须是一项；二是该项行为必须既涉及货物销售又涉及应税行为。

在确定混合销售是否成立时，其行为标准中的上述两点必须是同时存在的，如果一项销售行为只涉及销售服务，不涉及货物，这种行为就不是混合销售行为；反之，如果涉及销售服务和涉及货物的行为不是存在于一项销售行为之中，这种行为也不是混合销售行为。

（三）兼营

一个纳税人从事销售货物、劳务、服务、无形资产或不动产等多种业务，发生应税销售行为适用不同税率或者征收率的为兼营，纳税人应按货物、劳务、服务分别核算适用不同的税率计税；未分别核算的，从高适用税率。

三、属于增值税征收范围的其他项目

在实际经济生活中，增值税还有一些比较特殊的其他征税项目，例如，货物期货，包括商品期货和贵金属期货，在实物交割环节纳税；银行销售金银；典当业销售死当物品业务；寄售业销售委托人寄售物品；电力公司向发电企业收取的过网费；对从事热力、电力、燃气、自来水等公用事业的增值税纳税人收取的一次性费用，凡与货物的销售数量有直接关系的，征收增值税；凡与货物的销售数量无直接关系的，不征收增值税。

任务 2.4　增值税的税率与征收率

我国增值税的税率设计遵循中性、简化原则，实行比例税率。按照对一般纳税人和小规模纳税人的不同分类和不同的计税方法，一般纳税人通常采用一般计税方法计算增值税，也可以对一些特殊业务采用简易计税方法；而小规模纳税人一般采用简易计税方法计算增值税。因此，税法对一般纳税人设计采用不同的比例税率计算增值税，对一般纳税人简易计税项目和小规模纳税人设计采用征收率计算增值税。

一、一般纳税人的一般计税方法下的增值税税率

经过 2018 年 5 月和 2019 年 4 月两次降税率之后，现行税法规定的一般纳税人通常情况下适用的增值税税率分别为：基本税率 13%、较低税率 9%、低税率 6%和零税率。

（一）基本税率 13%

纳税人销售货物、提供加工修理修配劳务、进口货物、提供有形动产租赁服务的，除另有规定者外，自 2019 年 4 月 1 日起基本税率为 13%。

上述货物、劳务、服务在 1994 年 1 月 1 日至 2018 年 4 月 30 日期间适用税率为 17%。在 2018 年 5 月 1 日至 2019 年 3 月 31 日期间税率为 16%。自 2019 年 4 月 1 日起税率降为 13%。

（二）较低税率 9%

纳税人销售交通运输、邮政、基础电信、建筑、不动产租赁服务、销售不动产、转让土地使用权、纳税人销售或进口下列货物的，适用税率为 9%。适用 9%税率的货物包括：

1. 粮食等农产品、食用植物油、食用盐。

2. 自来水、暖气、冷气、热水、煤气、石油液化气、天然气、二甲醚、沼气、居民用煤炭制品。

3. 图书、报纸、杂志、音像制品、电子出版物。

4. 饲料、化肥、农药、农机、农膜。

5. 国务院规定的其他货物。包括：干姜、姜黄、挂面、玉米胚芽、花椒油、橄榄油、核桃油、杏仁油、葡萄籽油和牡丹籽油、按照《食品安全国家标准：巴氏杀菌乳》生产的巴氏杀菌乳和按照《食品安全国家标准：灭菌乳》生产的灭菌乳、密集型烤房设备、频振式杀虫灯、自动虫情测报灯、黏虫板、卷帘机、农用挖掘机、养鸡设备系列、养猪设备系列产品、动物骨粒、动物尸体降解处理机、蔬菜清洗机。

上述五类货物在 1994 年 1 月 1 日至 2017 年 6 月 30 日期间适用税率为 13%。在 2017 年 7 月 1 日至 2018 年 4 月 30 日期间税率为 11%。在 2018 年 5 月 1 日至 2019 年 3 月 31 日期间税率为 10%。自 2019 年 4 月 1 日起税率降为 9%。

知识链接

下列产品应适用 13%的增值税税率

环氧大豆油、氢化植物油；麦芽、复合胶、人发；调制乳；肉桂油、桉油、香茅油；速冻食品、方便面、副食品；各种熟食品、淀粉、熟制的水产品、肉类熟制品；各种蔬菜水果、肉、水产品、蛋等的罐头；精制茶、边销茶及掺兑各种药物的茶和茶饮料；各种果脯、蜜饯、炒制的果仁、坚果、碾磨后的园艺植物（如胡椒粉、花椒粉等）；中成药；各种奶制品（如酸奶、奶酪、奶油等）；工业煤炭；饲料添加剂；食用盐以外的其他盐；日用卫生杀虫剂、驱虫驱蚊剂、蚊香、清毒剂等；农用汽车；机动渔船；农机零部件。

（三）低税率 6%

纳税人销售现代服务（有形动产租赁服务除外）、增值电信服务、金融服务、生活服务、销售无形资产（转让土地使用权除外），适用增值税税率为 6%。

（四）零税率

纳税人出口货物、出口劳务、境内发生跨境应税行为，税率为零，但国务院另有规定的除外。

二、一般纳税人简易计税方法下的增值税征收率

增值税征收率是指对特定的货物或特定的纳税人销售的货物、应税劳务在某一生产流通环节应纳税额与销售额的比率。增值税的征收率适用于两种情况：一是一般纳税人发生应税销售行为按规定可以选择简易计税方法计税；二是小规模纳税人。

采用征收率计税的，不得抵扣进项税额。

（一）适用 5%征收率简易计税的情况

《财政部　税务总局关于将铁路运输和邮政业纳入营业税改征增值税试点的通知》规定，一般纳税人可选择简易计税方法的应税服务包括：公共交通运输、动漫开发、电影放映、仓储、装卸搬运、收派、劳务派遣、人力资源外包、文化体育、营改增试点前的有形动产经营租赁服务等。

一般纳税人可选择按照 5%征收率简易计税的情况如下：

1. 一般纳税人销售 2016 年 4 月 30 日前取得的不动产，选择简易计税方法。

2. 一般纳税人以经营租赁方式出租 2016 年 4 月 30 日前取得的不动产，选择简易计税方法。

3. 一般纳税人提供劳务派遣服务，选择差额简易计税。

4. 一般纳税人提供人力资源外包服务，选择简易计税方法。

5. 房地产开发企业中的一般纳税人购入未完工的房地产老项目（2016 年 4 月 30 日之前的建筑工程项目）继续开发后，以自己名义立项销售的不动产，属于房地产老项目，可以选择适用简易计税方法按照 5%征收率计算缴纳增值税。

6. 一般纳税人 2016 年 4 月 30 日前签订的不动产融资租赁合同，或以 2016 年 4 月 30 日前取得的不动产提供的融资租赁服务，选择简易计税方法。

7. 一般纳税人转让 2016 年 4 月 30 日前取得的土地使用权，选择简易计税方法。

8. 一般纳税人收取 2016 年 4 月 30 日前取得或存在的试点前开工的一级公路、二级公路、桥闸通行费，选择简易计税方法。

（二）适用 3%征收率简易计税的情况

除上述适用 5%征收率以外的纳税人选择简易计税方法发生的应税销售行为均适用 3%的征收率。具体来说，增值税一般纳税人销售自产的下列货物，可选择按照简易办法依照 3%征收率计算缴纳增值税，可自行开具增值税专用发票。

1. 县级及县级以下小型水力发电单位生产的电力。

2. 建筑用和生产建筑材料所用的砂、土、石料。

3. 以自己采掘的砂、土、石料或其他矿物连续生产砖、瓦、石灰（不含黏土实心砖、瓦）。

4. 用微生物、微生物代谢物、动物毒素、人或动物的血液或组织制成的生物制品。

5. 自来水。

6. 商品混凝土（仅限以水泥为原料生产的水泥混凝土）。

7. 一般纳税人单采血浆站销售非临床人体血液。

一般纳税人销售下列货物，暂按简易办法依照 3%征收率计算增值税：寄售商店代销寄售物品、典当业销售死当物品。

一般纳税人也可以对公共交通运输、动漫开发、电影放映、仓储、装卸搬运、收派、文化体育等应税服务，选择按3%全额简易计税。

（三）适用3%征收率减按2%简易计税的情况

一般纳税人下列项目依照3%征收率减按2%简易征税：

1. 一般纳税人销售自己使用过的不得抵扣且未抵扣进项税额的固定资产。

纳税人销售自己使用过的固定资产，适用简易办法依照3%征收率减按2%征收增值税政策的，可以放弃减税，按照简易办法依照3%征收率缴纳增值税，并可以开具增值税专用发票。

$$应纳增值税额=销售额\div(1+3\%)\times 2\%$$

2. 一般纳税人销售旧货。

三、小规模纳税人的增值税征收率

（一）适用5%征收率的情况

1. 小规模纳税人销售自建或者取得的不动产。
2. 房地产开发企业中的小规模纳税人，销售自行开发的房地产项目。
3. 小规模纳税人出租（经营租赁）其取得的不动产（不含个人出租住房）。
4. 小规模纳税人提供劳务派遣服务选择差额纳税的。
5. 小规模纳税人从事不动产租赁的，按照5%简易征税。
6. 其他个人销售其取得（不含自建）的不动产（不含其购买的住房）。
7. 其他个人出租（经营租赁）其取得的不动产（不含住房）。
8. 个人出租住房，应按照5%征收率减按1.5%计算应纳税额。

（二）适用3%征收率、3%减按2%的情况

小规模纳税人销售货物、劳务、服务（除不动产、土地使用权、旧货外），按3%征收率简易计税。小规模纳税人（除其他个人外）销售自己使用过的固定资产、小规模纳税人销售旧货的，按照简易办法依照3%征收率减按2%征收增值税。

对从事二手车经销的纳税人销售其收购的二手车，自2020年5月1日起至2023年12月31日减按0.5%的征收率简易计税。2023年9月27日，财政部发布《关于延续实施二手车经销有关增值税政策的公告》明确：二手车经销增值税减按0.5%征收，延续至2027年12月31日。

$$销售二手车应纳增值税额=销售额\div(1+0.5\%)\times 0.5\%$$

一般纳税人提供财政部和国家税务总局规定的特定应税服务，可以选择适用简易计税方法计税，但一经选择，36个月内不得变更。

知识链接

小规模纳税人抗疫期间的征收率优惠

抗疫三年，各类市场经济主体均受到了一定的冲击，为支持企业抗击新冠疫情，助企纾困，我国出台了小规模纳税人增值税减免的税收优惠政策，彰显了“人民至上”以及扶弱济困等的制度优势。具体包括：

（一）抗疫期间免税

2020年3月1日至2021年3月31日期间，湖北省增值税小规模纳税人销售货物、劳务、服务（除不动产、土地使用权外）适用3%征收率的应税销售收入免征增值税，适用3%预征率的预缴增值税项目，暂停预缴增值税。

在2022年4月1日至2022年12月31日期间，全国范围内的小规模纳税人适用3%征收率的应税销售收入免征增值税；适用3%预征率的预缴增值税项目，暂停预缴增值税。

（二）抗疫期间优惠征收率1%

自2021年4月1日至2021年12月31日，湖北省增值税小规模纳税人适用3%征收率的应税销售收入减按1%征收。其余省份的小规模纳税人自2020年3月1日起至2021年12月31日，适用3%征收率的应税销售收入减按1%征收率征收增值税；适用3%预征率的减按1%预征率预缴。2022年1月1日至2022年3月31日期间，全国范围的小规模纳税人继续减按1%征收。

（三）2023年至2027年小规模纳税人减按1%征收增值税

自2023年1月1日至2023年12月31日，小规模纳税人适用3%征收率的应税销售收入，减按1%征收率征收增值税；适用3%预征率的预缴增值税项目，减按1%预征率预缴增值税。

2023年12月，财政部、国家税务总局发布《支持小微企业和个体工商户发展税费优惠政策指引（2.0）》，明确此项优惠延续至2027年12月31日。

表2-3　小规模纳税人抗疫优惠时间表

小规模纳税人应税收入原适用征收率	2020年3月1日至2021年3月31日		2021年4月1日至2022年3月31日	2022年4月1日至2022年12月31日	2023年1月1日至2027年12月31日
	湖北省	其余省市	全国	全国	全国
3%	免	1%	1%	免	1%

任务 2.5　增值税的税收优惠

增值税的税收优惠政策主要包括：《增值税暂行条例》规定的免税项目，《财政部 国家税务总局关于全面推开营业税改征增值税试点的通知》及有关部门规定的税收优惠政策，财政部、国家税务总局规定的其他免税项目等。

一、《增值税暂行条例》规定的免税项目

1. 农业生产者销售自产农业产品。

农业生产者包括从事农业生产的单位和个人。农产品是指种植业、养殖业、林业、牧业、水产业生产的各类植物、动物的初级产品。上述单位和个人销售的外购农产品，以及单位和个人外购农产品生产、加工后销售的仍然属于规定范围的农产品，不属于免税的范围，应当按规定的税率征收增值税。

纳税人采取“公司＋农户”经营模式从事畜禽饲养，纳税人回收再销售畜禽，属于农业生产者销售自产农产品，应根据《增值税暂行条例》的有关规定免征增值税。制种企业生产销售种子的免税。纳税人销售自产人工合成牛胚胎应免征增值税。

2. 避孕药品和用具。

3. 古旧图书。

4. 直接用于科学研究、科学试验和教学的进口仪器、设备。

对科学研究机构、技术开发机构、学校等单位进口国内不能生产或者性能不能满足需要的科学研究、科技开发的仪器设备和教学用品，免征进口关税和进口环节增值税、消费税；对出版物进口单位为科研院所、学校进口用于科研、教学的图书、资料等，免征进口环节增值税。

5. 外国政府、国际组织无偿援助的进口物资和设备。

6. 由残疾人的组织直接进口供残疾人专用的物品。

7. 销售自己使用过的物品。自己使用过的物品是指其他个人自己使用过的物品。

二、《财政部　国家税务总局关于全面推开营业税改征增值税试点的通知》及有关部门规定的税收优惠政策

（一）免征增值税的项目

1. 托儿所、幼儿园提供的保育和教育服务。超过规定收费标准的收入，以开办实验班、特色班和兴趣班等为由另外收取的费用以及与幼儿入园挂钩的赞助费、支教费等超过规定范围的收入，不属于免征增值税的范围。

2. 养老机构提供的养老服务。

3. 残疾人福利机构提供的育养服务。

4. 婚姻介绍服务。

5. 殡葬服务。

6. 残疾人员本人为社会提供的服务。

7. 医疗机构提供的医疗服务。

8. 从事学历教育的学校提供的教育服务。提供教育服务免征增值税的收入是指对列入规定招生计划的在籍学生提供学历教育服务取得的收入，但是学校以各种名义收取的赞助费、择校费等，不属于免征增值税的范围。

9. 学生勤工俭学提供的服务。

10. 农业机耕、排灌、病虫害防治、植物保护、农牧保险以及相关技术培训业务，家禽、牲畜、水生动物的配种和疾病防治。

11. 纪念馆、博物馆、文化馆、文物保护单位管理机构、美术馆、展览馆、书画院、图书馆在自己的场所提供文化体育服务取得的第一道门票收入。

12. 寺院、宫观、清真寺和教堂举办的文化、宗教活动的门票收入。

13. 行政单位之外的其他单位收取的符合规定条件的政府性基金和行政事业性收费。

14. 个人转让著作权。

15. 个人销售自建自用住房。

16. 台湾航运公司、航空公司从事海峡两岸海上直航、空中直航业务在大陆取得的运输收入。

17. 纳税人提供的直接或者间接国际货物运输的代理服务。

18. 下列利息收入免征增值税：

(1) 国家助学贷款；

(2) 国债、地方政府债；

(3) 人民银行对金融机构的贷款；

(4) 住房公积金管理中心用住房公积金在指定的委托银行发放的个人住房贷款；

(5) 外汇管理部门在从事国家外汇储备经营过程中，委托金融机构发放的外汇贷款；

(6) 统借统还业务中，企业集团或企业集团中的核心企业以及集团所属财务公司按不高于支付给金融机构的借款利率水平或者支付的债券票面利率水平，向企业集团或者集团内下属单位收取的利息；统借方向资金使用单位收取的利息高于支付给金融机构借款利率水平或者支付的债券票面利率水平的，应全额缴纳增值税。

19. 被撤销金融机构以货物、不动产、无形资产、有价证券、票据等财产清偿债务，除另有规定外，被撤销金融机构所属、附属企业，不享受被撤销金融机构增值税免税政策。

20. 保险公司开办的一年期以上人身保险产品取得的保费收入。一年期以上人身保险是指保险期间为一年期及以上返还本利的人寿保险、养老年金保险以及保险期间为一年期及以上的健康保险。

21. 下列金融商品转让收入免征增值税：

(1) 合格境外投资者委托境内公司在我国从事证券买卖业务；

(2) 香港市场投资者（包括单位和个人）通过沪港通和深港通买卖上海证券交易所和深圳证券交易所上市A股，内地投资者（包括单位和个人）通过沪港通买卖香港联交所上市股票；

(3) 对香港市场投资者（包括单位和个人）通过基金互认买卖内地基金份额；

(4) 证券投资基金（封闭式证券投资基金和开放式证券投资基金）管理人运用基金买卖股票、债券；

(5) 个人从事金融商品转让业务。

22. 金融同业往来利息收入，包括金融机构与人民银行所发生的资金往来业务、银行联行往来业务、和金融机构间的资金往来业务、同业存款、同业借款、同业代付、买断式买入返售金融商品、持有金融债券和同业存单产生的利息收入。

但是，自2018年1月1日起，金融机构开展贴现、转贴现业务，以其实际持有票据期间取得的利息收入作为贷款服务销售额计算缴纳增值税。此前贴现机构已就贴现利息收入全额缴纳增值税的票据，转贴现机构转贴现利息收入继续免征增值税。

23. 同时符合规定条件的担保机构从事中小企业信用担保或者再担保业务取得的收入（不含信用评级、咨询、培训等收入）3年内免征增值税。相关规定条件如下：

(1) 已取得监管部门颁发的融资性担保机构经营许可证，依法登记注册为企（事）业法人，实收资本超过2 000万元；

(2) 平均年担保费率不超过银行同期贷款基准利率的50%；

平均年担保费率＝本期担保费收入÷(期初担保余额＋本期增加担保金额)×100%

(3) 连续合规经营2年以上，资金主要用于担保业务，具备健全的内部管理制度和为中小企业提供担保的能力，经营业绩突出，对受保项目具有完善的事前评估、事中监控、事后追偿与处置机制；

(4) 为中小企业提供的累计担保贷款额占其2年累计担保业务总额的80%以上，单笔800万元以下的累计担保贷款额占其累计担保业务总额的50%以上；

(5) 对单个受保企业提供的担保余额不超过担保机构实收资本总额的10%，且平均单笔担保责任金额最多不超过3 000万元人民币。

24. 国家商品储备管理单位及其直属企业承担商品储备任务，从中央或者地方财政取得的利息补贴收入和价差补贴收入。

25. 纳税人提供技术转让、技术开发和与之相关的技术咨询、技术服务。

26. 同时符合下列条件的合同能源管理服务：

（1）节能服务公司实施合同能源管理项目相关技术，应当符合国家标准化管理委员会发布的《合同能源管理技术通则》（GB/T 24915—2010）规定的技术要求；

（2）节能服务公司与用能企业签订节能效益分享型合同，其合同格式和内容符合《中华人民共和国合同法》和《合同能源管理技术通则》（GB/T 24915—2010）的规定。

27. 政府举办的从事学历教育的高等、中等和初等学校（不含下属单位），举办进修班、培训班取得的全部归该学校所有的收入。举办进修班、培训班取得的收入进入该学校下属部门自行开设账户的，不予免征增值税。

28. 政府举办的职业学校设立的主要为在校学生提供实习场所，并由学校出资自办、由学校负责经营管理、经营收入归学校所有的企业，从事"现代服务"（不含融资租赁服务、广告服务和其他现代服务）、"生活服务"（不含文化体育服务、其他生活服务和桑拿、氧吧）业务活动取得的收入。

29. 家政服务企业由员工制家政服务员提供家政服务取得的收入。

30. 福利彩票、体育彩票的发行收入。

31. 企业、行政事业单位按房改成本价、标准价出售住房取得的收入。

32. 将土地使用权转让给农业生产者用于农业生产。

33. 涉及家庭财产分割的个人无偿转让不动产、土地使用权。家庭财产分割包括：离婚财产分割；无偿赠与配偶、父母、子女、祖父母、外祖父母、孙子女、外孙子女、兄弟姐妹；无偿赠与对其承担直接抚养或者赡养义务的抚养人或赡养人；房屋产权所有人死亡，法定继承人、遗嘱继承人或者受遗赠人依法取得房屋产权。

34. 土地所有者出让土地使用权和土地使用者将土地使用权归还给土地所有者。

35. 县级以上地方人民政府或自然资源行政主管部门出让、转让或收回自然资源使用权（不含土地使用权）。

36. 随军家属就业。为安置随军家属就业而新开办的企业，自领取税务登记证之日起，其提供的应税服务 3 年内免征增值税。从事个体经营的随军家属，自办理税务登记事项之日起，其提供的应税服务 3 年内免征增值税。按照上述规定，每一名随军家属可以享受一次免税政策。

37. 军队转业干部就业。从事个体经营的军队转业干部，自领取税务登记证之日起，其提供的应税服务 3 年内免征增值税。为安置自主择业的军队转业干部就业而新开办的企业，凡安置自主择业的军队转业干部占企业总人数 60%（含）以上的，自领取税务登记证之日起，其提供的应税服务 3 年内免征增值税。

38. 各党派、工会、共青团、妇联、中科协、青联、台联、侨联收取党费、团费、会费，以及政府间国际组织收取会费，属于非经营活动，不征收增值税。

39. 青藏铁路公司提供的铁路运输服务免征增值税。

40. 中国邮政集团公司及其所属邮政企业提供的邮政普遍服务和邮政特殊服务免征增值税。

41. 中国邮政集团公司及其所属邮政企业为金融机构代办金融保险业务取得的代理收

入免征增值税。

42. 全国社会保障基金理事会、全国社会保障基金投资管理人运用全国社会保障基金买卖证券投资基金、股票、债券取得的金融商品转让收入免征增值税。

43. 下列国际航运保险业务免征增值税：

(1) 注册在上海、天津的保险企业从事国际航运保险业务；

(2) 注册在深圳市的保险企业向注册在前海深港现代服务业合作区的企业提供国际航运保险业务；

(3) 注册在平潭的保险企业向注册在平潭的企业提供国际航运保险业务。

44. 社保基金会、社保基金投资管理人在运用社保基金投资过程中，提供贷款服务取得的全部利息及利息性质的收入和金融商品转让收入免征增值税。

45. 境外教育机构与境内从事学历教育的学校开展中外合作办学，提供学历教育服务取得的收入免征增值税。

46. 纳税人取得的财政补贴收入，与其销售货物、劳务、服务、无形资产、不动产的收入或者数量直接挂钩的，应按规定计算缴纳增值税。纳税人取得的其他情形的财政补贴收入，不属于增值税应税收入，不征收增值税。

47. 金融机构向小型企业、微利企业和个体工商户发放小额贷款取得的利息收入免征增值税。根据《支持小微企业和个体商户发展税费优惠政策指引（2.0）》，此项优惠执行期限延长至2027年12月31日。

（二）增值税即征即退政策

1. 增值税一般纳税人销售其自行开发生产的软件产品，按13%税率征收增值税后，对其增值税实际税负超过3%的部分实行即征即退政策。增值税一般纳税人将进口软件产品进行本地化改造后对外销售，其销售的软件产品可享受上述增值税即征即退政策。

【做中学2-5】 某软件开发企业为增值税一般纳税人，2021年6月销售自行开发生产的软件产品，取得不含税销售额68 000元，从国外进口软件进行本地化改造后对外销售，取得不含税销售额200 000元。本月购进一批电脑用于软件设计，取得的增值税专用发票注明金额100 000元。该企业上述业务应退增值税为多少？

【答案】 软件产品增值税实际税负超过3%的部分实行即征即退政策。

$$\text{应纳税额}=68\,000\times13\%+200\,000\times13\%-100\,000\times13\%=21\,840(\text{元})$$

$$\text{退税}=21\,840-(68\,000+200\,000)\times3\%=13\,800(\text{元})$$

2. 一般纳税人提供管道运输服务，对其增值税实际税负超过3%的部分实行增值税即征即退政策。

3. 经中国人民银行、中国银行业监督管理委员会或者中华人民共和国商务部批准从事融资租赁业务的纳税人中的一般纳税人，提供有形动产融资租赁服务和有形动产融资性售后回租服务，对其增值税实际税负超过3%的部分实行增值税即征即退政策。经商务部授权的省级商务主管部门和国家经济技术开发区批准的从事融资租赁业务和融资性售后回租业务的一般纳税人，2016年5月1日后实收资本达到1.7亿元的，从达到标准的当月起按照上述规定执行；2016年5月1日后实收资本未达到1.7亿元但注册资本达到1.7亿元的，在2016年8月1日后开展的有形动产融资租赁业务和有形动产融资性售后回租业务不得按照上述规定执行。

4. 纳税人安置残疾人应享受增值税即征即退政策。纳税人是指安置残疾人的单位和个体工商户。纳税人本期应退增值税额按下列公式计算：

本期应退增值税额＝本期所含月份每月应退增值税额之和

月应退增值税额＝纳税人本月安置残疾人员人数×本月月最低工资标准的4倍

月最低工资标准是指纳税人所在区县（含县级市、旗）适用的经省（含自治区、直辖市、计划单列市）人民政府批准的月最低工资标准。

纳税人新安置的残疾人从签订劳动合同并缴纳社会保险的次月起计算，其他职工从录用的次月起计算；安置的残疾人和其他职工减少的，从减少当月计算。

5. 增值税的退还。纳税人本期已缴增值税额小于本期应退税额不足退还的，可在本年度内以前纳税期已缴增值税额扣除已退增值税额的余额中退还，仍不足退还的可结转本年度内以后纳税期退还。年度已缴增值税额小于或等于年度应退税额的，退税额为年度已缴增值税额；年度已缴增值税额大于年度应退税额的，退税额为年度应退税额。年度已缴增值税额不足退还的，不得结转以后年度退还。

6. 纳税人享受增值税即征即退政策，有纳税信用级别条件要求的，以纳税人申请退还税款所属期的纳税信用级别确定。申请退税税款所属期内纳税信用级别发生变化的，以变化后的纳税信用级别确定。

（三）扣减增值税规定

纳税人享受扣减增值税的主要规定如下：

1. 退役士兵创业就业。自2023年1月1日至2027年12月31日，自主就业退役士兵从事个体经营的，自办理个体工商户登记当月起，在3年（36个月，下同）内按每户每年20 000元为限额依次扣减其当年实际应缴纳的增值税、城市维护建设税、教育费附加、地方教育附加和个人所得税。限额标准最高可上浮20%，各省、自治区、直辖市人民政府可根据本地区实际情况在此幅度内确定具体限额标准。

企业招用自主就业退役士兵，与其签订1年以上期限劳动合同并依法缴纳社会保险费的，自签订劳动合同并缴纳社会保险当月起，在3年内按实际招用人数予以定额依次扣减增值税、城市维护建设税、教育费附加、地方教育附加和企业所得税优惠。定额标准为每人每年6 000元，最高可上浮50%。执行期限延长至2027年12月31日。

纳税人年度应缴纳税款小于上述扣减限额的，以其实际缴纳的税款为限；大于上述扣减限额的，应以上述扣减限额为限。纳税人的实际经营期不足1年的，应当按月换算其减免税限额。换算公式为：

减免税限额＝年度减免税限额÷12×实际经营月数

城市维护建设税、教育费附加、地方教育附加的计税依据是享受本项税收优惠政策前的增值税应纳税额。

2. 重点群体创业就业。自2023年1月1日至2027年12月31日，建档立卡贫困人口、持《就业创业证》（注明“自主创业税收政策”或“毕业年度内自主创业税收政策”）或《就业失业登记证》（注明“自主创业税收政策”）的人员，从事个体经营的，自办理个体工商户登记当月起，在3年（36个月）内按每户每年20 000元为限额依次扣减其当年实际应缴纳的增值税、城市维护建设税、教育费附加、地方教育附加和个人所得税。限额标准最高可上浮20%，各省、自治区、直辖市人民政府可根据本地区实际情况在此幅度内确定具体限额标准。

纳税人年度应缴纳税款小于上述扣减限额的，以其实际缴纳的税款为限；大于上述扣减限额的，应以上述扣减限额为限。

（四）金融企业发放贷款后应收未收利息的增值税处理

金融企业发放贷款后，自结息日起90天内发生的应收未收利息按现行规定缴纳增值税，自结息日起90天后发生的应收未收利息暂不缴纳增值税，待实际收到利息时按规定缴纳增值税。如图2-1所示。

图2-1　应收未收利息的增值税处理

（五）个人将购买的住房对外销售的征免增值税处理

个人将购买不足2年的住房对外销售的，按照5%征收率全额缴纳增值税；个人将购买2年以上（含2年）的住房对外销售的，免征增值税。上述政策适用于北京市、上海市、广州市和深圳市之外的地区。

个人将购买不足2年的住房对外销售的，按照5%征收率全额缴纳增值税；个人将购买2年以上（含2年）的非普通住房对外销售的，以销售收入减去购买住房价款后的差额按照5%征收率缴纳增值税；个人将购买2年以上（含2年）的普通住房对外销售的，免征增值税。上述政策仅适用于北京市、上海市、广州市和深圳市。如图2-2所示。

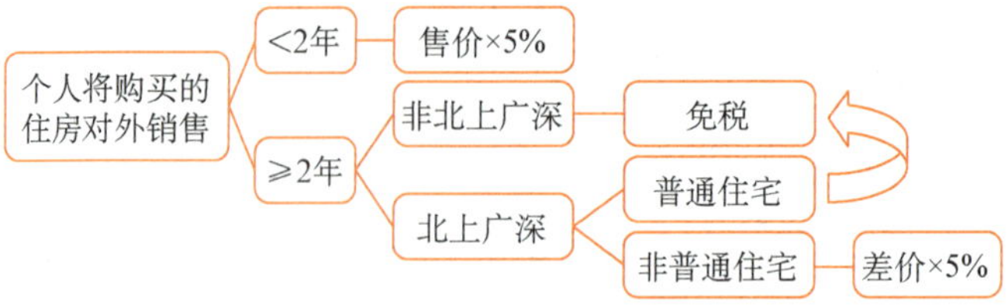

图 2-2　个人购买住房对外销售的增值税处理

房子是用来住的，不是用来炒的！

三、财政部、国家税务总局规定的其他部分免税项目

（一）蔬菜流通环节增值税免税

财税〔2011〕137 号文件规定，自 2012 年 1 月 1 日起，免征蔬菜流通环节增值税。具体规定为：

1. 对从事蔬菜批发、零售的纳税人销售的蔬菜免征增值税。

蔬菜的范围包括经挑选、清洗、切分、晾晒、包装、脱水、冷藏、冷冻等工序加工的蔬菜。但各种蔬菜罐头不属于该规定可免税的蔬菜范围。

2. 纳税人既销售蔬菜又销售其他增值税应税货物的，应分别核算蔬菜和其他增值税应税货物的销售额；未分别核算的，不得享受蔬菜增值税免税政策。

3. 财税〔2012〕75 号文件规定，自 2012 年 10 月 1 日起，对从事农产品批发、零售的纳税人销售的部分鲜活肉蛋产品免征增值税。

从事农产品批发、零售的纳税人既销售规定的部分鲜活肉蛋产品又销售其他增值税应税货物的，应分别核算上述鲜活肉蛋产品和其他增值税应税货物的销售额；未分别核算的，不得享受部分鲜活肉蛋产品增值税免税政策。

【做中学 2-6】 根据增值税规定，下列各项中，免征流通环节增值税的有（　　）。

A. 蔬菜　　B. 水果　　C. 鲜奶　　D. 鲜鸡

E. 鲜猪肉

【答案】 ACDE

（二）制种企业免征增值税

制种企业生产经营模式下生产种子，属于农业生产者销售自产农产品，根据《增值税暂行条例》有关规定免征增值税，包括制种企业利用自有土地或承租土地，雇用农户或雇工进行种子繁育，再经烘干、脱粒、风筛等深加工后销售种子；制种企业提供亲本种子委托农户繁育并从农户手中收回，再经烘干、脱粒、风筛等深加工后销售种子。

自 2021 年 1 月 1 日至 2025 年 12 月 31 日，对符合《进口种子种源免征增值税商品清单》规定的进口种子种源免征进口环节增值税。

（三）资源综合利用产品和劳务增值税优惠政策

纳税人销售自产符合规定的综合利用产品和提供符合规定的资源综合利用劳务，可享受增值税即征即退政策。退税比例有30%、50%、70%和100%四个档次。

纳税人从事优惠目录所列的资源综合利用项目，享受规定的增值税即征即退政策时，应同时符合一些条件，如应属于增值税一般纳税人，销售综合利用产品和劳务，不属于中华人民共和国国家发展和改革委员会发布的《产业结构调整指导目录》中的禁止、限制类项目等。

（四）有机肥产品免征增值税

纳税人生产销售和批发、零售符合标准的有机肥产品免征增值税。

（五）粕类产品免征增值税

豆粕属于征收增值税的饲料产品，除豆粕以外的其他粕类饲料产品均免征增值税。

（六）外购化工产品生产石脑油、燃料油的增值税处理

对外购用于生产乙烯、芳烃类化工产品（以下称特定化工产品）的石脑油、燃料油（以下称2类油品），且使用2类油品生产特定化工产品的产量占本企业用石脑油、燃料油生产各类产品总量50%（含）以上的企业，其外购2类油品的价格中消费税部分对应的增值税额予以退还。

（七）研发机构采购设备的增值税处理

为了鼓励科学研究和技术开发，促进科技进步，在符合条件的前提下，继续对内资研发机构和外资研发中心采购国产设备全额退还增值税。

研发机构已退税的国产设备，自增值税发票开具之日起3年内，设备所有权转移或移作他用的，研发机构须按规定向主管税务机关补缴已退税款。

四、小规模纳税人免征增值税政策

（一）增值税起征点

纳税人销售额未达到增值税起征点的免征增值税，达到起征点的全额计算缴纳增值税。增值税起征点仅适用于按照小规模纳税人纳税的个体工商户和其他个人，但不适用于登记认定为一般纳税人的个体工商户。

增值税起征点幅度如下：按期纳税的，为月销售额5 000～20 000元（含本数）；按次纳税的，为每次（日）销售额300～500元（含本数）。

自2019年1月1日起，增值税的起征点提高到月销售额10万元（含本数）。

（二）小规模纳税人的免征增值税处理

自2023年1月1日至2027年12月31日，小规模纳税人发生增值税应税销售行为，合计月销售额未超过10万元（以1个季度为1个纳税期的，季度销售额未超过30万元）的，免征增值税。

小规模纳税人发生应税销售行为，合计月销售额超过10万元，但扣除本期发生的销售不动产的销售额后未超过10万元的，其销售货物、劳务、服务、无形资产取得的销售额免征增值税。货物、服务的销售额可以合并计算；有销售不动产的，销售额可以剔除不动产销售额；免税销售额仅限于开普通发票的，不含开专用发票的，开专用发票的不免税；采取一次性收取租金形式出租不动产取得的租金收入，可在对应的租赁期内平均分摊，分摊后的月租金收入未超过10万元的，免征增值税。

【做中学2-7】 A生产企业为增值税小规模纳税人，2023年5月销售货物取得不含税销售额6万元，提供服务取得不含税销售额4万元，销售长期闲置的仓库取得不含税销售额120万元。计算该企业2023年应纳增值税。

【答案】 2023年5月适用小规模纳税人合计月销售额未超过10万元的免税政策。

（1）A企业销售额＝6＋4＋120＝130(万元)；

（2）剔除销售不动产后的销售额＝10(万元)，销售货物、服务的10万元可享受免税；

（3）销售不动产120万元照章纳税，应纳增值税＝120×5%＝6(万元)。

（三）小规模纳税人减征增值税政策

根据《支持小微企业和个体工商户发展税费优惠政策指引（2.0）》规定：自2023年1月1日至2027年12月31日，增值税小规模纳税人适用3%征收率的应税销售收入，减按1%征收率征收增值税；适用3%预征率的预缴增值税项目，减按1%预征率预缴增值税。

销售额认定时应注意事项同上。小规模纳税人适用3%征收率应税销售收入免征增值税的，应按规定开具免税普通发票，开专用发票的不免税。纳税人选择放弃免税并开具增值税专用发票的，应开具征收率为3%的增值税专用发票。

知识链接

增值税及附加税费申报表（小规模纳税人适用）的填写

增值税小规模纳税人发生增值税应税销售行为，合计月销售额未超过10万元（季度销售额未超过30万元）的，免征增值税的销售额等项目应当填写在《增值税及附加税费申报表（小规模纳税人适用）》“小微企业免税销售额”或者“未达起征点销售额”相关栏次。合计月销售额超过10万元的，免征增值税的全部销售额等项目应当填写在《增值税及附加税费申报表（小规模纳税人适用）》“其他免税销售额”栏次及《增值税减免税申报明细表》对应栏次。详情见任务2.10。

（四）小规模纳税人退还增值税处理

小规模纳税人月销售额未超过 10 万元的，当期因开具增值税专用发票已经缴纳的税款，在增值税专用发票全部联次追回或者按规定开具红字专用发票后，可以向主管税务机关申请退还。

小规模纳税人 2019 年 1 月份销售额未超过 10 万元（以 1 个季度为 1 个纳税期的，2019 年第一季度销售额未超过 30 万元），但当期因代开普通发票已经缴纳的税款，可以在办理纳税申报时向主管税务机关申请退还。

五、其他有关减免税规定

纳税人兼营免税、减税项目的，应当分别核算免税、减税项目的销售额；未分别核算销售额的，不得免税、减税。

纳税人发生应税销售行为适用免税规定的，可以放弃免税，依照规定缴纳增值税。放弃免税后，36 个月内不得再申请免税。

任务 2.6　一般计税方法应纳税额的计算

我国增值税的计税方法主要包括一般计税方法和简易计税方法。

一般纳税人发生应税销售行为，通常采用国际通行的一般计税方法，计算公式为：

当期应纳增值税额＝当期销项税额－当期进项税额

一般纳税人发生财政部和国家税务总局规定的特定应税行为，可以选择简易计税方法计税，但一经选择，36 个月内不得变更。

小规模纳税人发生销售行为，采用简易计税方法，计算公式为：

应纳增值税额＝当期销售额（不含增值税）×征收率

增值税一般纳税人一般计税方法是间接计算法，即采用购进扣税法，用当期销售额乘以税率计算出销项税额，再扣除当期准予抵扣的进项税额，从而计算出当期的应纳增值税额。一般按纳税主体按月计算，不需要每笔业务一一对应。本节内容针对销项税额和进项税额两部分展开。

一、销项税额的计算

销项税额是指纳税人发生应税销售行为时，按照销售额与规定税率计算并向购买方收取的增值税额。计算公式为：

销项税额＝销售额×适用税率

销项税额的计算取决于销售额和适用税率两个因素，在税率既定的前提下，计算销项税额的关键在于确定销售额。销售额的确认分为以下三种情况。

（一）一般销售方式下的销售额确认

销售额是指纳税人销售货物、劳务、服务、无形资产、不动产向购买方收取的全部价款和价外费用，但不包括向购买方收取的销项税额。销售额包括全部价款和价外费用两部分。

1. 全部价款

全部价款是指不含增值税的价款。增值税为价外计税，用不含增值税的价款作为计税依据。如果纳税人发生应税销售行为，价税合并收取款项，则需要将含税销售额换算为不含税销售额，换算公式为：

不含税销售额＝含税销售额÷（1＋税率）

实际经济生活中一般视为含税收入的主要情况有：商业企业零售价、价税合并收取的金额、价外费用、包装物的押金等。在计算增值税销项税额时，应将其换算为不含税收入计算增值税。

2. 价外费用

价外费用是指价外向购买方收取的手续费、补贴、基金、集资费、返还利润、奖励费、违约金、延期付款利息、滞纳金、赔偿金、包装费、包装物租金、储备费、优质费、运输装卸费、代收款项、代垫款项及其他各种性质的价外收费。但价外费用不包括下列项目：

（1）受托加工应征消费税的消费品代收代缴的消费税。

（2）同时符合以下条件的代垫运输费用：承运部门的运输费用发票开具给购买方的；纳税人将该项发票转交购买方的。

（3）同时符合以下条件代为收取的政府性基金或行政事业性收费：由国务院或财政部批准设立的政府性基金，由国务院或省级人民政府及其财政、价格主管部门批准设立的行政事业性收费；收取时开具省级以上财政部门印制的财政票据；所收款项全额上缴财政。

（4）销售货物的同时代办保险等而向购买方收取的保险费，以及向购买方收取的代购买方缴纳的车辆购置税和车辆牌照费。

（5）以委托方名义开具发票代委托方收取的款项。

凡随同应税销售行为向购买方收取的价外费用，无论其会计制度如何核算，均应并入销售额计算应纳税额。应当注意，根据国家税务总局的规定，增值税一般纳税人（包括纳税人自己或代其他部门）向购买方收取的价外费用和逾期包装物押金，应视为含增值税（以下简称含税）收入，在征税时应换算成不含税收入再并入销售额。含税销售额的换算公式为：

不含税销售额＝含税销售额÷(1＋税率)

销售额应以人民币计算。纳税人以人民币以外的货币结算销售额的，应当折合成人民币计算。折合率可以选择销售额发生的当天或者当月1日的人民币汇率中间价。纳税人应当事先确定采用何种折合率，确定后1年内不得变更。

【做中学2-8】 甲公司为增值税一般纳税人，2022年6月销售产品取得含增值税价款113 000元，另收取包装物租金6 780元。已知增值税税率为13%。下列各项中，关于甲公司当月该笔业务增值税销项税额的计算正确的是（　　）。

A. 113 000×(1＋13%)×13%＝16 599.7(元)

B. (113 000＋6 780)÷(1＋13%)×13%＝13 780(元)

C. 113 000×13%＝14 690(元)

D. (113 000＋6 780)×13%＝15 571.4(元)

【答案】 B

【做中学2-9】 某超市为增值税一般纳税人，2022年6月销售蔬菜取得零售收入24 000元，销售粮食、食用油取得零售收入13 200元，销售其他商品取得零售收入98 000元，2022年6月该超市销项税额为（　　）元。

A. 9 181.65　　B. 12 364.24　　C. 13 928　　D. 14 345.90

【答案】 B

【解析】 蔬菜流通环节免征增值税。

销项税额＝13 200÷(1＋9%)×9%＋98 000÷(1＋13%)×13%＝12 364.24(元)

(二) 特殊销售方式下的销售额确认

在经济活动中，纳税人为了促销，会采取多种销售方式。增值税法律法规对不同销售方式下的销售额界定分别做出了明确规定。

1. 采取折扣方式销售

折扣销售是指销货方在发生应税销售行为时，因购货方购货数量较大等原因而给予购货方的价格优惠。根据税法规定，纳税人采取折扣方式销售货物或发生其他应税销售行为，将销售额和折扣额在同一张发票上的“金额”栏分别注明的，可按冲减折扣后的销售额征收增值税；未在同一张发票“金额”栏注明折扣额，而仅在发票的“备注”栏注明折扣额的，折扣额不得从销售额中减除；未在同一张发票上分别注明的，或将折扣额另开发票的，不论在会计上如何处理，在计算增值税时均以价款为销售额，折扣额均不得扣除。

根据增值税法律制度的规定，纳税人发生应税销售行为并向购买方开具增值税专用发票后，由于购货方在一定时期内累计购买货物、劳务、服务、无形资产、不动产达到一定数量，或者由于市场价格下降等原因，销货方给予购货方相应的价格优惠或补偿等折扣、折让行为，销货方可按现行《增值税专用发票使用规定》的有关规定开具红字增值税专用发票。

需要注意的是，折扣销售、销售折扣、销售折让三者并不相同，应严格区分，与折扣相关的概念比较见表 2-4。

表 2-4　与折扣销售相关的概念比较

折扣方式	折扣目的	税务处理
折扣销售	对购买数量大等原因而给予的价格优惠。该折扣在销售实现时发生并确定	只要开具的票据符合要求，折扣额可以从销售额中扣除
现金折扣	为鼓励购买方及早偿还货款而给予的价格优惠。该折扣只有在收到货款时才能确定	折扣额不得从销售额中扣除
实物折扣	“买 n 商品送 m 商品”，“送”应视同销售	实际是折扣销售，开同一张发票
销售折让 销货退回	为保商业信誉，对已售商品存在质量、品种不符等问题而给予购买方的价格补偿。该折让发生在货物销售之后	折让额可以从折让当期销售额中扣除

（1）销售折扣又叫现金折扣，是指销货方在发生应税销售行为后，为了鼓励购货方及早支付货款而协议许诺给予购货方的一种折扣优惠。例如，10 天内付款，货款优惠 2%；20 天内付款，货款优惠 1%；30 天内全价付款。现金折扣发生在销售之后，是一种理财费用，因此不得从销售额中减除。

（2）销售折让是指企业因售出商品的质量不合格等原因而在售价上给予的减让。销售折让以扣除折让后的价款为销售额。因为销售折让是在纳税人发生应税销售行为后，因劳动成果质量不合格等原因而在售价上给予的减让，从而引起的销售额减少。纳税人发生销售折让或销货退回的，企业可以就销售折让、销货退回开具红字专用发票冲减原销售额。

（3）实物折扣即“买 n 商品送 m 商品”，如果销货者将自产、委托加工和购买的货物用于实物折扣的，应视同销售货物中的“赠送他人”计算征收增值税，实物款额不得减除。

【做中学 2-10】　甲公司为增值税一般纳税人，2022 年 10 月采取折扣方式销售货物一批，该批货物不含税销售额 90 000 元，折扣额 9 000 元，销售额和折扣额在同一张发票上分别注明。已知增值税税率为 13%。下列各项中，关于甲公司当月该笔业务增值税销项税额的计算正确的是（　　）。

A. (90 000－9 000)×(1＋13%)×13%＝11 898.9(元)

B. 90 000×13%＝11 700(元)

C. 90 000×(1＋13%)×13%＝13 221(元)

D. (90 000－9 000)×13%＝10 530(元)

【答案】 D

2. 采取以旧换新方式销售

以旧换新是指纳税人在销售自己的货物时有偿收回旧货物的行为。根据税法规定，纳税人采取以旧换新方式销售货物，应当按新货物的同期销售价格确定销售额，不得扣减旧货物的收购价格。但是，考虑到金银首饰以旧换新业务的特殊情况，对金银首饰以旧换新，可按实际收取的不含增值税的全部价款计税，即允许扣除旧金银首饰的收购价，按差价计税。

【做中学 2-11】 某商场（一般纳税人）在 2020 年 6 月采用以旧换新方式销售冰箱，每台新冰箱的零售价是 3 000 元，本月售出 150 台，共收回 150 台旧冰箱，每台旧冰箱折价 500 元，该业务应纳增值税是多少？

【答案】 销项税额＝3 000÷(1＋13%)×150×13%＝51 769.91(元)

【做中学 2-12】 中百金店在 2022 年 5 月采取以旧换新方式销售金项链，新项链销售价格为 56 500 元，旧项链抵价金额为 22 600 元。上述价款均为含税价。该业务应申报的增值税销项税额是多少？

【答案】 金项链不含税销售额＝(56 500－22 600)÷(1＋13%)＝30 000(元)

销项税额＝30 000×13%＝3 900(元)

3. 采取还本销售方式销售

还本销售是指纳税人在销售货物后在一定期限内由销售方一次或分次退还给购货方全部或部分价款。这种方式实际上是一种筹资行为，是以货物换取资金的使用价值，到期还本不付息的方法。根据增值税法律规定，采取还本销售方式销售货物，其销售额就是货物的销售价格，不得从销售额中减除还本支出。

【做中学 2-13】 2022 年 5 月，某家具生产厂与某商场签订家具购销合同，双方约定商场购入家具 500 套，每套含税价 16 800 元，商场在购货时一次付清全部货款，工厂在货物销售后的 6 个月内返还全部货款。上述业务应申报的增值税销项税额是多少？

【答案】 销项税额＝16 800÷(1＋13%)×13%×500＝966 371.68(元)

4. 采取以物易物方式销售

以物易物是一种较为特殊的购销活动，是指购销双方不是以货币结算，而是以同等价格的应税销售品相互结算，实现应税销售行为购销的一种方式。根据税法规定，以物易物的双方均应作购销处理，以各自发出的货物计算销项税额，以各自收到的货物计算进项税额。双方可互开增值税专用发票，可以抵扣进项税额，但未取得合法发票的除外。

5. 包装物押金

包装物是指纳税人包装本单位货物的各种物品。为促使购货方及早退回包装物以便周转使用，纳税人销售货物时会另收取包装物押金。

根据增值税法律法规规定，纳税人为销售货物而出租、出借包装物收取的押金，单独记账核算，时间在 1 年以内又未逾期的，不并入销售额计税。但逾期未收回包装物而不再退还的押金应并入销售额，并按所包装货物的适用税率换算成不含税价，计算销项税额。

上述情况也有例外。根据国税发〔1995〕192 号文件的规定，自 1995 年 6 月 1 日起，对销售除啤酒、黄酒以外的酒类产品而收取的包装物押金，无论是否返还以及会计上如何核算，均应并入当期销售额征税。

需要注意的是，包装物押金不能混同于包装物租金。包装物租金在销售货物时作为价外费用要一并与销售额合计计算销项税额。包装物押金则要视具体情况而定。

【做中学 2-14】 某酒厂为增值税一般纳税人，2022 年 8 月销售粮食白酒并向购买方开具了增值税专用发票，注明价款 50 000 元，随同白酒销售收取包装物押金 3 000 元。销售啤酒开具了增值税普通发票，价税合并收取 23 200 元，并收取包装物押金 1 170 元。购买方按合同约定于 12 月将白酒、啤酒的包装物押金全部退还给酒厂，并收回押金。押金均开具收款收据并单独入账核算。8 月份该厂上述业务应申报的增值税销项税额是多少？

【答案】 按照税法规定，啤酒适用一般货物的押金规定，单独记账核算又未逾期的，不征收增值税；白酒则不管是否返还及会计上如何核算，均应在收到时并入当期销售额征税。

白酒销项税额＝50 000×13％＋3 000÷(1＋13％)×13％＝6 845.13(元)

啤酒销项税额＝23 200÷(1＋13％)×13％＝2 669.03(元)

该厂 8 月合计应申报增值税销项税额 9 514.16 元。

（三）视同发生应税销售行为的销售额确认

为了保证增值税抵扣链条的完整，纳税人发生视同销售行为需要征收增值税。税法规定，纳税人发生应税销售行为的销售额明显偏低且无正当理由的、不具有合理商业目的的，以及发生视同应税销售行为而无销售额的，应由主管税务机关按下列顺序核定其销售额：

1. 按纳税人最近时期发生同类应税销售行为的平均价格确定。
2. 按照其他纳税人最近时期发生同类应税销售行为的平均价格确定。
3. 按组成计税价格确定。

(1) 对征收增值税、不征消费税的视同销售，组成计税价格的公式为：

组成计税价格＝成本×(1＋成本利润率)

成本利润率由国家税务总局确定，一般为 10％。公式中的成本是指货物的实际生产成本或采购成本。

(2) 对既征收增值税又征收消费税的应税消费品，组成计税价格中还应加上消费税税额，其组成计税价格公式为：

组成计税价格＝成本×(1＋成本利润率)＋消费税

或：组成计税价格＝成本×(1＋成本利润率)÷(1－消费税税率)

或：组成计税价格＝[成本×(1＋成本利润率)＋定额税]÷(1－消费税税率)

【做中学 2-15】 某药厂将 10 箱自产的新型降压药赠送给某医院临床使用，成本 45 200 元/箱，无同类药品销售价格。

【答案】 将自产的降压药赠送他人为视同销售行为，需要征收增值税。按照税法规定的顺序确定视同销售行为的应纳税销售额。

销项税额＝10×45 200×(1＋10％)×13％＝64 636(元)

【做中学 2-16】　甲公司为增值税一般纳税人，主要生产和销售洗衣机。2022 年 3 月有关经济业务如下：

1. 销售 A 型洗衣机 1 000 台，含增值税销售单价 3 390 元/台，另收取优质费 508 500 元、包装物租金 169 500 元。

2. 采取以旧换新方式销售 A 型洗衣机 50 台，旧洗衣机作价 113 元/台。

3. 向优秀职工发放 A 型洗衣机 10 台，生产成本 2 034 元/台。

根据上述资料，分析回答下列问题。

1. 甲公司当月销售 A 型洗衣机的销项税额计算正确的是（　　）。

A. [1 000×3 390＋508 500÷(1＋13％)]×13％＝499 200(元)

B. (1 000×3 390＋508 500＋169 500)×13％＝528 840(元)

C. (1 000×3 390＋508 500＋169 500)÷(1＋13％)×13％＝468 000(元)

D. 1 000×3 390×13％＝440 700(元)

2. 甲公司当月以旧换新销售 A 型洗衣机的销项税额计算正确的是（　　）。

A. 50×3 390×13％＝22 035(元)

B. 50×(3 390－113)÷(1＋13％)×13％＝18 850(元)

C. 50×3 390÷(1＋13％)×13％＝19 500(元)

D. 50×(3 390－113)×13％＝21 300.5(元)

3. 甲公司当月向优秀职工发放 A 型洗衣机的销项税额计算正确的是（　　）。

A. 10×2 034÷(1＋13％)×13％＝2 340(元)

B. 10×3 390×13％＝4 407(元)

C. 10×2 034×13％＝2 644.2(元)

D. 10×3 390÷(1＋13％)×13％＝3 900(元)

【答案】　1. C　2. C　3. D

二、进项税额的确认和计算

进项税额是指纳税人购进货物、劳务、服务、无形资产、不动产所支付或者负担的增值税额。在开具增值税专用发票的情况下，销售方收取的销项税额就是购买方支付的进项税额。增值税的核心就是用纳税人收取的销项税额抵扣其支付的进项税额，进项税额允许抵扣多少直接影响到纳税人的增值税实际税收负担，因此受到纳税人的普遍重视。

需要注意的是，并不是所有的进项税额都可以从销项税额中抵扣。一般纳税人购进扣税法要求增值税的抵扣链条要完整，还要体现购进与销售的配比。增值税法律法规对不能抵扣进项税额的项目做了严格的规定，如果违反规定随意抵扣进项税额就将以逃避缴纳税款论处。因此，纳税人应严格区分、准确把握哪些进项税额准予抵扣，如何抵扣，哪些进项税额不得抵扣。

（一）准予从销项税额中抵扣的进项税额

根据《增值税暂行条例》和《财政部　国家税务总局关于全面推开营业税改征增值税试点的通知》的规定，一般纳税人购进货物、劳务、服务、无形资产、不动产，准予从销项税额中抵扣的进项税额，限于下列增值税扣税凭证上注明的增值税额和按规定的扣除率计算的进项税额：

1. 从销售方取得的增值税专用发票（含税控机动车销售统一发票，下同）上注明的增值税额。

2. 从海关取得的海关进口增值税专用缴款书上注明的增值税额。

3. 自境外单位或者个人购进劳务、服务、无形资产或者不动产，从税务机关或者扣缴义务人处取得的解缴税款的完税凭证上注明的增值税额。

4. 一般纳税人购进农产品，按下列规定抵扣进项税额：

（1）纳税人购进农产品，取得一般纳税人开具的增值税专用发票或海关进口增值税专用缴款书的，以增值税专用发票或海关进口增值税专用缴款书上注明的增值税额为进项税额。

（2）从按照简易计税方法依照3%的征收率计算缴纳增值税的小规模纳税人处取得增值税专用发票的，以增值税专用发票上注明的金额和9%的扣除率计算进项税额。

【做中学 2-17】　甲公司为增值税一般纳税人，2019 年 7 月从小规模纳税人乙公司购进一批农产品用于生产食用植物油，取得的增值税专用发票注明金额 10 000 元、税额 300 元。甲公司购进的该批农产品当月申报抵扣进项税额，已知农产品扣除率为 9%。甲公司当月购进该批农产品准予抵扣的进项税额为多少？

【答案】　准予抵扣的进项税额＝10 000×9%＝900(元)

（3）纳税人购进农产品，取得（开具）农产品销售发票或收购发票的，以农产品销售发票或收购发票上注明的农产品买价和9%的扣除率计算进项税额。计算公式为：

进项税额＝买价×扣除率(9%)

（4）纳税人购进免税农产品用于生产销售或者委托加工13%税率货物的，按照10%的扣除率计算进项税额。计算公式为：

进项税额＝买价×扣除率(10%)

【做中学 2-18】　某大型商场 2022 年 5 月从粮农手中收购大米一批，开具的收购发票注明买价 100 000 元，以网银支付运输公司运费 3 000 元，取得运费增值税专用发票。

【答案】　商场准予抵扣进项税额＝100 000×9%＋3 000×9%＝9 270(元)

（5）纳税人购进农产品既用于生产销售或委托受托加工13%税率货物又用于生产销售其他货物服务的，应当分别核算用于生产销售或受托加工13%税率的货物和其他货物服务的农产品进项税额；未分别核算的，统一以增值税专用发票或海关进口增值税专用缴款书上注明的增值税额为进项税额，或以农产品收购发票或销售发票上注明的农产品买价和 9%的扣除率计算进项税额。

(6) 纳税人从批发、零售环节购进适用免征增值税政策的蔬菜、部分鲜活肉蛋而取得的普通发票，不得作为计算抵扣进项税额的凭证。

(7) 对烟叶税纳税人按规定缴纳的烟叶税，准予并入烟叶产品的买价计算增值税的进项税额，并在计算缴纳增值税时予以抵扣。购进烟叶准予抵扣的增值税进项税额，按照收购烟叶实际支付的价款总额和烟叶税及法定扣除率计算。计算公式为：

烟叶税应纳税额＝收购烟叶实际支付的价款总额×税率(20%)

准予抵扣的进项税额＝(收购烟叶实际支付的价款总额＋烟叶税应纳税额)×扣除率(10%)

5. 购进国内旅客运输服务，按以下规定抵扣进项税额：

一般纳税人 2019 年 4 月 1 日起购进国内旅客运输服务，并取得合法有效增值税扣税凭证的，允许抵扣国内旅客运输服务的进项税额。

以增值税专用发票或增值税电子普通发票为增值税扣税凭证的，为 2019 年 4 月 1 日起开具的增值税专用发票或增值税电子普通发票。具体税额计算方式如下：

(1) 取得增值税专用发票的，为发票上注明的税额。

(2) 取得增值税电子普通发票的，为发票上注明的税额。纳税人购进国内旅客运输服务，以取得的增值税电子普通发票上注明的税额为进项税额的，增值税电子普通发票上注明的购买方“名称”“纳税人识别号”等信息，应当与实际抵扣税款的纳税人一致，否则不予抵扣。

(3) 取得注明旅客身份信息的航空运输电子客票行程单的，按照下列公式计算进项税额：

航空旅客运输进项税额＝(机票价＋燃油附加费)÷(1＋9%)×9%

(4) 取得注明旅客身份信息的铁路车票的，按照下列公式计算进项税额：

铁路旅客运输进项税额＝票面金额÷(1＋9%)×9%

(5) 取得注明旅客身份信息的公路、水路等其他客票的，按照下列公式计算进项税额：

公路、水路等其他旅客运输进项税额＝票面金额÷(1＋3%)×3%

【做中学 2-19】 甲公司业务员张三出差报销差旅费，取得往返机票总价款 2 492 元(含单程票价 850 元、燃油附加费 50 元)，餐费 228 元。

【答案】 机票允许抵扣的进项税额＝850×2÷(1＋9%)×9%＝140.37(元)。

6. 纳税人支付道路、桥、闸通行费，按照以下规定抵扣进项税额：

(1) 纳税人支付的道路通行费，按照收费公路通行费增值税电子普通发票上注明的增值税额抵扣进项税额。

（2）纳税人支付的桥、闸通行费，暂凭取得的通行费发票上注明的收费金额，按照下列公式计算可抵扣的进项税额：

桥闸通行费可抵扣进项税额＝桥闸通行费发票金额÷(1＋5％)×5％

7. 纳税人租入固定资产、不动产，既用于一般计税方法计税项目，又用于简易计税方法计税项目、免征增值税项目、集体福利或者个人消费的，其进项税额准予从销项税额中全额抵扣。

8. 增值税加计抵减政策。

深化增值税改革是实施大规模减税降费的“重头戏”，是减轻企业负担、激发市场活力的重大举措，是完善税制、优化收入分配格局的重要改革，是宏观政策支持稳增长、保就业、调结构的重大抉择。增值税加计抵减更是减税降费改革的一项重要内容。

（1）财政部、国家税务总局、海关总署 2019 年第 39 号公告规定：自 2019 年 4 月 1 日至 2021 年 12 月 31 日期间，允许生产、生活性服务业纳税人按照当期可抵扣进项税额加计 10％，抵减应纳税额（以下称加计抵减政策）。

“生产、生活性服务业纳税人”是指提供邮政服务、电信服务、现代服务、生活服务（以下称四项服务）取得的销售额占全部销售额的比重超过 50％的纳税人。“销售额”，包括纳税申报销售额、稽查查补销售额、纳税评估调整销售额。适用增值税差额征收政策的，以差额后的销售额确定适用加计抵减政策。

（2）财税 2019 年第 87 号公告规定：自 2019 年 10 月 1 日至 2021 年 12 月 31 日，允许生活性服务业纳税人按照当期可抵扣进项税额加计 15％，抵减应纳税额（以下称加计抵减 15％政策）。

纳税人确定适用加计抵减政策后，当年内不再调整，以后年度是否适用，根据上年度销售额计算确定。上述加计抵减政策延长至 2022 年继续执行。

（3）2023 年增值税加计抵减政策。根据财税 2023 年第 1 号公告和税总 2023 年第 1 号公告的规定，自 2023 年 1 月 1 日至 2023 年 12 月 31 日，增值税加计抵减政策按照以下规定执行：允许生产性服务业纳税人按照当期可抵扣进项税额加计 5％抵减应纳税额；允许生活性服务业纳税人按照当期可抵扣进项税额加计 10％抵减应纳税额。

根据财政部、税务总局公告 2023 年第 43 号：自 2023 年 1 月 1 日至 2027 年 12 月 31 日，允许先进制造企业按照当期可抵扣进项税额加计 5％抵减应纳增值税税额。

【做中学 2-20】 某公司为一般纳税人，从事现代服务，适用增值税进项税额加计抵减 5％政策。2023 年 2 月税款所属期销项税额为 10 000 元，当期认证进项税额 9 500 元，当期进项税额转出为 300 元，若上期留底税额为零，期初加计抵减余额为 100 元。计算当期应纳税额。

【答案】 当期计提加计抵减额＝当期可抵扣进项税额×5％＝9 500×5％＝475(元)

当期调减加计抵减额＝当期进项税额转出额×5％＝300×5％＝15(元)

当期可抵减加计抵减额＝期初加计抵减余额＋当期计提加计抵减额－当期调减加计抵减额
＝100＋475－15＝560(元)

当期抵减前应纳增值税＝10 000－(9 500－300)＝800(元)，大于560元，当期全部抵减

抵减后应纳增值税额＝800－560＝240(元)

（二）不得从销项税额中抵扣的进项税额

按照税法的规定，下列项目的进项税额不得从销项税额中抵扣：

1. 纳税人购进货物、劳务、服务、无形资产、不动产，取得的增值税扣税凭证不符合法律、行政法规或者国务院税务主管部门有关规定的，其进项税额不得从销项税额中抵扣。

2. 用于简易计税方法计税项目、免征增值税项目、集体福利或个人消费的购进货物、劳务、服务、无形资产和不动产。其中，固定资产、无形资产、不动产仅指专用于上述项目的固定资产、无形资产（不包括其他权益性无形资产）、不动产。但是发生兼用于上述不允许抵扣项目情况的，该进项税额准予全部抵扣。

3. 非正常损失的购进货物及相关的加工修理修配劳务和交通运输服务。非正常损失指因管理不善造成货物被盗、丢失、霉烂变质，以及因违反法律法规造成货物或不动产被依法没收、销毁、拆除。

4. 非正常损失的在产品、产成品所耗用的购进货物（不包括固定资产）、加工修理修配劳务和交通运输服务。

5. 非正常损失的不动产，以及该不动产所耗用的购进货物、设计服务和建筑服务。

6. 非正常损失的不动产在建工程所耗用的购进货物、设计服务和建筑服务。

7. 购进的贷款服务、餐饮服务、居民日常服务和娱乐服务。

8. 第2至7项对应的运费的进项税额也不得抵扣。

值得注意的是：适用一般计税方法的纳税人，兼营免税项目、简易计税项目而无法准确划分不得抵扣的进项税额的，按下列公式计算不得抵扣的进项税额：

$$\text{不得抵扣的进项税额}=\text{当月无法划分的全部的进项税额}\times\frac{\text{当月免税项目销售额与简易计税项目销售额合计}}{\text{当月全部销售额}}$$

【做中学2-21】 某制药厂（一般纳税人）2023年3月份销售抗生素药品取得含税收入113万元，销售免税药品取得不含税收入50万元，当月购入生产用原材料一批，取得的增值税专用发票上注明税款6.8万元，抗生素药品与免税药品无法划分耗料情况，则该制药厂当月应纳增值税为(　　)万元。

A. 14.73　　B. 8.47　　C. 10.20　　D. 17.86

【答案】 B

【解析】 不得抵扣的进项税额＝6.8×50÷(113÷1.13＋50)＝2.27(万元)

应纳税额＝113÷1.13×13%－(6.8－2.27)＝8.47(万元)

（三）冲减进项税额

对商业企业向供货方收取的与商品销售量、销售额挂钩的各种返还收入，属于商业企业的平销返利，应冲减当期进项税额，一律不得开具增值税专用发票。计算公式为：

平销返利应冲减的进项税额＝返利÷(1＋税率)×税率

三、增值税留抵退税制度

一般纳税人当期销项税额小于当期进项税额不足抵扣的，结转下期继续抵扣，即期末留抵税额。

（一）期末留抵退税试行

《财政部　税务总局　海关总署关于深化增值税改革有关政策的公告》规定，自2019年4月1日起，我国试行增值税期末留抵税额退税（以下称留抵退税）制度。同时符合以下条件（以下称符合留抵退税条件）的纳税人，可以向主管税务机关申请退还增量留抵税额：

1. 自2019年4月税款所属期起，连续六个月（按季纳税的，连续两个季度）增量留抵税额均大于零，且第六个月增量留抵税额不低于50万元。

2. 纳税信用等级为A级或者B级。

3. 申请退税前36个月未发生骗取留抵退税、出口退税或虚开增值税专用发票情形的。

4. 申请退税前36个月未因偷税被税务机关处罚两次及以上的。

5. 自2019年4月1日起未享受即征即退、先征后返（退）政策的。

增量留抵税额，是指与2019年3月底相比新增加的期末留抵税额。

（二）小微企业、制造业期末留抵退税

2022年3月，财政部、国家税务总局发布《关于进一步加大增值税期末留抵退税政策实施力度的公告》，为支持小微企业和制造业等行业发展，提振市场主体信心、激发市场主体活力，明确小微企业和制造业等行业留抵退税政策，具体包括两大类：一是小微企业留抵退税政策，即在2022年对所有行业符合条件的小微企业一次性退还存量留抵税额，并按月退还增量留抵税额；二是制造业等行业留抵退税政策，对制造业，科学研究和技术服务业，电力、热力、燃气及水生产和供应业，交通运输、仓储和邮政业，软件

和信息技术服务业，生态保护和环境治理业等六个行业符合条件的企业一次性退还存量留抵税额，并按月全额退还增量留抵税额。

本次大规模留抵退税有三大特点：一是聚焦小微企业和重点支持行业；二是增量留抵和存量留抵并退；三是制度性、一次性和阶段性安排并举。

1. 小微企业、制造业等行业纳税人留抵退税的条件

小微企业、制造业等行业纳税人按照 14 号公告规定申请留抵退税，须同时符合以下条件：纳税信用等级为 A 级或者 B 级；申请退税前 36 个月未发生骗取留抵退税、骗取出口退税或虚开增值税专用发票情形；申请退税前 36 个月未因偷税被税务机关处罚两次及以上；2019 年 4 月 1 日起未享受即征即退、先征后返（退）政策。

2. 存量留抵税额的确定

纳税人获得一次性存量留抵退税前，当期期末留抵税额大于或等于 2019 年 3 月 31 日期末留抵税额的，存量留抵税额为 2019 年 3 月 31 日期末留抵税额；当期期末留抵税额小于 2019 年 3 月 31 日期末留抵税额的，存量留抵税额为当期期末留抵税额。纳税人获得一次性存量留抵退税后，存量留抵税额为零。

3. 增量留抵税额的确定

纳税人获得一次性存量留抵退税前，增量留抵税额为当期期末留抵税额与 2019 年 3 月 31 日相比新增加的留抵税额。纳税人获得一次性存量留抵退税后，增量留抵税额为当期期末留抵税额。

4. 申请存量留抵退税的起始时间

符合条件的小微企业和制造业等行业纳税人，均可以自 2022 年 4 月纳税申报期起向主管税务机关申请退还增量留抵税额。

增值税留抵退税政策是为了减税降费、减轻企业税收负担，支持中小微企业、制造业等发展，激活市场主体活力，体现了我国税收人民至上、以人为本、助企纾困的制度自信。

四、一般纳税人一般计税方法下增值税应纳税额的计算

一般计税方法的增值税计算公式为：

应纳增值税额＝当期销项税额－当期进项税额＝销售额×税率－允许抵扣的进项税额

【做中学 2-22】 甲制药厂为增值税一般纳税人，主要生产和销售降压药、降糖药及免税药。2023 年 1 月有关经济业务如下：

1. 购进降压药原料，取得的增值税专用发票上注明的税额为 85 万元；支付运输费，取得的增值税专用发票上注明的税额为 1.32 万元。

2. 购进免税药原料，取得的增值税专用发票上注明的税额为 51 万元；支付运输费，取得的增值税专用发票上注明的税额为 0.88 万元。

3. 销售降压药 600 箱，取得含增值税价款 678 万元，没收逾期未退还包装箱押金 22.6 万元。

4. 将 10 箱自产的新型降压药赠送给某医院临床使用，成本 4.52 万元/箱，无同类药品销售价格。

5. 销售降压药 500 箱，其中 450 箱不含增值税单价为 1.5 万元/箱，50 箱不含增值税单价为 1.6 万元/箱。

已知降压药、降糖药增值税税率为 13%，成本利润率为 10%。取得的增值税专用发票已通过税务机关认证。

根据上述资料，分析回答下列问题。

1. 业务 1 准予抵扣的进项税额为多少？

2. 业务 2 准予抵扣的进项税额为多少？

3. 业务 3 的销项税额为多少？

4. 业务 4 的销项税额为多少？

5. 业务 5 的销项税额为多少？

6. 甲制药厂 1 月应纳增值税额为多少？

【答案】

1. 甲制药厂购进降压药原料，准予抵扣的进项税额＝85＋1.32＝86.32(万元)

2. 购进免税药原料及运输费的进项税额均不得抵扣。

3. 甲制药厂当月销售降压药销项税额＝(678＋22.6)÷(1＋13%)×13%＝80.6(万元)

4. 当月赠送新型降压药，视同销售，销项税额＝10×4.52×(1＋10%)×13%＝6.46(万元)

5. 销售降压药销项税额＝(450×1.5＋50×1.6)×13%＝98.15(万元)

6. 甲制药厂应纳增值税额＝(80.6＋6.46＋98.15)－86.32＝98.89(万元)

【案例实训 2-1】

接项目二【案例导入】资料，阳光服饰公司是一家以生产服装为主营业务的增值税一般纳税人企业，其生产货物适用 13% 的增值税税率，2022 年 8 月有关生产经营情况如下：

1. 销售女装产品给某大商场，开具增值税专用发票，取得不含税销售额 80 万元，同时取得销售甲产品的送货运费收入 5.65 万元。

2. 销售男装产品，开具增值税普通发票，取得含税销售额 22.6 万元。

3. 将自产的一批应税新产品用于本企业集体福利项目，成本价为 20 万元，该新产品无同类市场售价，成本利润率 10%。

4. 销售 2017 年 6 月购进作为固定资产使用过的进口设备 5 台，开具的增值税专用发票注明每台设备不含税销售额为 1 万元。

5. 购进货物，取得增值税专用发票，注明的价、税款分别是 60 万元、7.8 万元；另支付购货运费，取得运费增值税专用发票，注明税额为 0.54 万元。

6. 从农产品经营者（小规模纳税人）处购进棉花一批作为生产货物的原材料，取得增值税专用发票注明不含税销售额 30 万元、税额 0.9 万元；同时支付给运输单位运费，取得的增值税专用发票注明的价款为 5 万元、税额 0.45 万元。本月下旬将购进棉花的 20%用于本企业职工福利。

7. 当月租入商用楼一层，取得对方开具的增值税专用发票，注明税额为 5.22 万元。该楼房的三分之一用于工会集体福利项目，其余为企业管理部门使用。

以上票据均符合税法规定。按业务顺序计算 8 月应缴纳的增值税额。

【答案】

1. 销售女装产品的销项税额＝80×13%＋5.65÷(1＋13%)×13%＝11.05(万元)

2. 销售男装产品的销项税额＝22.6÷(1＋13%)×13%＝2.6(万元)

3. 自产自用销项税额＝20×(1＋10%)×13%＝2.86(万元)

4. 销售使用过的设备销项税额＝1×5×13%＝0.65(万元)

5. 允许抵扣进项税额＝7.8＋0.54＋(30×10%＋0.45)×(1－20%)＋5.22＝16.32(万元)

6. 8 月应纳增值税＝11.05＋2.6＋2.86＋0.65－16.32＝0.84(万元)

任务 2.7　简易计税方法应纳税额的计算

根据《增值税暂行条例》的规定，增值税一般纳税人发生财政部和国家税务总局规定的特定应税销售行为的，可以选择按照简易计税方法计算缴纳增值税，而小规模纳税人则一律采用简易计税方法计税。

一、一般纳税人简易计税方法应纳税额的计算

一般纳税人发生特定应税销售行为，实行按照销售额和征收率计算应纳税额的简易办法，并且不得抵扣进项税额。应纳税额计算公式：

应纳税额＝销售额(不含增值税)×征收率

一般纳税人可以选择适用简易计税方法的情形见本项目任务 2.4，在此不再赘述。

(一) 暂按 3%简易计税

一般纳税人对寄售商店代销寄售物品、典当销售死当物品暂按 3%简易计税，计算公式为：

$$应纳增值税＝销售额\div(1+3\%)\times 3\%$$

（二）可选择按3%简易计税

一般纳税人发生下列应税销售行为，可选择按3%简易计税：

1. 一般纳税人以清包工方式、为甲供工程、为建筑工程老项目提供的建筑服务。（例如，潍坊某企业到河南建楼盘，工程款700万元，其中含分包给M公司的装饰工程款300万元，开增值税普通发票。）

2. 跨县（市）提供建筑服务：增值税＝(销售额－支付的分包款)÷(1+3%)×3%。

3. 提供公共交通运输服务（不含铁路）、电影放映、仓储、装卸搬运、收派、文化体育服务等。

4. 县级及县以下小型水力发电单位生产的电力等七项（详见任务2.4）。

计算公式一般为：

$$应纳增值税＝(销售额－扣除部分)\div(1+3\%)\times 3\%$$

（三）可选择按5%简易计税

一般纳税人发生下列应税销售行为，可选择按5%简易计税：

1. 一般纳税人销售试点前取得的不动产。
2. 出租试点前取得的不动产。
3. 试点前签订的不动产融资租赁合同。
4. 以试点前取得的不动产提供的融资租赁服务。
5. 一般纳税人劳务派遣服务选择差额计税的，以全部价款和价外费用扣除为用工单位支付的劳务派遣员工的工资、福利、社保、公积金等后的余额为销售额。
6. 销售自建不动产简易计税。
7. 销售非自建不动产简易计税，其增值税计算公式为：增值税＝(销售额－购置原价或作价)÷(1+5%)×5%。

计算公式一般为：

$$应纳增值税＝销售额\div(1+5\%)\times 5\%$$

（四）销售自己使用过的旧固定资产及销售旧货

1. 以前抵过进项税额的计算公式为：

$$正常计税时的销项税额＝售价\div(1+13\%)\times 13\%$$

2. 以前未抵过进项税的计算公式为：

$$应纳税额＝售价\div(1+3\%)\times 2\%$$

3. 销售旧货的计算公式为：

$$应纳税额=售价\div(1+3\%)\times2\%$$

其中，销售二手车自2020年5月1日起至2027年12月31日，减按0.5%征收增值税，计算公式为：

$$应纳税额=售价\div(1+0.5\%)\times0.5\%$$

按简易计税方法计税的销售额不包括其应纳的增值税额，纳税人采用销售额和应纳增值税额合并定价方法的，按照下列公式计算销售额：

$$销售额=含税销售额\div(1+征收率)$$

二、小规模纳税人应纳税额的计算

小规模纳税人发生应税销售行为，实行按照销售额和征收率计算应纳税额的简易办法，并且不得抵扣进项税额。应纳税额计算公式：

$$应纳税额=销售额(不含增值税)\times征收率$$

小规模纳税人增值税征收率一般为3%，国务院另有规定的除外。

（一）按3%简易计税

1. 小规模纳税人发生应税销售行为

一般情况下，应纳税额计算公式如下：

$$应纳增值税=销售额\div(1+3\%)\times3\%$$

2. 小规模纳税人跨县市建筑服务

小规模纳税人跨县市建筑服务的，以扣除分包款后的差额按3%简易计税：

$$应纳增值税=(总包款-支付的分包款)\div(1+3\%)\times3\%$$

3. 劳务派遣

小规模纳税人提供劳务派遣服务，同一般纳税人简易计税方法，可以选择全额按3%简易计税或者按差额5%简易计税。

4. 其他

小规模纳税人销售自己使用过的旧固定资产、销售旧货、销售二手车的，计算方法同一般纳税人简易计税方法，在此不再赘述。

（二）按5%简易计税

1. 销售不动产

销售不动产的简易计税方法同一般纳税人简易计税方法一致。

2. 出租不动产

出租不动产（包括经营租赁、融资租赁）的计算公式为：

$$应纳增值税=销售额\div(1+5\%)\times5\%$$

其中，个人出租住房暂按 1.5%征收增值税，计算公式为：

$$应纳增值税=销售额\div(1+5\%)\times1.5\%$$

小规模纳税人会计核算健全，能够提供准确税务资料的，可以向主管税务机关办理登记，不作为小规模纳税人，依照有关规定计算应纳税额。

纳税人适用简易计税方法计税的，因销售折让、中止或者退回而退还给购买方的销售额，应当从当期销售额中扣减。扣减当期销售额后仍有余额造成多缴的税款，可以从以后的应纳税额中扣减。涉及已经代开了增值税专用发票的，应按规定申请开具红字专用发票。

小规模纳税人销售货物、劳务、服务、无形资产、不动产，一般开具增值税普通发票。自 2016 年 11 月 1 日起，我国对部分行业小规模纳税人试点自行开具增值税专用发票。2020 年 2 月 1 日起，增值税小规模纳税人（其他个人除外）发生增值税应税行为，需要开具增值税专用发票的，可以自愿使用增值税发票管理系统自行开具。选择自行开具增值税专用发票的小规模纳税人，税务机关不再为其代开增值税专用发票。

其他个人销售其取得的不动产需要开具增值税专用发票的，应当按照有关规定向税务机关申请代开。

【做中学 2-23】 2020 年 8 月，某小规模纳税人销售货物取得收入 72 100 元（价税合计），加工修理修配收入 51 500 元，应税服务收入 41 200 元。销售不动产取得含税销售额 500 000 元，该不动产取得时的购置原价为 342 500 元。计算其 8 月应缴纳的增值税额。

【答案】 2020 年 8 月，小规模纳税人销售货物、劳务、服务、无形资产的月销售额在 10 万元以下免税，超过 10 万元全额按简易计税方法计税。

1. 销售货物不含税收入=72 100÷(1+3%)=70 000(元)

2. 销售修理修配劳务不含税收入=51 500÷(1+3%)=50 000(元)

3. 销售应税服务不含税收入=41 200÷(1+3%)=40 000(元)

销售货物、劳务、服务销售额合计=70 000+50 000+40 000=160 000(元)

超过 10 万元，应全额计税，则销售货物、劳务、服务的应纳增值税额=160 000×3%=4 800(元)

4. 销售购置的不动产按差额计税，不含税收入=(500 000−342 500)÷(1+5%)=150 000(元)

销售不动产应纳增值税额=150 000×5%=7 500(元)

本月该小规模纳税人应纳增值税额=4 800+7 500=12 300(元)

【做中学 2-24】 某一般纳税人经纪公司接受甲集团公司委托，代办人力资源外包服务，含税销售额为 600 万元，其中包括受甲公司委托代为向甲公司员工发放的工资和代理缴纳的社会保险、住房公积金360万元。经纪公司选择适用简易计税方法，计算其应纳增值税额。

【答案】 经纪公司应纳增值税额=(600-360)÷(1+5%)×5%=11.43(万元)

三、扣缴计税方法

中华人民共和国境外的单位或者个人在境内销售劳务，在境内未设有经营机构的，以其境内代理人为扣缴义务人；在境内没有代理人的，以购买方为扣缴义务人。扣缴义务人按下列公式计算扣缴税额：

应扣缴税额=接受方支付的价款÷(1+税率)×税率

任务2.8　进口环节增值税的计算征收和出口环节增值税的退（免）税

一、进口环节增值税的计算征收

（一）进口环节增值税的征税范围和纳税人

根据增值税法律制度规定，凡申报进入中华人民共和国海关境内的货物，均应缴纳增值税。进口货物的收货人（承受人）或办理报关手续的单位和个人，为进口货物增值税的纳税义务人。跨境电子商务零售进口商品按照货物征收关税和进口环节增值税、消费税，购买跨境电子商务零售进口商品的个人作为纳税义务人，电子商务企业、电子商务交易平台企业或物流企业可作为代收代缴义务人。

无论是一般纳税人还是小规模纳税人进口货物，都要按照组成计税价格和规定的税率计算进口货物的应纳增值税额，不得抵扣任何税额。

（二）进口环节增值税的适用税率

进口环节的增值税税率与国内销售的税率相同，适用税率为13%、9%、6%。小规模纳税人进口使用税率计税，而不使用征收率。

对进口抗癌药品，自2018年5月1日起，减按3%征收进口环节增值税。对进口罕见病药品，自2019年3月1日起，减按3%征收进口环节增值税。

自2019年1月1日起，对跨境电子商务零售进口商品的单次交易限值为人民币5 000元，个人年度交易限值为人民币26 000元以内进口的跨境电子商务零售进口商品，关税税率暂设为零。

（三）进口环节增值税应纳税额的计算

进口货物增值税的计税依据为进口货物的组成计税价格。进口货物计算增值税的组成计税价格和应纳税额计算公式为：

组成计税价格＝关税完税价格＋关税＋消费税

应纳税额＝组成计税价格×增值税税率

其中，关税完税价格是指进口货物的货价，加上境外运至我国关境内输入地点起卸前的运杂费、保险费等费用。报关后的运杂费、保险费等不计入关税完税价格。按照《中华人民共和国海关法》和《中华人民共和国进出口关税条例》的规定，一般贸易下进口货物的关税完税价格以海关审定的成交价格为基础的到岸价格作为完税价格。到岸价格包括货价以及货物运抵我国关境内输入地点起卸前的包装费、运费、保险费和其他劳务费等费用。

关税是指进口货物的关税完税价格乘以进口关税税率。消费税是指进口税法列举的应征收消费税的十五类特殊的应税消费品应纳的消费税，它属于价内税，要包含在价格以内，即包含在进口货物的组成计税价格以内。

根据上述公式，可以推算出不征收消费税的货物和征收消费税的货物的组成计税价格的计算公式。

1. 不征消费税的货物

不征消费税的货物的组成计税价格计算公式为：

组成计税价格＝关税完税价格＋关税＝关税完税价格×（1＋关税税率）

2. 征收消费税的货物

征收消费税的货物的组成计税价格计算公式为：

组成计税价格＝关税完税价格＋关税＋消费税

组成计税价格＝关税完税价格×（1＋关税税率）÷（1－消费税税率）

组成计税价格＝（关税完税价格＋关税＋卷烟白酒定额税）÷（1－消费税税率）

值得注意的是：在计算进口环节的应纳增值税额时不得抵扣任何税额，即在计算进口环节的应纳增值税额时，不得抵扣发生在我国境外的各种税金。

纳税人进口货物取得的海关进口增值税专用缴款书是计算增值税进项税额的唯一依据，其价格差额部分以及从境外供应商取得的退还或返还的资金，不作进项税额转出处理。

跨境电子商务零售进口商品按照货物征收关税和进口环节增值税、消费税，以实际交易价格（包括货物零售价格、运费和保险费）作为完税价格。跨境电子商务零售进口商品的进口环节增值税、消费税取消免征税额，暂按法定应纳税额的70％征收。

国家在规定对进口货物征税的同时对某些进口货物制定了减免税的特殊规定，如来料加工、进料加工等，对进口货物是否减免税由国务院统一规定，任何地方、部门都无权规定减免税项目。

（四）进口环节增值税的管理

进口货物的增值税除另有规定外由海关代征。个人携带或者邮寄进境自用物品的增值税连同关税一并计征。进口货物的增值税纳税义务发生时间为报关进口的当天，其纳税地点应当由进口人或其代理人向报关地海关申报纳税，其纳税期限应当自海关填发海关进口增值税专用缴款书之日起15日内缴纳税款。

【做中学2-25】 某进出口公司（增值税一般纳税人）2021年7月报关进口数码相机60 000台，每台关税完税价格为3 000元，进口关税税率为60%。已交进口关税和海关代征的增值税并已取得增值税完税凭证。当月以不含税售价每台5 600元全部售出。计算各环节应纳税额。

【答案】 1. 进口环节应纳税额的计算：

组成计税价格＝3 000×60 000＋3 000×60 000×60%＝288 000 000(元)

进口环节应纳增值税额＝组成计税价格×税率＝288 000 000×13%＝37 440 000(元)

2. 国内销售环节应纳增值税额的计算：

应纳税额＝当期销项税额－当期进项税额＝5 600×60 000×13%－37 440 000＝6 240 000(元)

【做中学2-26】 某有进出口经营权的商贸企业10月进口应税消费品一批。该批货物在国外的买入价为180万元，该批货物运抵我国海关前发生的包装费、运输费、保险费等共计20万元。货物报关后，公司按规定缴纳了进口环节的增值税并取得了海关开具的海关进口增值税专用缴款书。假定该批进口货物在国内全部销售，取得不含税销售额800万元（不考虑其他国内购进业务），关税税率为20%，消费税税率为10%，增值税税率为13%。分析回答下列问题：

1. 计算关税完税价格。
2. 计算进口环节应纳的进口关税。
3. 计算进口环节应纳增值税的组成计税价格。
4. 计算进口环节应纳增值税额。
5. 计算国内销售环节的销项税额。

【答案】

1. 关税完税价格＝180＋20＝200(万元)
2. 进口关税＝200×20%＝40(万元)
3. 组成计税价格＝(200＋40)÷(1－10%)＝266.67(万元)
4. 进口应纳增值税＝266.67×13%＝34.67(万元)
5. 国内销售环节应纳增值税＝800×13%－34.67＝69.33(万元)

二、出口环节增值税的退（免）税

一国对出口货物、劳务和跨境应税行为实行退（免）税是国际贸易中通常采用并为世界各国普遍接受的、目的在于鼓励各国出口货物公平竞争的一种退还或免征间接税（目前我国主要包括增值税、消费税）的税收措施。由于这项制度比较公平合理，已成为国际社会通行的惯例。

我国对报关出口的货物、劳务和跨境应税行为退还或免征其在国内各生产和流转环节按税法规定缴纳的增值税、消费税，即对应征收增值税的出口货物、劳务和跨境应税行为实行零税率（国务院另有规定除外）。

对增值税出口货物、劳务和跨境应税行为实行零税率，是指对该出口货物、劳务和跨境应税行为在出口销售环节的增值税免征，同时对其在国内的前道环节所含的进项税额进行退付。

（一）出口货物、劳务和跨境应税行为退（免）增值税的基本政策

目前，针对货物、劳务和跨境应税行为出口的不同情况，我国在遵循“征多少、退多少”“未征不退和彻底退税”基本原则的基础上，制定了不同的增值税退（免）税处理办法，具体政策如下。

1. 出口免税并退税

出口免税是指对货物、劳务和跨境应税行为在出口销售环节免征增值税、消费税，出口退税是出口货物、劳务和跨境应税行为在出口前实际承担的税收负担，按规定的退税率计算后予以退还。

适用对象包括生产企业一般纳税人自营出口或委托外贸企业代理出口自产货物；有出口经营权的外贸企业收购后直接出口或委托其他外贸企业代理出口的货物；出口企业从小规模纳税人处购进并取得增值税专用发票的抽纱、工艺品、香料油、山货、草柳竹藤制品、渔网渔具、松香、五倍子、生漆、鬃尾、山羊板皮、纸制品 12 类货物；特定出口的货物等。

2. 出口免税不退税

出口免税不退税是指适用这个政策的出口货物、劳务和跨境应税行为在前一道生产、销售环节或进口环节是免税的，因此，出口时该货物、劳务和跨境销售行为的价格中本身就不含税，也无须退税。

适用对象包括属于生产企业的小规模纳税人自营出口或委托外贸企业代理出口的自产货物；外贸企业从小规模纳税人处购进并持普通发票的出口货物；外贸企业直接购进国家规定的免税货物（含免税农产品）出口的；其他的免税货物或项目，如来料加工复出口货物、避孕药品和用具、古旧图书等。

3. 出口不免税也不退税

出口不免税是指对国家限制或禁止出口的某些货物、劳务和跨境应税行为的出口环节视同内销环节，照常征税；出口不退税是指对这些货物、劳务和跨境应税行为不退还出口前所负担的税款。

适用对象包括：国家计划外出口的原油；援外出口货物；国家禁止出口的货物，如天然牛黄、麝香、铜及铜基合金、白银等。

（二）出口货物退（免）增值税额的计算

当出口企业适用“出口免税并退税”政策时就会涉及退税的计算。目前出口退税的方法主要有“免、抵、退”计算法和“免、退”计算法。

1.“免、抵、退”计算法

“免、抵、退”计算法，主要适用于自营和委托出口自产货物的生产企业，税法另有规定的除外。具体来说，“免”是指对生产企业出口自产货物、劳务、服务和无形资产，免征出口环节的增值税。“抵”是指生产企业出口自产货物、劳务、服务和无形资产等所耗用的原材料、零部件、燃料动力等所含应予退还的进项税额，可以抵顶内销货物的应纳税额。“退”是指生产企业出口的自产货物、劳务、服务和无形资产在当月内应抵顶的进项税额大于应纳税额时，对未抵顶完的部分予以退税。

简言之，“免、抵、退”计算法就是将内销应纳税和出口免退税两项业务结合起来，以出口应免退税额抵顶内销产品应纳税额，其中抵顶的过程称为“免抵”，免抵的金额称为“免抵额”。

“免、抵、退”计算法的主要计算步骤及公式见表 2-5。

表 2-5　“免、抵、退”计算法的主要计算步骤及公式

计算步骤	公式及说明
第一步：免	免征生产销售环节的增值税，即出口销售时增值税销项税额为 0
第二步：剔	计算当期不得免征和抵扣的税额，公式如下： 当期不得免征和抵扣税额＝(出口货物离岸价×外汇牌价－免税购进原材料价格)×(出口货物征税率－出口货物退税率)
第三步：抵	计算当期应纳税额，公式如下： 当期应纳税额＝当期内销货物销项税额－(当期进项税额－当期免抵退税不得免征和抵扣税额)－上期留抵税额 本步骤若计算结果为正数，则是应纳税额，无需退税，但涉及免抵；若为负数，则其绝对值则为当期期末退税前的留抵税额，进入下一步计算应退税额
第四步：退	(1) 首先，计算当期免抵退税额，公式如下： 当期免抵退税额＝(出口货物离岸价×外汇牌价－免税购进原材料价格)×出口退税率 (2) 其次，比较运用孰低原则确定出口退税额，绝对值小的即为应退税额，并确定退税之外的免抵税额： ① 若当期期末留抵税额≤当期免抵退税额， 当期应退税额＝当期期末留抵税额， 当期免抵税额＝当期免抵退税额－当期应退税额， 当期期末留税额＝0；

（续表）

计算步骤	公式及说明
第四步：退	② 若当期期末留抵税额＞当期免抵退税额， 当期应退税额＝当期免抵退税额， 当期免抵税额＝0， 当期期末退税后的留抵税额＝期末退税前的留抵税额－当期应退税额

【思考】 免抵退税计算法的计算步骤及每一步的会计核算处理怎么做？

【做中学 2-27】 某生产企业为增值税一般纳税人，兼营出口与内销。2022 年第 3 季度发生以下业务：购进原材料，增值税专用发票上注明价款 100 万元，内销收入 50 万元（不含税）。出口货物离岸价格 180 万元，支付运费 10 万元，取得运输企业开具的专用发票。增值税税率为 13%，退税率为 9%。计算当期应退税额。

【答案】 计算步骤：

1. 当期不予抵扣的税额＝180×(13%－9%)＝7.2(万元)
2. 当期应纳税额＝50×13%－(100×13%＋10×9%－7.2)＝－0.2(万元)
3. 当期免抵退税额＝180×9%＝16.2(万元)
4. 应纳税额小于免抵退税额，则当期应退税额＝0.2(万元)

2. “免、退”计算法

“免、退”计算法适用于不具有生产能力的外贸企业或其他单位出口货物、劳务、服务、无形资产，免征出口环节增值税，相应的国内已纳的进项税额予以退还。计算公式如下：

(1) 外贸企业出口委托加工修理修配货物以外的货物：

增值税应退税额＝增值税退(免)税计税依据(国内购进额)×出口货物退税率

【做中学 2-28】 某外贸进出口公司，2023 年 1 月发生与出口货物相关的经济业务如下：9 日，以离岸价 20 美元/米的价格出口平纹布 5 000 米。该平纹布从增值税一般纳税人企业购进，取得的增值税专用发票注明金额为人民币 120 000 元、税金人民币 15 600 元。退税率为 13%。计算该外贸进出口公司以上业务应退增值税额。

【答案】 外贸企业外购货物出口，增值税采用“免、退”计算办法。

应退增值税额＝120 000×13%＝15 600(元)

(2) 外贸企业出口委托加工修理修配货物：

应退税额＝委托加工修理修配增值税退(免)税计税依据(发票金额)×出口货物退税率

【做中学 2-29】 某进出口公司 2022 年 6 月购进牛仔布委托加工成服装出口，取得牛仔布增值税发票一张，注明计税金额 20 000 元；服装加工费计税金额 5 000 元，受托方将原材料成本并入加工修理修配费用并开具了增值税专用发票。增值税出口退税率为 13%。计算当期应退增值税额。

【答案】 应退增值税额＝(20 000＋5 000)×13%＝3 250(元)

(3) 外贸企业兼营的零税率应税行为增值税免退税的计算：

$$\text{外贸企业兼营的零税率应税服务应退税额}=\text{兼营的零税率应税行为免退税计税依据}\times\text{退税率}$$

退税率低于适用税率的，相应计算出的差额部分的税款计入出口货物劳务成本。

出口企业如果既有项目适用增值税“免、抵、退”计算方法，又有项目适用“免、退”计算方法的，增值税“免、退”税项目和即征即退项目不参与出口项目“免、抵、退”税计算。出口企业应分别核算增值税免抵退项目和增值税即征即退、先征后退项目，并分别申请享受增值税即征即退、先征后退和“免、抵、退”税政策。

3. 融资租赁出口货物退税的计算

融资租赁出租方将融资租赁出口货物租赁给境外承租方、将融资租赁海洋工程结构物租赁给海上石油天然气开采企业，向融资租赁出租方退还其购进租赁货物所含增值税。其计算公式为：

$$\text{增值税应退税额}=\text{购进融资租赁货物的增值税专用发票注明的金额或海关进口增值税专用缴款书注明的完税价格}\times\text{融资租赁货物适用的增值税退税率}$$

融资租赁出口货物适用的增值税退税率，按照统一的出口货物适用退税率执行。从增值税一般纳税人购进的按简易办法征税的融资租赁货物和从小规模纳税人购进的融资租赁货物，其适用的增值税退税率，按照购进货物适用的征收率和退税率孰低的原则确定。

任务 2.9　增值税的征收管理

一、增值税的纳税义务发生时间

纳税义务发生时间是指纳税义务人、扣缴义务人发生应税销售行为、扣缴税款行为应承担纳税义务、扣缴义务的起始时间。这个时间节点对增值税征收管理非常重要，企业一般情况下会在纳税义务发生时间开具发票、确认收入。纳税义务发生时间一经确定，必须按此时间计算申报应缴税款。目前实行的增值税纳税义务发生时间主要依据权责发生制或现金收付制原则确定，以便与现行企业财务制度进行衔接，同时加强企业财务管理，确保及时取得财政收入。

纳税人发生应税销售行为，采用的销售结算方式不同，增值税的纳税义务发生时间也有所不同。根据增值税法律制度的规定，增值税的纳税义务发生时间的确定方法如下。

1. 采取直接收款方式销售货物，不论货物是否发出，纳税义务发生时间均为收到销售款或取得索取销售款凭据的当天。纳税人生产经营活动中采取直接收款方式销售货物，已将货物移送对方并暂估销售收入入账，但既未取得销售款或取得索取销售款凭据，也未开具销售发票的，其增值税纳税义务发生时间为取得销售款或取得索取销售款凭据的当天；先开具发票的，纳税义务发生时间为开具发票的当天。

2. 采取托收承付和委托银行收款方式销售货物，纳税义务发生时间为发出货物并办妥托收手续的当天。

3. 采取赊销和分期收款方式销售货物，纳税义务发生时间为书面合同约定的收款日期的当天；无书面合同或者书面合同没有约定收款日期的，纳税义务发生时间为货物发出的当天。

4. 采取预收货款方式销售货物，纳税义务发生时间为货物发出的当天。但生产销售生产工期超过 12 个月的大型机械设备、船舶、飞机等货物，纳税义务发生时间为收到预收款或者书面合同约定的收款日期的当天。

5. 委托其他纳税人代销货物，纳税义务发生时间为收到代销单位销售的代销清单或者收到全部或者部分货款的当天；未收到代销清单及货款的，纳税义务发生时间为发出代销货物满 180 日的当天。

6. 销售应税劳务，纳税义务发生时间为提供劳务同时收讫销售款或者取得索取销售款凭据的当天。

7. 纳税人发生除将货物交付其他单位，或者个人代销和销售代销货物以外的视同销售货物行为，纳税义务发生时间为货物移送的当天。

8. 纳税人提供租赁服务采取预收款方式的，纳税义务发生时间为收到预收款的当天。

9. 纳税人从事金融商品转让的，纳税义务发生时间为金融商品所有权转移的当天。

10. 纳税人发生视同销售服务、无形资产或者不动产情形的，纳税义务发生时间为服务完成、无形资产转让完成的当天或者不动产权属变更的当天。

11. 纳税人进口货物，纳税义务发生时间为报关进口的当天。

12. 增值税扣缴义务发生时间为纳税人增值税纳税义务发生的当天。

二、纳税期限

增值税的纳税期限分别为 1 日、3 日、5 日、10 日、15 日、1 个月或者 1 个季度。以 1 个季度为纳税期限的规定适用于小规模纳税人、银行、财务公司、信托投资公司、信用社，以及财政部和国家税务总局规定的其他纳税人。纳税人的具体纳税期限由主管税务机关根据纳税人应纳税额的大小分别核定。不能按照期限纳税的，可以按次纳税。

纳税人以 1 个月或者 1 个季度为 1 个纳税期的，自期满之日起 15 日内申报纳税；以 1 日、3 日、5 日、10 日或者 15 日为 1 个纳税期的，自期满之日起 5 日内预缴税款，于次月 1 日起 15 日内申报纳税并结清上个月应纳税款。

纳税人进口货物，应当自海关填发进口增值税专用缴款书之日起 15 日内缴纳税款。

按固定期限纳税的小规模纳税人可以选择以1个月或1个季度为纳税期限，一经选择，1个会计年度内不得变更。

三、纳税地点

1. 固定业户应当向其机构所在地主管税务机关申报纳税。机构所在地是指纳税人的注册登记地。总机构和分支机构不在同一县（市）的，应当分别向各自所在地的主管税务机关申报纳税；经财政部和国家税务总局或者其授权的财政和税务机关批准，可以由总机构汇总向总机构所在地的主管税务机关申报纳税。具体审批权限如下：

（1）总机构和分支机构不在同一省、自治区、直辖市的，经财政部和国家税务总局批准，可以由总机构汇总向总机构所在地的主管税务机关申报纳税；

（2）总机构和分支机构不在同一县（市），但在同一省、自治区、直辖市范围内的，经省、自治区、直辖市财政厅（局）、国家税务总局审批同意，可以由总机构汇总向总机构所在地的主管税务机关申报纳税。

2. 固定业户到外县（市）销售货物或者劳务，应当向其机构所在地的主管税务机关报告外出经营事项，并向其机构所在地的主管税务机关申报纳税；未报告的，应当向销售地或者劳务发生地的主管税务机关申报纳税，未向销售地或者劳务发生地的主管税务机关申报纳税的，由其机构所在地的主管税务机关补征税款。

3. 非固定业户销售货物或者劳务，应当向销售地或者劳务发生地主管税务机关申报纳税；未向销售地或者劳务发生地的主管税务机关申报纳税的，由其机构所在地或者居住地主管税务机关补征税款。

4. 进口货物应当向报关地海关申报纳税。

5. 扣缴义务人应当向其机构所在地或者居住地主管税务机关申报缴纳扣缴的税款。

任务2.10 增值税发票的使用和管理

发票是由销售方向购买方开具的证明业务发生的重要票据，是会计核算、申报纳税的原始依据，也是审计机关、税务机关执法检查的重要依据。

增值税纳税人发生应税销售行为，应使用增值税发票管理新系统分别开具增值税专用发票、增值税普通发票、增值税电子普通发票、机动车销售统一发票。

一、增值税专用发票

一般纳税人销售货物、劳务、服务、无形资产、不动产给一般纳税人的，应向购买方开具专用发票。增值税专用发票是购买方支付增值税额并据以抵扣进项税额的凭证，其基本联次为三联：第一联记账联，作为销货方核算销售收入和销项税额的记账凭证之用；第二联抵扣联，交购货方作为报送税务机关认证抵扣税款之用；第三联发票联，交购货方作为核算采购成本和进项税额的记账凭证之用。一般纳税人应通过增值税防伪税控系统领购、开具、缴销、认证纸质专用发票及相应数据电文。

（一）增值税专用发票的领购

一般纳税人有下列情形之一的，不得领用开具增值税专用发票：

1. 会计核算不健全，不能向税务机关准确提供增值税销项税额、进项税额、应纳税额数据及其他有关增值税税务资料的。其他有关增值税税务资料的内容，由省、自治区、直辖市和计划单列市税务局确定。

2. 有《税收征管法》规定的税收违法行为，拒不接受税务机关处理的。

3. 有下列行为之一，经税务机关责令限期改正而仍未改正的：

（1）虚开增值税专用发票；

（2）私自印制增值税专用发票；

（3）向税务机关以外的单位和个人买取增值税专用发票；

（4）借用他人增值税专用发票；

（5）未按规定要求开具增值税专用发票；

（6）未按规定保管增值税专用发票和专用设备；

（7）未按规定申请办理防伪税控系统变更发行；

（8）未按规定接受税务机关检查。

4. 销售的货物全部属于免税项目的。

（二）增值税专用发票的开具

1. 一般纳税人发生应税销售行为可汇总开具增值税专用发票。汇总开具增值税专用发票的，同时使用防伪税控系统开具《销售货物或者提供应税劳务清单》，并加盖财务专用章或者发票专用章。

2. 保险机构作为车船税扣缴义务人，在代收车船税并开具增值税发票时，应在增值税发票“备注”栏中注明代收车船税税款信息，包括：保险单号、税款所属期（详细至月）、代收车船税金额、滞纳金金额、金额合计等。

3. 按照现行政策规定适用差额征税办法缴纳增值税，且不得全额开具增值税发票的（财政部、国家税务总局另有规定的除外），纳税人自行开具或者税务机关代开增值税发票时，通过新系统中差额征税开票功能，录入含税销售额（或含税评估额）和扣除额，系统自动计算税额和不含税金额，“备注”栏自动打印“差额征税”字样，发票开具不应与其他应税行为混开。

4. 提供建筑服务，纳税人自行开具或者税务机关代开增值税发票时，应在发票的

“备注”栏注明建筑服务发生地县（市、区）名称及项目名称。

5. 销售不动产，纳税人自行开具或者税务机关代开增值税发票时，应在发票“货物或应税劳务、服务名称”栏填写不动产名称及房屋产权证书号码（无房屋产权证书的可不填写），“单位”栏填写面积单位，“备注”栏注明不动产的详细地址。

6. 出租不动产，纳税人自行开具或者税务机关代开增值税发票时，应在“备注”栏注明不动产的详细地址。

7. 个人出租住房适用优惠政策减按1.5%征收，纳税人自行开具或者税务机关代开增值税专用发票时，通过新系统中征收率减按1.5%征收开票功能，录入含税销售额，系统自动计算税额和不含税金额，发票开具不应与其他应税行为混开。

8. 税务机关代开增值税发票时，“销售方开户行及账号”栏填写税收完税凭证字轨号码或系统税票号码（免税代开增值税普通发票可不填写）。

9. 税务机关为跨县（市、区）提供不动产经营租赁服务、建筑服务的小规模纳税人（不包括其他个人），代开增值税发票时，在发票“备注”栏中自动打印“YD”字样。

（三）增值税专用发票的开具范围

一般纳税人发生应税销售行为，应向购买方开具增值税专用发票。但具有下列情形之一的，不得开具增值税专用发票：

1. 商业企业一般纳税人零售的烟、酒、食品、服装、鞋帽（不包括劳保专用部分）、化妆品等消费品。

2. 销售免税货物或者提供免征增值税的销售服务、无形资产或者不动产。

3. 向消费者个人销售货物或者提供销售服务、无形资产或者不动产。

4. 金融商品转让。

5. 经纪代理服务，向委托方收取的政府性基金或者行政事业性收费。

6. 2016年4月30日前签订融资性售后回租合同且选择按扣除向承租方收取的价款本金，以及对外支付利息方法缴纳增值税的纳税人，向承租方收取的有形动产价款本金。

7. 提供旅游服务选择按扣除向旅游服务购买方收取并支付的住宿费、餐饮费、交通费、签证费、门票费和其他接团旅游企业的旅游费用缴纳增值税的，向旅游服务购买方收取并支付的上述费用。

8. 签证代理服务，向服务接受方收取并代为支付的签证费、认证费。

9. 一般纳税人的单采血浆站销售非临床用人体血液选择简易计税的。

10. 销售旧货，按简易办法依3%征收率减按2%征收增值税的。

11. 销售自己使用过的固定资产，适用按简易办法依3%征收率减按2%征收增值税政策的。

12. 收取款项未发生销售行为的，都只能开具普通发票，不得开具增值税专用发票。

【做中学 2-30】 根据增值税法律制度的规定，增值税一般纳税人从事的下列行为中，可以开具增值税专用发票的是（　　）。

A. 商店向一般纳税人出售办公用品

B. 书店向个人销售图书

C. 律师事务所免费为社会公众提供法律咨询服务

D. 航空公司向旅客提供有偿运输服务

【答案】 A

（四）小规模纳税人自行开具增值税专用发票

2020 年 2 月 1 日起，增值税小规模纳税人（其他个人除外）发生增值税应税行为，需要开具增值税专用发票的，可以自愿使用增值税发票管理系统自行开具。选择自行开具增值税专用发票的小规模纳税人，税务机关不再为其代开增值税专用发票。小规模纳税人销售其取得的不动产，需要开具增值税专用发票的，应按有关规定向税务机关申请代开。

小规模纳税人月销售额超过 10 万元的，可通过增值税发票管理系统开具增值税普通发票、增值税电子普通发票、机动车销售统一发票。已经使用增值税发票管理系统的小规模纳税人，月销售额未超过 10 万元的，可以继续使用现有税控设备开具发票；已经自行开具增值税专用发票的，可以继续自行开具增值税专用发票。

增值税全电发票来了！

（五）开具增值税专用发票后发生退货或开票有误的处理

增值税一般纳税人开具增值税专用发票后，发生销货退回、开票有误、应税服务中止等情形但不符合发票作废条件，或者因销货部分退回及发生销售折让，需要开具红字增值税专用发票的，按以下规定方法处理：

1. 购买方取得增值税专用发票已用于申报抵扣的，购买方可在增值税发票管理新系统中填开并上传《开具红字增值税专用发票信息表》（以下简称《信息表》），在填开《信息表》时不填写相对应的蓝字增值税专用发票信息，应暂依《信息表》所列增值税额从当期进项税额中转出，待取得销售方开具的红字增值税专用发票后，与《信息表》一并作为记账凭证。

2. 购买方取得增值税专用发票未用于申报抵扣，但发票联或抵扣联无法退回的，购买方填开《信息表》时应填写相对应的蓝字增值税专用发票信息。

3. 销售方开具增值税专用发票尚未交付购买方，以及购买方未用于申报抵扣并将发票联及抵扣联退回的，销售方可在新系统中填开并上传《信息表》。销售方填开《信息表》时应填写相对应的蓝字增值税专用发票信息。

税务机关为小规模纳税人代开增值税专用发票，需要开具红字增值税专用发票的，按照一般纳税人开具红字增值税专用发票的方法处理。

纳税人需要开具红字增值税普通发票的，可以在所对应的蓝字发票金额范围内开具多份红字发票。红字机动车销售统一发票须与原蓝字机动车销售统一发票一一对应。

二、增值税普通发票、增值税电子普通发票

增值税小规模纳税人发生应税销售行为通常开具增值税普通发票，一般纳税人在不能开具增值税专用发票时也可以使用增值税普通发票。

除农产品销售发票、通行费发票、收费公路通行费增值税电子普通发票、国内旅客运输服务的增值税电子普通发票、航空运输电子客票行程单、铁路车票和公路、水路等客票外，增值税普通发票不能作为抵扣增值税进项税额的凭证。

增值税普通发票基本联次包括记账联、发票联。常用增值税普通发票主要有：增值税普通发票（含卷票、折叠票）、机动车销售统一发票、增值税电子普通发票、收费公路通行费增值税电子普通发票、门票、过路（过桥）费发票、定额发票、二手车销售统一发票、印有本单位名称的增值税普通发票。

增值税电子普通发票是指通过增值税发票系统升级版开具、上传，通过电子发票服务平台查询、下载的电子增值税普通发票。它是在原有加密防伪措施上，使用数字证书进行电子签章后供购买方下载使用的，其发票效力等同于增值税普通发票。

【做中学 2-31】 下列增值税普通发票可以作为抵扣增值税进项税额的凭证的是（　　）。

A. 门票　　B. 农产品销售发票

C. 航空运输电子客票行程单　　D. 铁路车票和公路、水路等客票

E. 印有本单位名称的增值税普通发票

【答案】 BCD

三、机动车销售统一发票

机动车销售发票为电脑六联式发票。发票规格一般是 241 mm×177 mm。第一联发票联（购货单位付款凭证），第二联抵扣联（购货单位扣税凭证），第三联报税联（车购税征收单位留存），第四联注册登记联（车辆登记单位留存），第五联记账联（销货单位记账凭证），第六联存根联（销货单位留存）。第一联印色为棕色，第二联印色为绿色，第三联印色为紫色，第四联印色为蓝色，第五联印色为红色，第六联印色为黑色。发票代码、发票号码印色为黑色。当购货单位不是增值税一般纳税人时，第二联抵扣联由销货单位留存。

凡从事机动车零售业务的单位和个人，从 2006 年 8 月 1 日起，在销售机动车（不包括销售旧机动车）收取款项时，必须开具税务机关统一印制的新版《机动车销售统一发票》，并在发票联加盖财务专用章或发票专用章，抵扣联和报税联不得加盖印章。其计算公式为：

$$增值税额=价税合计-不含税价$$
$$不含税价=价税合计\div(1+增值税税率或征收率)$$

四、税务机关代开发票的范围

（一）税务机关代开增值税专用发票的范围

1. 小规模纳税人发生增值税应税行为，可以向主管税务机关申请代开。

2. 小规模纳税人出租不动产，可向不动产所在地主管税务机关申请代开。

3. 小规模纳税人销售其取得的不动产，可向不动产所在地主管税务机关申请代开。

4. 其他个人销售不动产和出租不动产，可向不动产所在地主管税务机关申请代开。

5. 个人保险代理人为保险公司提供保险代理服务，接受税务机关委托代征税款的保险企业，向个人保险代理人支付佣金费用后，可代个人保险代理人统一向主管税务机关申请汇总代开。

大多数增值税发票代开是向纳税人机构所在地的主管税务机关申请，但不动产销售或出租需要代开发票时，应向不动产所在地主管税务机关申请代开。

（二）税务机关代开增值税普通发票的范围

1. 被税务机关依法收缴发票或者停止发售发票的纳税人，取得经营收入需开具普通发票的。

2. 正在申请办理税务登记的单位和个人，自领取营业执照之日起至取得税务登记证期间发生的业务收入需要开具增值税普通发票的。

3. 应办理税务登记而未办理的单位和个人，主管税务机关应当依法予以处理，并在补办手续后，对其自领取营业执照之日起至取得税务登记证件期间发生的业务收入需要开具增值税普通发票的。

4. 依法不需要办理税务登记的单位和个人，临时取得收入，需要开具增值税普通发票的。

任务 2.11　增值税的纳税申报及网上报税操作处理

一、一般纳税人纳税申报实务

（一）纳税申报表及其附列资料

纳税申报资料包括纳税申报表及其附列资料和纳税申报的其他资料。增值税一般纳税人纳税申报表及其附列资料包括一张主表《增值税及附加税费申报表（一般纳税人适用）》及六张附表，具体如下：

1.《增值税及附加税费申报表（一般纳税人适用）》。

2.《增值税及附加税费申报表附列资料（一）》（本期销售情况明细）。

3.《增值税及附加税费申报表附列资料（二）》（本期进项税额明细）。

4.《增值税及附加税费申报表附列资料（三）》（服务、不动产和无形资产扣除项目明细）。

5.《增值税及附加税费申报表附列资料（四）》（税额抵减情况表）。

6.《增值税及附加税费申报表附列资料（五）》（附加税费情况表）。

7.《增值税减免税申报明细表》。

知识链接

简并税费申报表

为深入推进税务领域“放管服”改革，优化营商环境，切实减轻纳税人、缴费人申报负担，国家税务总局2021年4月12日发布了《国家税务总局关于简并税费申报有关事项的公告》（以下简称《公告》），《公告》规定：

1. 自2021年6月1日起，全面推行财产和行为税10个税种合并申报，“简并申报表，一表报多税”。

2. 自2021年5月1日起，海南、陕西、大连和厦门开展增值税、消费税分别与城市维护建设税、教育费附加、地方教育附加申报表整合试点，启用《增值税及附加税费申报表（一般纳税人适用）》《增值税及附加税费申报表（小规模纳税人适用）》《增值税及附加税费预缴表》及其附列资料和《消费税及附加税费申报表》。

2021年8月1日起，在全国全面推开增值税、消费税分别与城市维护建设税、教育费附加、地方教育附加合并申报，纳税人在申报增值税、消费税时，应一并完成城市维护建设税、教育费附加和地方教育附加等附加税费的申报。

（二）其他申报资料

除上述申报表及其附列资料外，办理增值税申报时，纳税人还需要提供其他资料，包括：备份数据软盘和金税卡、资产负债表和利润表、海关完税凭证抵扣清单、代开发票抵扣清单、备查资料。其中，备查资料包括：已开具增值税普通发票存根联；符合抵扣条件并且在本期申报抵扣的增值税专用发票抵扣联；海关进口货物完税凭证、购进农产品普通发票存根联及复印件；收购凭证的存根联或报查联；代扣代缴税款凭证存根联；主管税务机关规定的其他备查资料。

（三）申报程序

一般纳税人办理纳税申报，需要经过以下步骤：

1. 专用发票认证（或增值税发票查询平台勾选确认）。增值税专用发票的认证方式可选择手工认证和网上认证。手工认证由单位办税员月底持增值税专用发票抵扣联到所属主管税务机关服务大厅“认证窗口”进行认证；网上认证由纳税人在月底前通过扫描仪将专用发票抵扣联扫入认证专用软件，生成电子数据，将数据文件传给税务机关完成认证。

2. 抄税、报税。抄税是指在当月的最后一天（通常是在次月 1 日早上开票前）利用防伪税控开票系统将本月开具增值税专用发票的信息读入税控专用设备的过程。抄税完成后本月不允许再开发票。报税是指在报税期内（一般为次月 15 日前）持税控专用设备到税务机关将税控专用设备的信息读入税务机关金税系统的过程。

3. 办理申报。申报工作可分为上门申报和网上申报。上门申报是指在申报期内携带填写的申报表、资产负债表、利润表及其他相关材料到主管税务机关办理纳税申报，税务机关审核后申报表退还一联给纳税人。网上申报是指纳税人在申报期内，通过互联网将增值税纳税申报表主表、附表及其他必报资料的电子信息传送至电子申报系统。

4. 税款缴纳。对于已实行税库银联网的纳税人，税务机关将申报表单据送到开户银行，由银行自动转账处理。对于未实行税库银联网的纳税人，需要自己到税务机关指定的银行进行现金缴纳。

【案例实训 2-2】

绿城实业公司为增值税一般纳税人，适用 13% 增值税税率，按月缴纳增值税，2022 年 5 月留抵税额为 2 000 元。存货采用实际成本计价，包装物单独核算。2022 年 6 月发生下列经济业务：

1. 6 月 3 日，购入 A 材料 50 000 千克，每千克单价 10 元，取得增值税专用发票，注明税款 65 000 元，材料已入库，货款以银行存款支付；支付运费，取得增值税专用发票，注明运费 1 200 元、税额 108 元。专票已得到税务机关认证。

2. 6 月 4 日，从外省购入 B、C 两种材料，其中 B 材料 80 000 千克，每千克单价 8 元，取得增值税专用发票，注明税款 83 200 元，支付运费取得增值税专用发票，注明运费 3 000 元、税额 270 元，货款以银行存款支付，材料尚未到达。从浙江宏图公司购入 C 材料 15 000 千克，单价 4 元，尚未收到专用发票等结算凭证，货款未付，材料已到达，并验收入库。

3. 6 月 5 日，从小规模纳税人处购进包装箱一批，取得增值税普通发票，注明含税销售额 3 510 元，货物已入库，款项已付。

4. 6 月 6 日，外购机床一台，取得增值税专用发票，注明价款 100 000 元，税额 13 000 元，支付运费取得专用发票注明运费 3 000 元、税额 270 元，款项已付，设备当即投入使用。

5. 6月8日，用支票直接从农场购进用于生产加工的农产品一批，已验收入库，收购凭证注明买价为100 000元。

6. 6月9日，从外省购入的B材料已到，验收入库，发票已认证。

7. 6月10日，委托乙加工厂加工K材料（非应税消费品），材料上月已发出，本月用支票支付加工费，取得增值税专用发票，注明加工费2 000元、税额260元。

8. 6月11日，购入企业经营用小轿车1辆，取得增值税专用发票，注明价款150 000元、税额19 500元，用支票支付。

9. 6月12日，向小规模纳税人金泰公司售出1 000千克甲材料，开出28 250元的增值税普通发票，取得支票并存入银行。

10. 6月13日，向乙公司销售M产品一批，合同金额600 000元，13日乙公司首先支付300 000元货款。合同约定18日发货，同时开具增值税专用发票，注明销售额510 000元、增值税66 300元，要求公司收到货物和发票后补齐剩余款项。

11. 6月14日，向丙公司以分期收款方式销售W产品20台，每台60 000元，该产品成本420 000元，货已发出。按合同约定货款分3个月付清，本月19日为一次约定付款日，开出增值税专用发票，注明销售额200 000元、增值税26 000元，货款尚未收到。

12. 6月16日，从友谊商场收到委托代销的代销清单，销售W产品5台，每台60 000元，税率13%，对方按价款的5%收取手续费，收到支票并存入银行。

13. 6月17日，销售M产品6台，每台42 000元，货款252 000元、税金32 760元；随同产品一起出售包装箱3个，不含税价每个1 500元，货款4 500元、税金585元。款项289 845元已存入银行。

14. 6月19日，将W产品1台用于集体福利项目，实际成本为60 000元，税务机关认定的计税价格为80 000元，未开具发票。

15. 6月20日，将价值80 000元的上月外购的A材料移送本企业某免税项目专门使用。

16. 6月21日，将V产品无偿赠送给新化县希望工程，价值160 000元，税务机关认定的计税价格为200 000元，开具增值税专用发票。

17. 6月26日，机修车间对外提供加工服务，收取劳务费含税价11 300元，开具增值税普通发票。

18. 6月27日，公司上月销售的M产品3台发生销货退回，价款198 000元，应退增值税25 740元。企业开出红字增值税专用发票，并以银行存款支付退货款项。

19. 月末盘存发现上月购进的A材料3 000千克被盗，金额31 500元（含运费4 600元，上月均已认证并申报抵扣），经批准做营业外支出处理。

根据上述资料，完成增值税的计算、纳税申报、税款缴纳等涉税实务。

【答案】

（一）第一步：分析各项业务，计算出每一笔业务的相关税额

1. 进项税额＝65 000＋108＝65 108(元)

2. 进项税额＝83 200＋270＝83 470(元)

3. 无专票，进项税额不得抵扣。

4. 进项税额＝13 000＋270＝13 270(元)

5. 进项税额＝100 000×10％＝10 000(元)

6. 无。

7. 进项税额＝260(元)

8. 进项税额＝19 500(元)

9. 销项税额＝28 250÷(1＋13％)×13％＝3 250(元)

10. 销项税额＝66 300(元)

11. 销项税额＝26 000(元)

12. 销项税额＝5×60 000×13％＝39 000(元)

13. 销项税额＝32 760＋585＝33 345(元)

14. 销项税额＝80 000×13％＝10 400(元)

15. 进项税额转出＝80 000×13％＝10 400(元)

16. 销项税额＝200 000×13％＝26 000(元)

17. 销项税额＝11 300÷(1＋13％)×13％＝1 300(元)

18. 冲减销项税额＝25 740(元)

19. 进项税额转出＝(31 500－4 600)×13％＋4 600×9％＝3 911(元)

（二）第二步：分析每笔业务的发票情况，对开专票、开普票、未开票业务数据进行分类

专票13％的销售额＝510 000＋200 000＋300 000＋256 500－198 000＝1 068 500(元)

专票 9％的销售额：0

专票 6％的销售额：0

普票的销售额＝25 000＋10 000＝35 000(元)

未开票的销售额＝80 000＋200 000＝280 000(元)

销项税额＝(专票＋普票＋未开票)×13％＝179 855(元)

（三）第三步：计算应纳税额

销项税额＝3 250＋66 300＋26 000＋39 000＋33 345＋10 400＋26 000＋1 300－25 740＝179 855(元)

进项税额＝65 108＋83 470＋13 270＋10 000＋260＋19 500－10 400－3 911＝177 297(元)

应纳增值税额＝179 855－177 297－2 000＝558(元)

（四）第四步：根据案例实训资料填写纳税申报表及其附表

首先，应填写附表一至附表四（表 2-6 至表 2-9），以及《增值税减免税申报明细表》（表 2-11）；然后，附表数据自动生成主表的相关数据，再填写主表；最后，填写附表五

（表 2-10），再保存主表，检查无误后即可上传申报。如果报表勾稽关系有误，则需要修改后再申报。

填报详细数据见表 2-6 至表 2-12，可登录税务实训平台练习填写。

表 2-6　增值税及附加税费申报表（一般纳税人适用）

根据国家税收法律法规及增值税相关规定制定本表。纳税人不论有无销售额，均应按税务机关核定的纳税期限填写本表，并向当地税务机关申报。

税款所属时间：自 2022 年 6 月 1 日至 2022 年 6 月 30 日　填表日期：2022 年 7 月 11 日　金额单位：元（列至角分）

纳税人识别号（统一社会信用代码）：□□□□□□□□□□□□□□□□□□□□　所属行业：制造业

纳税人名称：绿城实业公司　法定代表人姓名　王强　注册地址　略					生产经营地址	略
开户银行及账号	略	登记注册类型	略		电话号码	略
项目		栏次	一般项目		即征即退项目	
			本月数	本年累计	本月数	本年累计
销售额	（一）按适用税率计税销售额	1	1 383 500	略		
	其中：应税货物销售额	2	1 373 500	略		
	应税劳务销售额	3	10 000	略		
	纳税检查调整的销售额	4				
	（二）按简易办法计税销售额	5				
	其中：纳税检查调整的销售额	6				
	（三）免、抵、退办法出口销售额	7			—	—
	（四）免税销售额	8			—	—
	其中：免税货物销售额	9			—	—
	免税劳务销售额	10			—	—
税款计算	销项税额	11	179 855	略		
	进项税额	12	191 608	略		
	上期留抵税额	13	2 000	略		—
	进项税额转出	14	14 311	略		
	免、抵、退应退税额	15			—	—
	按适用税率计算的纳税检查应补缴税额	16			—	—
	应抵扣税额合计	17=12+13−14−15+16	179 297	略		—
	实际抵扣税额	18（17<11，则为 17，否则为 11）	179 297	略		
	应纳税额	19=11−18	558	略		
	期末留抵税额	20=17−18				—
	简易计税办法计算的应纳税额	21				
	按简易计税办法计算的纳税检查应补缴税额	22			—	—

（续表）

项目		栏次	一般项目		即征即退项目	
			本月数	本年累计	本月数	本年累计
	应纳税额减征额	23				
	应纳税额合计	24=19+21−23	558	略		
税款缴纳	期初未缴税额（多缴为负数）	25				
	实收出口开具专用缴款书退税额	26			—	—
	本期已缴税额	27=28+29+30+31				
	①分次预缴税额	28		—		—
	②出口开具专用缴款书预缴税额	29		—	—	—
	③本期缴纳上期应纳税额	30				
	④本期缴纳欠缴税额	31				
	期末未缴税额（多缴为负数）	32=24+25+26−27	558	略		
	其中：欠缴税额（≥0）	33=25+26−27		—		—
	本期应补（退）税额	34=24−28−29	558	略		—
	即征即退实际退税额	35	—	—		
	期初未缴查补税额	36			—	—
	本期入库查补税额	37			—	—
	期末未缴查补税额	38=16+22+36−37			—	—
附加税费	城市维护建设税本期应补（退）税额	39	39.06	略	—	—
	教育费附加本期应补（退）费额	40	16.74	略	—	—
	地方教育附加本期应补（退）费额	41	11.16	略	—	—

声明：此表是根据国家税收法律法规及相关规定填写的，本人（单位）对填报内容（及附带资料）的真实性、可靠性、完整性负责。

纳税人（签章）：绿城实业公司 2022 年 7 月 11 日

经办人： 经办人身份证号： 代理机构签章： 代理机构统一社会信用代码：	受理人： 受理税务机关（章）：　　　受理日期：　年　月　日

表 2-7 增值税及附加税费申报表附列资料（一）

（本期销售情况明细）

税款所属时间：自 2022 年 6 月 1 日至 2022 年 6 月 30 日

纳税人名称（公章）： 金额单位：元（列至角分）

项目及栏次				开具增值税专用发票		开具其他发票		未开具发票		纳税检查调整		合计			服务、不动产和无形资产扣除项目本期实际扣除金额	扣除后	
				销售额	销项（应纳）税额	销售额	销项（应纳）税额	销售额	销项（应纳）税额	销售额	销项（应纳）税额	销售额	销项（应纳）税额	价税合计		含税（免税）销售额	销项（应纳）税额
				1	2	3	4	5	6	7	8	9＝1＋3＋5＋7	10＝2＋4＋6＋8	11＝9＋10	12	13＝11－12	14＝13÷（1＋税率或征收率）×税率或征收率
一、一般计税方法计税	全部征税项目	13%税率的货物及加工修理修配劳务	1	1 063 500	138 905	35 000	4 550	280 000	36 400			1 383 500	179 855	1 563 355	—	—	—
		13%税率的服务、不动产和无形资产	2														
		9%税率的货物及加工修理修配劳务	3											—	—	—	—
		9%税率的服务、不动产和无形资产	4														
		6%税率	5														
	其中：即征即退项目	即征即退货物及加工修理修配劳务	6	—	—	—	—	—	—	—	—			—	—	—	—
		即征即退服务、不动产和无形资产	7	—	—	—	—	—	—	—	—						

（续表）

项目及栏次				开具增值税专用发票		开具其他发票		未开具发票		纳税检查调整		合计			服务、不动产和无形资产扣除项目本期实际扣除金额	扣除后	
				销售额	销项（应纳）税额	销售额	销项（应纳）税额	销售额	销项（应纳）税额	销售额	销项（应纳）税额	销售额	销项（应纳）税额	价税合计		含税（免税）销售额	销项（应纳）税额
				1	2	3	4	5	6	7	8	9＝1＋3＋5＋7	10＝2＋4＋6＋8	11＝9＋10	12	13＝11－12	14＝13÷（1＋税率或征收率）×税率或征收率
二、简易计税方法计税	全部征税项目	6%征收率	8							—	—			—	—	—	—
		5%征收率的货物及加工修理修配劳务	9a							—	—			—	—	—	—
		5%征收率的服务、不动产和无形资产	9b							—	—						
		4%征收率	10							—	—			—	—	—	—
		3%征收率的货物及加工修理修配劳务	11							—	—			—	—	—	—
		3%征收率的服务、不动产和无形资产	12							—	—						
		预征率　%	13a							—	—						
		预征率　%	13b							—	—						
		预征率　%	13c							—	—						
	其中：即征即退项目	即征即退货物及加工修理修配劳务	14	—	—	—	—	—	—	—	—			—	—	—	—
		即征即退服务、不动产和无形资产	15	—	—	—	—	—	—	—	—						

（续表）

项目及栏次			开具增值税专用发票		开具其他发票		未开具发票		纳税检查调整		合计			服务、不动产和无形资产扣除项目本期实际扣除金额	扣除后	
			销售额	销项（应纳）税额	销售额	销项（应纳）税额	销售额	销项（应纳）税额	销售额	销项（应纳）税额	销售额	销项（应纳）税额	价税合计		含税（免税）销售额	销项（应纳）税额
			1	2	3	4	5	6	7	8	9＝1＋3＋5＋7	10＝2＋4＋6＋8	11＝9＋10	12	13＝11－12	14 ＝ 13 ÷（1＋税率或征收率）× 税率或征收率
三、免抵退税	货物及加工修理修配劳务	16	—	—		—		—	—	—		—	—	—	—	—
	服务、不动产和无形资产	17	—	—		—		—	—	—		—				—
四、免税	货物及加工修理修配劳务	18				—		—	—	—		—	—	—	—	—
	服务、不动产和无形资产	19	—	—		—		—	—	—		—				—

表 2-8 增值税及附加税费申报表附列资料（二）

（本期进项税额明细）

税款所属时间：自 2022 年 6 月 1 日至 2022 年 6 月 30 日

纳税人名称（公章）：　　　　金额单位：元（列至角分）

一、申报抵扣的进项税额				
项目	栏次	份数	金额	税额
（一）认证相符的增值税专用发票	1=2+3	8	1 399 200	181 608
其中：本期认证相符且本期申报抵扣	2	8	1 399 200	181 608
前期认证相符且本期申报抵扣	3			
（二）其他扣税凭证	4=5+6+7+8a+8b	1	100 000	10 000
其中：海关进口增值税专用缴款书	5			
农产品收购发票或者销售发票	6	1	100 000	9 000
代扣代缴税收缴款凭证	7		—	
加计扣除农产品进项税额	8a	—	—	1 000
其他	8b			
（三）本期用于购建不动产的扣税凭证	9			
（四）本期用于抵扣的旅客运输服务扣税凭证	10			
（五）外贸企业进项税额抵扣证明	11	—	—	
当期申报抵扣进项税额合计	12=1+4+11		1 499 200	191 608

二、进项税额转出额		
项目	栏次	税额
本期进项税额转出额	13=14 至 23 之和	14 311
其中：免税项目用	14	10 400
集体福利、个人消费	15	
非正常损失	16	3 911
简易计税方法征税项目用	17	
免抵退税办法不得抵扣的进项税额	18	
纳税检查调减进项税额	19	
红字专用发票信息表注明的进项税额	20	
上期留抵税额抵减欠税	21	
上期留抵税额退税	22	
异常凭证转出进项税额	23a	
其他应作进项税额转出的情形	23b	

（续表）

三、待抵扣进项税额				
项目	栏次	份数	金额	税额
（一）认证相符的增值税专用发票	24	—	—	—
期初已认证相符但未申报抵扣	25			
本期认证相符且本期未申报抵扣	26			
期末已认证相符但未申报抵扣	27			
其中：按照税法规定不允许抵扣	28			
（二）其他扣税凭证	29=30 至 33 之和			
其中：海关进口增值税专用缴款书	30			
农产品收购发票或者销售发票	31			
代扣代缴税收缴款凭证	32		—	
其他	33			
	34			
四、其他				
项目	栏次	份数	金额	税额
本期认证相符的增值税专用发票	35	8	1 399 200	181 608
代扣代缴税额	36	—	—	

表 2-9　增值税及附加税费申报表附列资料（三）

（服务、不动产和无形资产扣除项目明细）

税款所属时间：自 2022 年 6 月 1 日至 2022 年 6 月 30 日

纳税人名称（公章）：　　　　金额单位：元（列至角分）

项目及栏次		本期服务、不动产和无形资产价税合计额（免税销售额）	服务、不动产和无形资产扣除项目				
			期初余额	本期发生额	本期应扣除金额	本期实际扣除金额	期末余额
		1	2	3	4=2+3	5（5≤1 且 5≤4）	6=4−5
13%税率的项目	1						
9%税率的项目	2						
6%税率的项目（不含金融商品转让）	3						
6%税率的金融商品转让项目	4						
5%征收率的项目	5						
3%征收率的项目	6						
免抵退税的项目	7						
免税的项目	8						

表 2-10　增值税及附加税费申报表附列资料（四）

（税额抵减情况表）

税款所属时间：自 2022 年 6 月 1 日至 2022 年 6 月 30 日

纳税人名称（公章）：　　　　　　　　　　　　　　　　　　　　金额单位：元（列至角分）

一、税额抵减情况						
序号	抵减项目	期初余额	本期发生额	本期应抵减税额	本期实际抵减税额	期末余额
		1	2	3=1+2	4≤3	5=3−4
1	增值税税控系统专用设备费及技术维护费					
2	分支机构预征缴纳税款					
3	建筑服务预征缴纳税款					
4	销售不动产预征缴纳税款					
5	出租不动产预征缴纳税款					

二、加计抵减情况							
序号	加计抵减项目	期初余额	本期发生额	本期调减额	本期可抵减额	本期实际抵减额	期末余额
		1	2	3	4=1+2−3	5	6=4−5
6	一般项目加计抵减额计算						
7	即征即退项目加计抵减额计算						
8	合计						

表 2-11　增值税及附加税费申报表附列资料（五）

（附加税费情况表）

税（费）款所属时间：自 2022 年 6 月 1 日至 2022 年 6 月 30 日

纳税人名称（公章）：　　　　　　　　　　　　　　　　　　　　金额单位：元（列至角分）

税（费）种		计税（费）依据			税（费）率（%）	本期应纳税（费）额	本期减免税（费）额		试点建设培育产教融合型企业		本期已缴税（费）额	本期应补（退）税（费）额
		增值税额	增值税免抵税额	留抵退税本期扣除额			减免性质代码	减免税（费）额	减免性质代码	本期抵免金额		
		1	2	3	4	5=（1+2−3）×4	6	7	8	9	10	11=5−7−9−10
城市维护建设税	1	558			7%	39.06			—	—		39.06
教育费附加	2	558			3%	16.74						16.74
地方教育附加	3	558			2%	11.16						11.16

（续表）

税（费）种		计税（费）依据			税（费）率（%）	本期应纳税（费）额	本期减免税（费）额		试点建设培育产教融合型企业		本期已缴税（费）额	本期应补（退）税（费）额
		增值税额	增值税免抵税额	留抵退税本期扣除额			减免性质代码	减免税（费）额	减免性质代码	本期抵免金额		
		1	2	3	4	5=（1+2-3）×4	6	7	8	9	10	11=5-7-9-10
合计	4	—	—	—	—	66.96	—		—			66.96

本期是否适用试点建设培育产教融合型企业抵免政策	□是 □否	当期新增投资额	5	
		上期留抵可抵免金额	6	
		结转下期可抵免金额	7	
可用于扣除的增值税留抵退税额使用情况		当期新增可用于扣除的留抵退税额	8	
		上期结存可用于扣除的留抵退税额	9	
		结转下期可用于扣除的留抵退税额	10	

表 2-12　增值税减免税申报明细表

税款所属时间：自 2022 年 6 月 1 日至 2022 年 6 月 30 日

纳税人名称（公章）：　　　　金额单位：元（列至角分）

一、减税项目						
减税性质代码及名称	栏次	期初余额	本期发生额	本期应抵减税额	本期实际抵减税额	期末余额
		1	2	3=1+2	4≤3	5=3-4
合计	1					
	2					
	3					
	4					
	5					
	6					
二、免税项目						
免税性质代码及名称	栏次	免征增值税项目销售额	免税销售额扣除项目本期实际扣除金额	扣除后免税销售额	免税销售额对应的进项税额	免税额
		1	2	3=1-2	4	5
合计	7					
出口免税	8		—	—	—	
其中：跨境服务	9		—	—	—	
	10				—	

（续表）

二、免税项目						
免税性质代码及名称	栏次	免征增值税项目销售额	免税销售额扣除项目本期实际扣除金额	扣除后免税销售额	免税销售额对应的进项税额	免税额
		1	2	3=1−2	4	5
	11				—	
	12				—	
	13				—	
	14				—	
	15				—	
	16				—	

二、小规模纳税人纳税申报实务

小规模纳税人申报时需要填报《增值税及附加税费申报表（小规模纳税人适用）》及其附列资料、减免税申报明细表。附列资料由发生应税行为且有扣除项目的纳税人填写。减免税申报明细表由除享受小微企业免征增值税政策或未达起征点的小规模纳税人外，有其他免税销售额的纳税人填写，即小规模纳税人申报表主表第 12 栏“其他免税销售额”“本期数”无数据时，不需填写减免税申报明细表。

小规模纳税人填报前要首先判断是否达到了起征点。如果未达到起征点，不能在主表第 1 至 8 栏填写相关内容。是否能够享受到免税优惠，要看月销售额是否不超过 10 万元（季度不超过 30 万元）。

第 10 栏“小微企业免税销售额”填写符合小微企业免征增值税政策的免税销售额，不含符合其他增值税免税政策的销售额。个体工商户和其他个人不填写本栏次。

第 11 栏“未达起征点销售额”填写个体工商户和其他个人未达起征点（含支持小微企业免征增值税政策）的免税销售额，不包括符合其他增值税免税政策的销售额。本栏次由个体工商户和其他个人填写。

第 12 栏“其他免税销售额”填写销售免征增值税的货物及劳务、应税行为的销售额，不包括符合小微企业免征增值税和未达起征点政策的免税销售额。

知识链接

小微企业“六税两费”减免政策

为进一步支持小微企业发展，财税 2022 年第 10 号公告规定，自 2022 年 1 月 1 日至 2024 年 12 月 31 日，由省、自治区、直辖市人民政府根据本地区实际情况，以及宏观调控需要确定，对增值税小规模纳税人、小型微利企业和个体工商户可以在50%的税额幅度内减征资源税、城市维护建设税、房产税、城镇土地使用税、印花税（不含证券交易印花税）、耕地占用税和教育费附加、地方教育附加。该项优惠政策延续至2027年12月31日。

增值税小规模纳税人、小型微利企业和个体工商户已依法享受资源税、城市维护建设税、房产税、城镇土地使用税、印花税、耕地占用税、教育费附加、地方教育附加其他优惠政策的，可叠加享受上述规定的优惠政策。

【案例实训2-3】

某小规模纳税人2022年8月销售货物取得收入72 100元（价税合计），加工修理修配收入51 500元，应税服务收入41 200元。销售不动产取得含税销售额500 000元，该不动产取得时的购置原价为342 500元。计算其8月的应纳增值税额。

【答案】 2022年8月，小规模纳税人适用月销售额15万以下免增值税政策，且适用3%税率的免征增值税。2022年4月至12月，小规模纳税人原适用3%征收率的，免征增值税。

1. 销售货物不含税收入＝72 100÷(1＋3%)＝70 000(元)

2. 销售修理修配劳务不含税收入＝51 500÷(1＋3%)＝50 000(元)

3. 销售应税服务不含税收入＝41 200÷(1＋3%)＝40 000(元)

销售货物、劳务、服务不含税收入合计160 000元，超过15万元。

销售货物、劳务、服务应纳增值税额＝160 000×3%＝4 800(元)，适用免税政策，应纳税额为0。

4. 销售不动产不含税收入＝(500 000－342 500)÷(1＋5%)＝150 000(元)

销售不动产应纳增值税额＝150 000×5%＝7 500(元)。享受附加税费减半优惠。

根据［案例实训2-3］填写小规模纳税人申报表，见表2-13至表2-14。

表2-13 增值税及附加税费申报表（小规模纳税人适用）

纳税人识别号（统一社会信用代码）：□□□□□□□□□□□□□□□□□□□□

纳税人名称（公章）： 金额单位：元（列至角分）

税款所属期：自2022年8月1日至2022年8月31日 填表日期：2022年9月12日

	项目	栏次	本期数		本年累计	
			货物及劳务	服务、不动产和无形资产	货物及劳务	服务、不动产和无形资产
一、计税依据	（一）应征增值税不含税销售额（3%征收率）	1	120 000	40 000		
	增值税专用发票不含税销售额	2				
	其他增值税发票不含税销售额	3	120 000	40 000		
	（二）应征增值税不含税销售额（5%征收率）	4	—	150 000	—	
	增值税专用发票不含税销售额	5	—		—	

（续表）

	项目	栏次	本期数		本年累计	
			货物及劳务	服务、不动产和无形资产	货物及劳务	服务、不动产和无形资产
一、计税依据	其他增值税发票不含税销售额	6	—	150 000	—	
	（三）销售使用过的固定资产不含税销售额	7（7≥8）		—		—
	其中：其他增值税发票不含税销售额	8		—		—
	（四）免税销售额	9＝10＋11＋12				
	其中：小微企业免税销售额	10				
	未达起征点销售额	11				
	其他免税销售额	12				
	（五）出口免税销售额	13（13≥14）				
	其中：其他增值税发票不含税销售额	14				
二、税款计算	本期应纳税额	15	3 600	8 700		
	本期应纳税额减征额	16	3 600	1 200		
	本期免税额	17				
	其中：小微企业免税额	18				
	未达起征点免税额	19				
	应纳税额合计	20＝15－16	—	7 500		
	本期预缴税额	21			—	—
	本期应补（退）税额	22＝20－21	—	7 500	—	—
三、附加税费	城市维护建设税本期应补（退）税额	23	262.5			
	教育费附加本期应补（退）费额	24	112.5			
	地方教育附加本期应补（退）费额	25	75			

声明：此表是根据国家税收法律法规及相关规定填写的，本人（单位）对填报内容（及附带资料）的真实性、可靠性、完整性负责。

纳税人（签章）：某某　　2022 年 9 月 12 日

经办人： 经办人身份证号： 代理机构签章： 代理机构统一社会信用代码：	受理人： 受理税务机关（章）： 受理日期：　　年　月　日

表 2-14　增值税及附加税费申报表（小规模纳税人适用）附列资料（二）

（附加税费情况表）

税（费）款所属时间：自 2022 年 8 月 1 日至 2022 年 8 月 31 日

纳税人名称（公章）：　　　　　　　　　　　　　　　　　　　　金额单位：元（列至角分）

税(费)种	计税(费)依据	税(费)率(%)	本期应纳税(费)额	本期减免税(费)额		增值税小规模纳税人“六税两费”减征政策		本期已缴税(费)额	本期应补(退)税(费)额
	增值税税额			减免性质代码	减免税(费)额	减征比例(%)	减征额		
	1	2	3=1×2	4	5	6	7=(3-5)×6	8	9=3-5-7-8
城市维护建设税	7 500	7%	525			50%	262.5		262.5
教育费附加	7 500	3%	225			50%	112.5		112.5
地方教育附加	7 500	2%	150			50%	75		75
合计	—	—	900	—		—	450		450

项目小结

增值税是我国现行税法体系的第一大税种。增值税是指对在我国境内销售货物或者提供加工、修理修配劳务、销售应税服务、销售无形资产或不动产，以及进口货物取得的增值额征收的一种流转税。自 2009 年 1 月 1 日起，为了刺激消费扩大内需，我国由生产型增值税全面转型为消费型增值税。增值税具有税不重征、税负公平、道道征税、价外计征的特点。

增值税纳税人分为一般纳税人和小规模纳税人，划分标准是年应税销售额、会计核算水平。在我国境内销售货物、应税劳务、应税服务、无形资产、不动产以及进口货物，属于增值税的征税范围。纳税人发生视同应税销售行为也属于征税范围。

一般纳税人适用的增值税税率分别为：基本税率 13%、较低税率 9%、低税率 6%和零税率。一般纳税人通常采用一般计税方法，当期应纳增值税额＝当期销项税额－当期进项税额。销售额是指纳税人销售货物、劳务、服务、无形资产、不动产向购买方收取的全部价款和价外费用，但不包括向购买方收取的销项税额。特殊销售方式有不同的销售额。一般纳税人购进货物、劳务、服务、无形资产、不动产，准予从销项税额中抵扣的进项税额，有凭票扣税和计算扣税两种。

一般纳税人发生应税销售行为按规定可以选择简易计税方法计税的以及小规模纳税人，采用征收率简易计税。应纳增值税额＝当期销售额（不含增值税）×征收率（5%、3%或 1%）。

凡申报进入中华人民共和国海关境内的货物，均应缴纳进口增值税。我国对报关出口的货物、劳务和跨境应税行为实行出口退免税政策（国务院另有规定除外）。

增值税纳税人发生应税销售行为，应使用增值税发票管理新系统分别开具增值税专用发票、增值税普通发票、增值税电子普通发票、机动车销售统一发票。2021 年 12 月 1 日起，国家税务总局在广东省（不含深圳）、内蒙古自治区和上海市开展了全面数字化的电子发票试点工作。发票电子化改革加速。全电发票受票试点自 2022 年 8 月 28 日起已实现全覆盖。自 2023 年 12 月 1 日起，全电发票开票试点已在全国范围内实现全覆盖。

课后训练

一、判断题

1. 程租、期租、湿租属于交通运输服务，光租、干租属于租赁服务。（　　）

2. 年应税销售额超过小规模纳税人标准的其他个人（指自然人）一律按小规模纳税人纳税。（　　）

3. 增值税一般纳税人购进农产品，一律按照农产品收购发票或者销售发票上注明的农产品买价的 9％的扣除率计算进项税额。（　　）

4. 根据增值税法律制度的规定，商业折扣和销售额在同一张发票的金额栏注明的，可以从销售额中扣除。（　　）

5. 混合销售是指销售多种产品或提供多种服务的行为。（　　）

6. 甲企业未按规定向乙企业支付货款，乙企业按合同规定向甲企业收取违约金，由于违约金是在销售实现后收取的，故不应征收增值税。（　　）

7. 实行“免抵退”办法的生产企业直接出口或委托外贸企业代理出口的货物，在出口销售环节免征增值税。（　　）

8. 销售货物、劳务、服务、无形资产、不动产的先开具发票的，纳税业务发生时间为开具发票的当天。（　　）

9. 除国家税务总局另有规定外，纳税人一经登记为小规模纳税人后，不得转为一般纳税人。（　　）

10. 纳税人兼营免税、减税项目的，应当分别核算免税、减税项目的销售额；未分别核算销售额的，由税务机关确定减税、免税销售额。（　　）

二、单项选择题

1. 下列各项中，一般纳税人适用 13％的税率计算缴纳增值税的是（　　）。

A. 提供有形动产融资租赁服务　　B. 提供交通运输服务

C. 提供不动产融资租赁服务　　D. 提供仓储服务

2. 一般纳税人既提供有形动产租赁服务，又提供不动产租赁服务，未分别核算的，应按（　　）征税。

A. 6%　　B. 13%　　C. 9%　　D. 3%

3. 下列各项中，一般纳税人可以抵扣进项税额的是（　　）。

A. 因管理不善造成的原材料被盗　　B. 将外购原材料作为福利发放给职工

C. 将外购的汽车用于运输货物　　D. 将外购原材料用于简易征税项目

4. 下列各项中，征收增值税的是（　　）。

A. 农业生产者销售外购农产品　　B. 销售图书

C. 个人销售自己使用过的物品　　D. 外国企业无偿援助的进口物资

5. 下列各项中，不属于增值税视同销售行为的是（　　）。

A. 将自产的货物用于集体福利　　B. 将外购的货物用于投资

C. 将外购的货物用于利润分配　　D. 将外购的货物用于个人消费

6. 甲超市为增值税一般纳税人，本年 7 月零售大米和蔬菜共取得收入 18 000 元，开具普通发票，当月无法准确划分大米和蔬菜销售额。该超市上述业务的增值税销项税额为（　　）元。

A. 0　　B. 1 620

C. 1 783.78　　D. 1 486.24

7. 甲企业为增值税一般纳税人，本年 7 月初，因管理不善造成本年 5 月购入的一部分货物发生霉烂变质，经核实该部分货物的实际成本为 80 万元，购买当月取得了增值税专用发票，并且抵扣了进项税额，适用税率为 13%。该企业本年 7 月进项税额应转出（　　）万元。

A. 7.6　　B. 11.44　　C. 10.4　　D. 10

8. 下列各项中，其进项税额可以从销项税额中抵扣的是（　　）。

A. 购进货物、劳务、服务、无形资产或者不动产用于集体福利或者个人消费

B. 非正常损失的购进货物及相关的劳务和交通运输服务

C. 向农业生产者购买的免税农业产品

D. 非正常损失的在产品、产成品所耗用的购进货物、劳务和交通运输服务

9. 下列各项中，应当按 13%税率计征增值税的是（　　）。

A. 粮食　　B. 加工劳务

C. 自来水　　D. 图书

10. 增值税一般纳税人兼营不同增值税税率的货物，未分别核算不同税率货物销售额的，确定其增值税税率的方法是（　　）。

A. 适用 3%的征收率　　B. 适用从低税率

C. 适用从高税率　　D. 适用平均税率

11. 服装厂为增值税一般纳税人，本年 1 月销售男装一批，不含增值税的价格为 50 000 元，适用的增值税税率为 13%。其本年 1 月的增值税销项税额为（　　）元。

A. 3 000　　B. 5 500　　C. 4 500　　D. 6 500

12. 甲公司为增值税一般纳税人，2022 年 9 月购进免税农产品一批，支付给农民的收购价格为 100 000 元，开具了农产品收购发票，当月全部领用用于生产销售税率为 13%的货物。该项业务准予抵扣的进项税额为（　　）元。

A. 13 000　　B. 9 000　　C. 6 000　　D. 10 000

13. 企业发生的下列行为中，不属于视同销售货物的是（　　）。

A. 将购进的月饼发放给职工作为节日礼物

B. 将自产的货物分配给投资者

C. 将委托加工收回的货物用于集体福利

D. 将购进的货物无偿赠送给其他单位

14. 纳税人销售货物的同时收取的下列费用中，属于价外费用的是（　　）。

A. 受托加工应征消费税的消费品所代收代缴的消费税

B. 代购买方缴纳的车辆购置税、车辆牌照费

C. 延期付款利息

D. 销售货物的同时代办保险向购买方收取的保险费

15. 纳税人销售货物、劳务、服务、无形资产或者不动产适用免税规定的，可以放弃免税权。放弃免税权后，（　　）内不得再申请免税。

A. 6 个月　　B. 12 个月　　C. 24 个月　　D. 36 个月

16. 增值税一般纳税人的下列行为中，涉及的进项税额准予抵扣的是（　　）。

A. 将购进货物用于生产增值税免税产品

B. 将购进货物用于职工福利

C. 将购进货物用于生产增值税应税产品

D. 将购进货物用于简易计税项目

17. 甲公司为增值税一般纳税人，本年 9 月从某农业生产者手中购进玉米一批，用于生产销售税率为 13%的货物，收购凭证上注明价款为 10 000 元，并支付运费 3 000 元（不含税），取得运费增值税专用发票；本月将该外购玉米全部领用用于生产税率为 13%的产品。本月在生产过程中，因管理不善损失 1/4。甲公司该项业务准予抵扣的进项税额的计算正确的是（　　）。

A. $10\,000\times10\%+3\,000\times9\%=1\,270$(元)

B. $(10\,000\times10\%+3\,000\times9\%)\times(1-1/4)=952.5$(元)

C. $(10\,000\times10\%+3\,000\times9\%)\times1/4=317.5$(元)

D. $10\,000\times10\%\times(1-1/4)=750$(元)

18. 根据增值税法律制度的规定，增值税一般纳税人从事的下列行为中，可以开具增值税专用发票的是（　　）。

A. 商店向一般纳税人出售办公用品

B. 书店向个人销售图书

C. 律师事务所免费为社会公众提供法律咨询服务

D. 航空公司向旅客提供有偿运输服务

19. 甲公司为增值税小规模纳税人，按月申报缴纳增值税。2020 年 1 月 15 日，向某一般纳税人企业提供咨询服务，取得含增值税收入 12 万元，并开具增值税专用发票；1 月 25 日，向另一家一般纳税人企业提供策划服务，取得含增值税收入 2 万元，并开具增值税专用发票。已知增值税征收率为 3%。甲公司当月增值税额为（　　）万元。

A. 0.45　　B. 0.67　　C. 0.41　　D. 0.42

20. 我国全面实现“营改增”的时间是（　　）。

A. 2016 年 1 月 1 日　　B. 2016 年 5 月 1 日

C. 2017 年 1 月 1 日　　D. 2017 年 5 月 1 日

三、多项选择题

1. 下列关于增值税纳税义务发生时间的说法中，正确的有（　　）。

A. 采取直接收款方式销售货物，增值税纳税义务发生时间为发出货物的当天

B. 采取托收承付方式销售货物，增值税纳税义务发生时间为发出货物并办妥托收手续的当天

C. 采取赊销方式销售货物，纳税义务发生时间为书面合同约定的收款日期的当天

D. 纳税人进口货物，纳税义务发生时间为报关进口的当天

2. 下列货物中，适用 9%的低税率征收增值税的有（　　）。

A. 民用煤炭　　B. 淀粉　　C. 玉米胚芽　　D. 音像制品

3. 下列增值税一般纳税人取得的发票或凭证中，可据以抵扣进项税额的有（　　）。

A. 购买小汽车取得的机动车销售统一发票

B. 进口增值税专用缴款书

C. 出差往返的飞机票

D. 收费公路通行费电子普通发票

4. 依据增值税法律制度的规定，下列各项中，不能登记为增值税一般纳税人的有（　　）。

A. 个体工商户以外的其他个人

B. 选择按小规模纳税人纳税的非企业性单位

C. 提供餐饮服务的饭店

D. 选择按照小规模纳税人纳税的不经常发生应税行为的企业

5. 下列各项中，进项税额不得从销项税额中抵扣的有（　　）。

A. 用于生产免征增值税项目的购进货物的进项税额

B. 因管理不善丢失的购进货物的进项税额

C. 用于生产按简易办法依照征收率计算增值税项目的购进货物的进项税额

D. 用于集体福利的购进货物的进项税额

6. 一般纳税人是指年应税销售额超过财政部、国家税务总局规定的小规模纳税人标准的企业和企业性单位，下列各项中，不属于一般纳税人的有（　　）。

A. 年应税销售额超过500万元的个体工商户

B. 选择按照小规模纳税人纳税的企业

C. 年应税销售额为600万元的其他个人

D. 年应税销售额为60万元的工业企业

7. 下列各项中，不得自行开具增值税专用发票的有（　　）。

A. 一般纳税人向消费者个人销售货物

B. 一般纳税人销售货物适用免税规定

C. 一般纳税人销售劳保用品

D. 一般纳税人向小规模纳税人销售货物

8. 下列各项中，一般纳税人进项税额不得从销项税额中抵扣的有（　　）。

A. 用于简易计税项目的外购物资

B. 生产应税产品购入的原材料

C. 因管理不善变质的购进商品

D. 因管理不善被盗的产成品所耗用的购进原材料

9. 下列增值税一般纳税人支付的运费中（均取得增值税专用发票），不允许抵扣进项税额的有（　　）。

A. 外购免税货物所支付的运输费用

B. 外购机器设备所支付的运输费用

C. 外购货物用于集体福利所支付的运输费用

D. 外购用于生产果汁的苹果所支付的运输费用

10. 下列关于增值税纳税义务发生时间的表述，正确的有（　　）。

A. 将购买的货物无偿赠送他人的，为货物移送的当天

B. 采取直接收款方式销售货物的，为货物发出的当天

C. 委托他人销售货物的，为受托方售出货物的当天

D. 进口货物的，为报关进口的当大

11. 企业发生的下列行为中，属于视同销售货物的有（　　）。

A. 将自产、委托加工或购买的货物分配给股东

B. 将购进的货物作为投资提供给其他单位

C. 将购买的货物用于扩建职工食堂

D. 将委托加工的货物用于扩建职工食堂

12. 下列各项下，一般纳税人不得从销项税额中抵扣进项税额的有（　　）。

A. 非正常损失的购进货物、加工修理修配劳务和交通运输服务

B. 非正常损失的在产品、产成品所耗用的购进货物、劳务和交通运输服务

C. 非正常损失的不动产，以及该不动产所耗用的购进货物、设计服务和建筑服务

D. 非正常损失的不动产在建工程所耗用的购进货物、设计服务和建筑服务

13. 以 1 个季度为纳税期限的规定适用于（　　）。

A. 一般纳税人　　B. 小规模纳税人

C. 财务公司　　D. 信托投资公司

14. 纳税人提供的下列服务中，应当计算缴纳增值税的有（　　）。

A. 医院提供的医疗服务　　B. 婚姻介绍所提供的婚姻介绍服务

C. 汽车租赁公司提供的汽车租赁服务　　D. 律师事务所提供的咨询服务

15. 下列各项中，免征增值税的有（　　）。

A. 将土地使用权转让给农业生产者用于农业生产

B. 金融同业往来利息收入

C. 福利彩票、体育彩票的发行收入

D. 国家助学贷款

16. 下列各项中，属于在我国境内提供增值税应税服务的有（　　）。

A. 境外单位向境内单位提供完全在境外发生的服务

B. 外国公司为中国境内某企业设计时装

C. 韩国某公司出租设备给中国境内某企业在境内使用

D. 境外个人向境内单位出租完全在境外使用的机器

17. 下列各项的利息收入中，免征增值税的有（　　）。

A. 国家助学贷款　　B. 地方政府债

C. 人民银行对金融机构的贷款　　D. 国债

18. 一般纳税人提供的下列应税行为中，可以选择适用简易计税方法计税的有（　　）。

A. 公共交通运输服务　　B. 劳务派遣服务

C. 人力资源外包服务　　D. 打捞救助服务

19. 下列各项中，免征增值税的有（　　）。

A. 个人转让著作权　　B. 个人转让商标权

C. 学生勤工俭学提供的服务　　D. 个人销售自建自用住房

20. 纳税人发生的下列转让行为中，应当按照销售无形资产缴纳增值税的有（　　）。

A. 转让肖像权　　B. 转让商标专用权

C. 转让土地使用权　　D. 转让有价证券

四、计算分析题

1. 某电子企业为增值税一般纳税人，2022 年 8 月发生下列经济业务：

(1) 销售 A 产品 50 台，不含税单价 8 000 元。货款收到后，向购买方开具了增值税专用发票，并将提货单交给了购买方。截至月底，购买方尚未提货。

（2）将20台新试制的B产品分配给投资者，单位成本为6 000元。该产品尚未投放市场。

（3）改扩建单位食堂领用甲材料200公斤，每公斤单位成本为50元，同时领用A产品5台。

（4）当月丢失库存乙材料800公斤，每公斤单位成本为20元，作待处理财产损溢处理。

（5）当月发生购进货物的全部进项税额为70 000元。

上月进项税额已全部抵扣完毕。增值税税率均为13%，税务局核定B产品成本利润率为10%。请根据上述内容计算该企业本月的应纳增值税。

2. 甲公司是一家生产企业，为增值税一般纳税人，主要生产A、B两种产品，2022年7月发生下列经济业务：

（1）2日，甲公司进口原材料一批，海关核定的完税价格为600 000元，海关征收的进口关税为150 000元，增值税税率为13%，取得海关进口增值税专用缴款书。货款以银行存款支付。

（2）4日，购进一批免税农产品，农产品收购凭证上注明的价款为100 000元，款项以银行存款支付。该批农产品于本期全部领用用于生产增值税税率为13%的产品。

（3）5日，购入原材料一批，取得增值税专用发票，注明价款100 000元、增值税13 000元。同时支付运费并取得增值税专用发票，注明运费30 000元、增值税2 700元，货款及运费价税合计均以银行存款支付。

（4）10日，购入小汽车一辆，取得增值税专用发票，注明价款为300 000元、增值税为39 000元，以银行存款支付。

（5）12日，将某企业逾期未退还的包装物押金5 000元转作其他业务收入。

（6）14日，以旧换新向消费者销售A产品900 000元（已扣除收购旧货支付的款项100 000元），开具增值税普通发票。

（7）15日，销售A产品一批，开具增值税专用发票，注明价款为100 000元、增值税为130 000元，货款已收到。

（8）17日，将B产品一批用于本公司职工食堂建设，按公司销售同类产品的价格计算，价款为80 000元。该批产品的成本为60 000元，增值税税率为13%。

（9）19日，某单位将A产品一部分退还给公司，价款为100 000元、增值税13 000元，退货款已用银行存款支付，甲公司已开具红字增值税专用发票一张。

（10）22日，将自产新产品分配给股东，未开具发票。该批新产品无同类产品市场售价，适用的增值税税率为13%，产品成本为800 000元（成本利润率为10%）。

（11）29日，盘点时发现A产品盘亏12 000元，B产品盘亏8 000元，经调查系因管理不善而被盗。

请根据上述内容计算甲公司本月的应纳增值税，并进行网上报税模拟。

项目三 消费税法及纳税实务

职业能力与思政目标

1. 掌握消费税的纳税人、税目税率、税收优惠等内容；
2. 学会消费税的计税管理、税额计算、已纳税额扣除等内容；
3. 掌握消费税征收管理，学会进行纳税申报和网上报税实务处理；
4. 培养学生熟练的税务实操能力和一定的税务筹划与风险管控能力；
5. 了解消费税理论和国家产业政策，了解我国现阶段国情、供给侧结构性改革内容，培养学生的社会主义核心价值观、劳动价值观和爱国主义精神；
6. 培养学生良好的职业道德、诚信品质、依法纳税意识、团队精神、创新精神。

案例导入

抽烟对人体健康是有很大危害的，且会产生二氧化碳污染环境，故我国限制香烟消费。你知道抽一盒红塔山牌卷烟，需要为国家缴纳多少税金吗？其中又以哪种税占比最大？消费税旨在改善环境、保障健康，同时又能增加财政收入，为世界各国所称赞，目前已有120多个国家或地区开征消费税，在我国可追溯到西汉时期对酒的课税。消费税与增值税同为流转税，凡征收消费税的物品一定要征收增值税，并且税率为13%。而增值税是价外税，消费税是价内税，二者既有联系又有区别。你知道其中的奥秘吗？

课程思政元素

1. 普法教育、国情教育、价值观、劳动观、消费观教育、宏观调控、国家产业政策等。

2. 碳达峰、碳中和、绿水青山就是金山银山、环保、节约、低碳、人类命运共同体理念等。
3. 反腐倡廉，君子爱财取之有道。
4. 培养良好的职业道德。
5. 税收立法、中国法治化建设。
6. 依法纳税意识。

任务 3.1　消费税概述

一、消费税的性质

消费税是对在我国境内从事生产、委托加工和进口应税消费品的单位和个人，就其应税消费品的销售额或销售量征收的一种税。简单地说，消费税是对特定的消费品征收的一种税。

现行实施的消费税是 1994 年实行全面税制改革后开始独立设置的税种，是在增值税普遍调节的基础上，国家对某些特殊消费品进行的特殊调节。从 2006 年 4 月 1 日起，我国对消费税的税目、税率及相关政策进行调整，新增高尔夫球及球具、高档手表、游艇、木制一次性筷子、实木地板等税目；增列成品油税目，原汽油、柴油税目作为此税目的两个子目，同时新增石脑油、溶剂油、润滑油、燃料油、航空煤油五个子目；取消护肤护发品税目。自 2016 年 10 月 1 日起，普通美容、修饰类化妆品免征消费税，税目名称更名为“高档化妆品”。

2008 年 11 月 10 日修订了《中华人民共和国消费税暂行条例》，从 2009 年 1 月 1 日起施行，开征燃油特别消费税，提高了成品油消费税税额。2009 年 5 月，对烟产品的税率和征收环节作了相应的调整。从 2014 年 12 月 1 日起，连续提高了成品油消费税单位税额，取消了酒精、汽车轮胎、气缸容量在 250 毫升以下小排量摩托车等产品征收消费税。从 2015 年 2 月 1 日起对电池、涂料征收消费税。

二、消费税的特点

一般来说，消费税的征税对象主要是与居民消费相关的最终消费品和消费行为。与其他税种相比，消费税有以下几个特点。

1. 征收范围的选择性

各国目前征收的消费税都属于对特定消费品或消费行为征收的税种。尽管各国征税范围宽窄有别，但都是在人们普遍消费的大量消费品或消费行为中有选择地确定若干个征税项目，在税法中列举征税。我国消费税目前主要包括了特殊消费品、奢侈品、高能耗消费品、不可再生的资源消费品。与国外消费税相比，我国的征税范围更显偏窄，未包括特殊消费行为的征税。

2. 征收环节的单一性

消费税主要采取在生产的产品出厂销售或从国外进口应税消费品时进行征税，一般在其他环节（如流通、消费等环节）不再征税（金银首饰、钻石首饰改在零售环节征消费税），这就是通常所说的一次课征制（从2009年5月1日起对卷烟在批发环节加征一道消费税）。用外购已税的消费品作为原材料和委托加工消费品已被扣缴消费税后继续生产消费品销售的，采取扣除已纳（扣）税额以避免重复课征消费税。

3. 征收方法的灵活性

消费税采取从价计征、从量计征、复合计征三种方法进行征税。对一部分价格变化较大，且便于按价格核算的应税消费品实行从价计征；对一部分价格变动较小，品种、规格比较单一的大宗应税消费品实行从量计征；对卷烟、白酒实行从价、从量相结合的复合计征办法。

4. 适用税率的差别性

消费税实行差别税率，以更好地发挥其独特的调节功能。根据消费品的不同种类、档次（豪华程度、结构性能）或者消费品中某一物质成分的含量，以及消费品的市场供求状况、价格水平、国家的产业政策和消费政策等情况，对消费品制定高低不同的税率、税额，以体现消费税的特定调节功能。

5. 税收负担的转嫁性

增值税实行价外计税，而消费税是价内税，即消费税款含在应税消费品价格之中。因此，消费税无论是在哪个环节征收，只要是价内计税，消费品中所含的消费税款最终都由购买应税消费品者负担，生产销售应税消费品的企业和个人虽是纳税人，但其所缴纳的税款最终转嫁给了消费者。

任务3.2　消费税的纳税人与税目、税率

一、消费税的纳税人

消费税的纳税人是在中华人民共和国境内生产、委托加工和进口应税消费品的单位和个人。自1995年1月1日起，金银首饰消费税改在零售环节征收，因此在我国境内从事金银首饰零售业务的单位和个人为金银首饰消费税的纳税人；委托加工、委托销售金银首饰的，受托方也是纳税人。自2009年5月1日起，对卷烟在批发环节加征一道消费税，因此，从事卷烟批发的单位和个人也是消费税纳税人。

这里所说的“中华人民共和国境内”，是指生产、委托加工和进口应税消费品的起运地或所在地在中国境内。所说的“单位”，是指国有企业、集体企业、私营企业、股份制企业、外商投资企业、外国企业和其他企业，以及行政单位、事业单位、军事单位、社会团体和其他单位。“个人”，是指个体经营者及其他个人。

二、消费税的征税范围

（一）征税范围的确定原则

第一类，过度消费会对人身健康、社会秩序、生态环境等方面造成危害的特殊消费品。如烟、酒、鞭炮、焰火等。

第二类，奢侈品、非生活必需品。如贵重首饰、高档化妆品等。

第三类，高能耗及高档消费品，如小汽车、摩托车等。

第四类，不可再生或替代的稀缺资源消费品。如汽油、柴油等。

第五类，消费普遍、税基宽广、征税后不影响居民基本生活并具有一定财政意义的消费品。

积极稳妥推进碳达峰碳中和

（二）征税范围的具体规定

消费税的征税范围包括烟、酒、高档化妆品、贵重首饰及珠宝玉石、鞭炮焰火、成品油、摩托车、小汽车、高尔夫球及球具、高档手表、游艇、木制一次性筷子、实木地板、电池、涂料 15 个税目，有的税目还可进一步划分为若干子目。其具体范围如下。

1. 烟

本税目下设卷烟（分生产环节和批发环节）、雪茄烟、烟丝和电子烟 4 个子目。

卷烟的征税范围包括各种规格、型号的国产卷烟、进口卷烟、白包卷烟、手工卷烟等；雪茄烟的征税范围包括各种规格、型号的雪茄烟；烟丝的征税范围包括以烟叶为原料加工生产的不经卷制的散装烟，如斗烟、莫合烟、烟末、水烟、黄红烟丝等。

一包香烟引发的“人肉搜索”

为完善消费税制度，维护税制公平统一，更好发挥消费税引导健康消费的作用，自 2022 年 11 月 1 日起，财政部、海关总署、国家税务总局印发公告，将电子烟纳入消费税征收范围，在烟税目下增设电子烟子目，其生产（进口）环节税率为 36%，批发环节税率为 11%。

电子烟是指用于产生气溶胶供人抽吸等的电子传输系统，包括烟弹、烟具以及烟弹与烟具组合销售的电子烟产品。

2. 酒

本税目下设白酒、黄酒、啤酒、其他酒 4 个子目。

白酒是指以高粱、玉米、大米、糯米、大麦、小麦、青稞、白薯（红薯、地瓜）、木薯、马铃薯（土豆）、芋头、山药等各种粮食或干鲜薯类为原料，经过糖化、发酵后，采用蒸馏方法酿制的酒品；黄酒的征收范围包括各种原料酿制的黄酒和酒度超过 12 度

（含）的土甜酒；啤酒的征收范围包括各种包装和散装的啤酒；其他酒是指除粮食白酒、薯类白酒、黄酒、啤酒以外，酒度在1度以上的各种酒，其征收范围包括糠麸白酒、其他原料白酒、土甜酒、复制酒、果木酒、汽酒、药酒等。

3. 高档化妆品

本税目征税范围包括香水、香水精、香粉、口红、指甲油、胭脂、眉笔、唇笔、蓝眼油、眼睫毛、成套化妆品和高档护肤类化妆品等。舞台、戏剧、影视演员化妆用的上妆油、卸妆油、油彩、发胶和头发漂白剂等，不属于本税目征收范围。

自2016年10月1日起，普通美容、修饰类化妆品免征消费税，税目名称更名为“高档化妆品”。征收范围包括高档美容、修饰类化妆品、高档护肤类化妆品和成套化妆品。税率调为15%。高档化妆品是指生产（进口）销售（完税）价格（不含增值税）在10元/毫升（克）或15元/片（张）及以上的化妆品、美容护肤化妆品。

4. 贵重首饰及珠宝玉石

本税目征税范围包括各种金银珠宝首饰和经采掘、打磨、加工的各种珠宝玉石。

多数应税消费品在生产销售环节一次征税，但金银首饰（含镶嵌首饰）、钻石及钻石饰品在零售环节征税；2016年12月1日起超豪华小汽车零售环节加征10%消费税；只有卷烟在批发环节加征一道消费税5%，2015年5月10日起改为批发环节征收11%比例税加每支0.005元定额税。

5. 鞭炮焰火

本税目征税范围包括各种鞭炮、焰火。体育上用的发令纸、鞭炮引线不按本税目征税。

6. 成品油

本税目下设汽油、柴油、石脑油、溶剂油、润滑油、燃料油、航空煤油7个子目。

7. 摩托车

本税目征税范围包括轻便摩托车、摩托车。摩托车包括两轮车、边三轮车、正三轮车等。

8. 小汽车

本税目下设乘用车、中轻型商用客车子目。

乘用车征收范围包括含驾驶员座位在内最多不超过9个座位（含）的，在设计和技术特性上用于载运乘客和货物的各类乘用车。

中轻型商用客车征收范围包括含驾驶员座位在内的座位数在10～23座（含23座）的，在设计和技术特性上用于载运乘客和货物的各类中轻型商用客车。

含驾驶员人数（额定载客）为区间值的（如8～10人；17～26人）小汽车，按其区间值下限人数确定征收范围。电动汽车不属于本税目征收范围。

2016年12月1日起，每辆零售价（不含增值税）在130万元（含）以上的汽车加征零售环节消费税10%。

9. 高尔夫球及球具

本税目包括高尔夫球、高尔夫球杆及高尔夫球包（袋）等。

高尔夫球是指重量不超过45.93克、直径不超过42.67毫米的高尔夫球运动比赛、练习用球；高尔夫球杆是指被设计用来打高尔夫球的工具，由杆头、杆身和握把三部分组成；高尔夫球包（袋）是指专用于盛装高尔夫球及球杆的包（袋）。

10. 高档手表

本税目是指销售价格（不含增值税）在每只 10 000 元（含）以上的各类手表。

11. 游艇

本税目是指长度大于 8 米小于 90 米，船体由玻璃钢、钢、铝合金、塑料等多种材料制作，可以在水上移动的水上浮载体。按照动力划分，游艇分为无动力艇、帆艇和机动艇。

本税目征收范围包括艇身长度大于 8 米（含）小于 90 米（含），内置发动机，可以在水上移动，一般为私人或团体购置，主要用于水上运动和休闲娱乐等非牟利活动的各类机动艇。

12. 木制一次性筷子

本税目征税范围包括以木材为原料经过锯段、浸泡、旋切、刨切、烘干、筛选、打磨、倒角、包装等环节加工而成的各类一次性使用的筷子。

13. 实木地板

本税目是指以木材为原料，经锯割、干燥、刨光、截断、开榫、涂漆等工序加工而成的块状或条状的地面装饰材料。实木地板按生产工艺不同，可分为独板（块）实木地板、实木指接地板、实木复合地板；按表面处理状态不同，可分为未涂饰地板（白坯板、素板）和漆饰地板。

本税目征收范围包括各类规格的实木地板、实木指接地板、实木复合地板及用于装饰墙壁、天棚的侧端面为榫、槽的实木装饰板。未经涂饰的素板属于本税目征税范围。

14. 电池

本税目征税范围包括原电池、蓄电池、燃料电池、太阳能电池和其他电池。

原电池又称一次电池，是按不可以充电设计的电池，包括锌原电池、锂原电池和其他原电池，也可以分为无汞原电池和含汞原电池；蓄电池又称二次电池，是按可充电、重复使用设计的电池，包括酸性蓄电池、碱性或其他非酸性蓄电池、氧化还原液流电池和其他蓄电池；燃料电池是指通过一个电化学过程，将连续供应的反应物和氧化剂的化学能直接转换为电能的电化学发电装置；太阳能电池是指将太阳光能转换成电能的装置。

15. 涂料

涂料是指涂于物体表面能形成具有保护、装饰或特殊性能的固态涂膜的一类液体或固体材料的总称。

三、消费税的税目税率

消费税实行比例税率、定额税率和从量定额与从价定率相结合的复合计税 3 种形式，共设置了 20 余档不同的税率（税额）。多数消费品采用比例税率，最高税率为 56%，最低税率为 1%；对成品油和黄酒、啤酒等实行定额税率；对卷烟、白酒实行从量定额与从价定率相结合计算应纳税额的复合计税办法。现行消费税税目税率（税额）见表 3-1。

表 3-1 消费税税目税率（税额）表

税目		征税范围	税率（税额）
一、烟	1. 卷烟	甲类卷烟：每标准条（200 支，下同）调拨价 70 元（含 70 元，不含增值税）以上	56%；加 150 元/箱（0.6 元/条；30 元/万支）
		乙类卷烟：每标准条调拨价 70 元以下	36%；加 150 元/箱（0.6 元/条；30 元/万支）
		卷烟批发环节	11%加 250 元/箱（1 元/条；50 元/万支）
	2. 雪茄烟	包括各种规格、型号的雪茄烟	36%
	3. 烟丝	包括以烟叶为原料加工生产的不经卷制的散装烟	30%
	4. 电子烟	2022 年 11 月 1 日起纳入征税范围	生产（进口）环节 36% 批发环节 11%
二、酒	1. 白酒		20%加 0.5 元/斤
	2. 啤酒（含果啤）	出厂价（含包装物及押金）3 000 元（含 3 000 元，不含增值税，下同）以上	250 元/吨
		出厂价 3 000 元以下	220 元/吨
	3. 黄酒		240 元/吨
	4. 其他酒		10%
三、高档化妆品		包括成套高档化妆品、高档护肤类化妆品	15%
四、贵重首饰及珠宝玉石		包括各种金、银、珠宝首饰及珠宝玉石	生产环节 10% 零售环节 5%
五、鞭炮焰火			15%
六、成品油	1. 汽油		1.52 元/升
	2. 柴油		1.20 元/升
	3. 石脑油		1.52 元/升
	4. 溶剂油		1.52 元/升
	5. 润滑油		1.52 元/升
	6. 燃料油		1.20 元/升
	7. 航空煤油		1.20 元/升
七、摩托车		气缸容量在 250 毫升的	3%
		气缸容量在 250 毫升以上的	10%
八、小汽车	1. 乘用车	气缸容量（排气量，下同）在 1.0 升（含）以下的	1%
		气缸容量在 1.0 升以上至 1.5 升（含）的	3%
		气缸容量在 1.5 升以上至 2.0 升（含）的	5%
		气缸容量在 2.0 升以上至 2.5 升（含）的	9%
		气缸容量在 2.5 升以上至 3.0 升（含）的	12%
		气缸容量在 3.0 升以上至 4.0 升（含）的	25%
		气缸容量在 4.0 升以上的	40%
	2. 中轻型商用客车		5%
	3. 超豪华小汽车		零售环节 10%
九、高尔夫球及球具			10%
十、高档手表			20%

（续表）

税目	征税范围	税率（税额）
十一、游艇		10%
十二、木制一次性筷子		5%
十三、实木地板		5%
十四、电池		4%
十五、涂料		4%

在消费税税率运用中应注意以下几个具体问题：

1. 对兼营不同税率的应税消费品适用税目税率的规定。

对纳税人兼营不同税率的应税消费品，应当分别核算其销售额或销售数量。未分别核算销售额或销售数量的，或者将不同税率的应税消费品组成成套消费品销售的，从高适用税率。

2. 对卷烟适用税目税率的具体规定。

对白包卷烟、手工卷烟、自产自用没有同牌号规格调拨价格的卷烟、委托加工没有同牌号规格调拨价格的卷烟、未经国务院批准纳入计划的企业和个人生产的卷烟，除按定额税率征收外，一律按56%的比例税率征收。

3. 消费税税目、税率（税额）的调整由国务院确定，地方无权调整。

任务 3.3　消费税的计税依据与计税方法

一、从价定率的计税依据

消费税是价内税，即以含消费税的价格作为计税价格，应纳税额的计算取决于应税消费品的销售额和适用税率两个因素。其计算公式为：

应纳税额＝应税消费品的计税销售额×消费税税率

（一）计税销售额的一般规定

纳税人对外销售其生产的应税消费品，应当以其销售额为依据计算应纳税额。这里的销售额包括向购货方收取的全部价款和价外费用。由于消费税和增值税实行交叉征收，消费税实行价内税，增值税实行价外税，因此实行从价定率征收消费税的消费品，其消费税税基和增值税税基是一致的，即都是以含消费税而不含增值税的销售额作为计税基数。在项目二中有关增值税确认销售额的规定同样适用于消费税，在此不再重复。

【做中学3-1】某日化厂为增值税一般纳税人，2022年3月销售高档化妆品，开具增值税专用发票，注明销售额为300 000元；开具增值税普通发票，注明销售额为45 200元。计算该日化厂3月份应缴纳的消费税额。

【答案】计税依据＝300 000＋45 200÷(1＋13％)＝340 000(元)

应纳消费税额＝340 000×15％＝51 000(元)

(二) 计税销售额的特殊规定

1. 包装物押金的计税销售额。应税消费品连同包装物销售的，无论包装物是否单独计价，也不论在会计上如何核算，均应并入应税消费品的销售额中缴纳消费税。如果包装物不作价随同产品销售而是收取押金，此项押金不并入应税消费品的销售额中纳税。但对因逾期未收回的包装物不再退还的和已收取一年以上的押金，应并入应税消费品的销售额，按照应税消费品的适用税率缴纳消费税；对既作价随同应税消费品销售，又另外收取押金的包装物的押金，凡纳税人在规定的期限内不予退还的，均应并入应税消费品的销售额，按照应税消费品的适用税率缴纳消费税。

对酒类产品生产企业销售除啤酒、黄酒以外的其他酒类产品而收取的包装物押金，无论押金是否返还与会计上如何核算，均需并入酒类产品销售额中征收消费税。

包装物押金的税务处理比较见表3-2。

表3-2　包装物押金的税务处理比较

流转税		增值税		消费税	
包装产品种类		收到押金时	逾期时	收到押金时	逾期时
非酒类产品		不征	征收	不征	征收
酒类产品	黄酒、啤酒	不征	征收	不征	不征
	除黄酒、啤酒外的白酒、其他酒	征收	不征	征收	不征

2. 纳税人销售的应税消费品，如果是以外汇计算销售额的，应当按销售额发生的当天或者当月1日的人民币汇率中间价折合成人民币计算应纳税额。人民币折合率应当事先确定采用何种折合率，确定后1年内不得变更。

3. 纳税人通过自设非独立核算门市部销售的自产应税消费品，应当按照门市部对外销售金额缴纳消费税。

4. 纳税人用于换取生产资料和消费资料、投资入股和抵偿债务等方面的应税消费品，应当以纳税人同类应税消费品的最高销售价格作为计税依据计算消费税。

5. 白酒生产企业向商业销售单位收取的“品牌使用费”是随着应税白酒的销售而向购货方收取的，属于应税白酒销售价款的组成部分，因此，不论企业采取何种方式或以何种名义收取价款，均应并入白酒的销售额中缴纳消费税。

6. 从高适用税率征收消费税的两种情况：兼营不同税率应税消费品，未分别核算各自销售额的；将不同税率应税消费品组成成套消费品销售的。

7. 2009 年 8 月 1 日起，白酒生产企业销售给销售单位的白酒，生产企业消费税计税价格低于销售单位对外销售价格 70%以下的，税务机关应核定消费税最低计税价格；已核定最低计税价格的白酒，销售单位对外销售价格持续上涨或下降时间达到 3 个月以上、累计上涨或下降幅度在 20%（含）以上的白酒，税务机关应重新核定最低计税价格。

【做中学 3-2】 2022 年 6 月，乙商场零售金银首饰取得含税销售额 10.17 万元，其中包括以旧换新首饰的含税销售额 5.65 万元。在以旧换新时，旧首饰作价的含税金额为 3.39 万元，乙商场实际收取的含税金额为 2.26 万元。计算乙商场零售金银首饰应缴纳的消费税、增值税。

【答案】 销售额＝(10.17－5.65＋2.26)÷1.13＝6(万元)

应纳消费税额＝6×5%＝0.3(万元)

增值税销项税额＝6×13%＝0.78(万元)

二、从量定额的计税依据

按从量定额办法计算消费税，应纳税额的计算取决于应税消费品的数量和单位税额两个因素。其计算公式为：

应纳税额＝应税消费品的数量×单位税额

（一）应税消费品数量的确定

根据应税消费品的应税行为，应税消费品的数量具体规定为：

1. 销售应税消费品的，为应税消费品的销售数量。纳税人通过自设的非独立核算门市部销售自产应税消费品的，应当按照门市部对外销售数量征收消费税。

2. 自产自用应税消费品的（用于连续生产应税消费品的除外），为应税消费品的移送使用数量。

3. 委托加工应税消费品的，为纳税人收回的应税消费品数量。

4. 进口的应税消费品，为海关核定的应税消费品进口征税数量。

（二）计量单位的换算标准

按照《消费税暂行条例》规定，对黄酒、啤酒、成品油等应税消费品采取从量定额办法计算应纳税额。其计量单位的换算标准如下：

啤酒 1 吨＝988 升	黄酒 1 吨＝962 升
汽油 1 吨＝1 388 升	柴油 1 吨＝1 176 升
石脑油 1 吨＝1 385 升	溶剂油 1 吨＝1 282 升

润滑油 1 吨＝1 126 升　　　　燃料油 1 吨＝1 015 升

航空煤油 1 吨＝1 246 升

【做中学 3-3】 某炼油厂采购原油 40 吨，加工成无铅汽油 12 吨。计算其应纳消费税额。

【答案】 应纳消费税额＝12×1 388×1.52＝25 317.12(元)

三、复合计税的计税依据

现行消费税的征税范围中，实行复合征税方法的消费品有卷烟、粮食白酒和薯类白酒。其计算公式为：

应纳税额＝应税消费品销售额×比例税率＋应税消费品销售数量×单位税额

粮食白酒、薯类白酒的计税依据与前面从价定率、从量定额相同，卷烟的计税依据有以下几方面的特殊规定：

1. 纳税人销售的卷烟因放开销售价格而经常发生价格上下浮动的，应以该牌号规格卷烟销售当月的加权平均价格确定征收类别和适用税率，但销售的卷烟有下列情况之一者，不得列入加权平均计算：①销售价格明显偏低而无正当理由的；②无销售价格的。

2. 卷烟由于接装过滤嘴、改变包装或其他原因提高销售价格后，应按照新的销售价格确定征税类别和适用税率。

3. 实际销售价格高于计税价格和核定价格的卷烟，按实际销售价格征收消费税；实际销售价格低于计税价格和核定价格的卷烟，按计税价格或核定价格征收消费税。

4. 非标准条（每条包装多于或者少于 200 支）包装卷烟应当折算成标准条包装卷烟的数量，依其实际销售收入计算确定其折算成标准条包装后的实际销售价格，并确定适用的比例税率。折算的实际销售价格高于计税价格的，应按照折算的实际销售价格确定适用比例税率；折算的实际销售价格低于计税价格的，应按照同牌号规格标准条包装卷烟的计税价格和适用税率征税。卷烟的折算标准如下：

1 大箱＝250 条　1 条＝10 包　1 包＝20 支

【做中学 3-4】 某卷烟厂出售卷烟 20 个标准箱，每标准条调拨价格 80 元，共计 400 000 元，出售烟丝 45 000 元，采用托收承付结算方式，货已发出并办妥托收手续。计算其应纳消费税额。

【答案】 应纳消费税额＝20×150＋400 000×56%＋45 000×30%＝240 500(元)

一条香烟的税额知多少？

任务 3.4　消费税应纳税额的计算

一、直接对外销售应税消费品应纳税额的计算

直接对外销售应税消费品消费税额的计算一般有三种方法：从价定率法、从量定额法、从价定率和从量定额复合计税法。

（一）从价定率法应纳税额的计算

按从价定率法计算消费税，应纳税额的计算取决于应税消费品的销售额和适用税率两个因素。其计算公式为：

应纳税额＝应税消费品的计税销售额×消费税税率

【做中学 3-5】 某摩托车生产企业为增值税一般纳税人，2022 年 6 月份将生产的某型号摩托车 30 辆以每辆出厂价 12 000 元（不含增值税）销售给自设非独立核算的门市部；门市部又以每辆 15 820 元（含增值税）全部销售给消费者。已知摩托车适用消费税税率 10%，计算其应纳消费税额及增值税额。

【答案】 应纳消费税额＝15 820÷(1＋13%)×30×10%＝42 000(元)

增值税销项税额＝15 820÷(1＋13%)×30×13%＝54 600(元)

【解析】 消费税、增值税从价计税的计税依据均为不含增值税的销售额。

【做中学 3-6】 某汽车厂为增值税一般纳税人，主要生产小汽车，小汽车不含税出厂价为 12.5 万元。5 月发生如下业务：本月销售小汽车 8 600 辆，将 2 辆小汽车移送本厂研究所作破坏性碰撞实验，3 辆作为广告样品。已知小汽车消费税税率为 9%，计算其应纳消费税额。

【答案】 应纳消费税额＝(8 600＋3)×12.5×9%＝9 678.38(万元)

（二）从量定额法应纳税额的计算

按从量定额办法计算消费税，应纳税额的计算取决于应税消费品的数量和单位税额两个因素。其计算公式为：

应纳税额＝应税消费品的数量×单位税额

【做中学 3-7】 某啤酒厂自产啤酒 10 吨，无偿提供给某啤酒节，已知每吨成本 1 000 元，无同类产品售价。已知税务机关核定的其消费税单位税额为 220 元/吨，计算其应纳消费税额及增值税额。

【答案】 啤酒厂应纳消费税额＝10×220＝2 200(元)

应纳增值税额＝[10×1 000×(1＋10%)＋2 200]×13%＝1 716(元)

(三) 复合计税法应纳税额的计算

现行消费税的征税范围中，实行复合征税方法的消费品有卷烟和白酒。其计算公式为：

应纳税额＝应税消费品销售额×比例税率＋应税消费品销售数量×单位税额

【做中学 3-8】 某酒厂为增值税一般纳税人，主要生产粮食白酒和啤酒。2022 年 5 月，“主营业务收入”账户反映销售粮食白酒 60 000 斤，取得不含税销售额 105 000 元；销售啤酒 150 吨，每吨不含税售价 2 900 元。“其他业务收入”账户反映收取粮食白酒品牌使用费 4 520 元。“其他应付款”账户反映本月销售粮食白酒收取包装物押金 9 040 元，销售啤酒收取包装物押金 1 130 元。计算白酒、啤酒的应纳消费税额及增值税额。

【答案】 1. 白酒应纳消费税额＝60 000×0.5＋105 000×20%＋4 520÷1.13×20%＋9 040÷1.13×20%＝53 400(元)

2. 啤酒应纳消费税额＝150×220＝33 000(元)

3. 该酒厂应纳消费税额＝53 400＋33 000＝86 400(元)

4. 白酒增值税＝(105 000＋9 040÷1.13＋4 520÷1.13)×13%＝15 210(元)

5. 啤酒增值税＝2 900×150×13%＝56 550(元)

6. 该酒厂应纳增值税额＝15 210＋56 550＝71 760(元)

【做中学 3-9】 某卷烟厂 2022 年 8 月发生的经济业务如下：

1. 生产领用外购已税烟丝生产卷烟（买入价 300 万元），共生产卷烟 2 200 箱。

2. 向商场销售卷烟 400 大箱，取得不含税销售额 2 000 万元，由于货款回收及时，给予商场 2%的折扣，实际取得收入 1 960 万元，支付销货运输费用 60 万元，并取得了运输公司开具的货运增值税专用发票。

3. 销售给专卖店卷烟 500 大箱，取得不含税销售额 2 500 万元，并取得专卖店延期付款利息收入 3.39 万元，已向对方开具了增值税普通发票。

4. 销售雪茄烟取得不含税销售额 600 万元，包装费 7.91 万元，开具增值税普通发票。

计算该卷烟厂 8 月应纳消费税额及增值税额。

【答案】 增值税额＝(2 000＋2 500＋3.39÷1.13＋600＋7.91÷1.13)×13%－60×9%＝658.9(万元)

消费税额＝(2 000＋2 500＋3.39÷1.13)×56%＋(400×150＋500×150)÷10 000＋(600＋7.91÷1.13)×36%－300×30%＝2 663.7(万元)

(四) 已纳消费税扣除的计算

为了避免重复征税，现行税法规定，将外购应税消费品继续生产应税消费品销售的，准予从应纳消费税税额中按当期生产领用数量计算扣除外购已税消费品已纳的消费税税款。

1. 扣税范围

在消费税 15 个税目中，除酒、小汽车、摩托车、高档手表、游艇、电池、涂料 7 个税目外，其余税目均有外购扣税规定：

(1) 外购已税烟丝为原料生产的卷烟；

(2) 外购已税高档化妆品为原料生产的高档化妆品；

(3) 外购已税珠宝玉石为原料生产的贵重首饰及珠宝玉石；

(4) 外购已税鞭炮焰火为原料生产的鞭炮焰火；

(5) 外购已税杆头、杆身和握把为原料生产的高尔夫球杆；

(6) 外购已税木制一次性筷子为原料生产木制一次性筷子；

(7) 外购已税实木地板为原料生产的实木地板；

(8) 外购已税汽油、柴油、石脑油、燃料油、润滑油为原料连续生产的应税成品油。

2. 扣税方法

上述当期准予扣除外购应税消费品已纳消费税税款的，在计税时按当期生产领用数量计算，其计算公式为：

$$\text{当期准予扣除的外购应税消费品已纳税款} = \text{当期准予扣除的外购应税消费品买价(数量)} \times \text{外购应税消费品适用税率(单位税额)}$$

$$\text{当期准予扣除的外购应税消费品买价(数量)} = \text{期初库存的外购应税消费品买价(数量)} + \text{当期购进的外购应税消费品买价(数量)} - \text{期末库存的外购应税消费品买价(数量)}$$

外购已税消费品的买价是指购货发票上注明的销售额（不包括增值税税款）。

纳税人用外购的已税珠宝玉石生产的改在零售环节征收消费税的金银首饰（镶嵌首饰），在计税时一律不得扣除外购珠宝玉石的已纳税款。允许扣除已纳税款的应税消费品只限于从工业企业购进的应税消费品和进口环节已缴纳消费税的应税消费品，从境内商业企业购进应税消费品的已纳税款一律不得扣除。

【做中学 3-10】 某卷烟厂购买已税烟丝 1 931.62 千克，每千克 20 元（含增值税），加工成卷烟 200 标准箱，每标准箱调拨价格 12 500 元，全部售出。计算其应纳消费税额。

【答案】 烟丝不含增值税购进额＝1 931.62×20÷(1＋13%)＝34 187.96(元)

每条卷烟价格＝12 500÷250＝50(元)，适用 36%的税率

应纳消费税额＝200×150＋200×12 500×36%－34 187.96×30%＝919 743.61(元)

【做中学 3-11】 某烟厂 4 月外购烟丝，取得增值税专用发票上注明税款为 6.5 万元，本月生产领用 80%，期初尚有库存的外购烟丝 2 万元，期末库存烟丝 12 万元，该企业本月可扣除的消费税为（　　）。

A. 6.8 万元　　B. 9.6 万元　　C. 12 万元　　D. 40 万元

【答案】 C

【解析】 本月外购烟丝的买价＝6.5÷13%＝50(万元)，生产领用部分的买价＝50×80%＝40(万元)，准予扣除的消费税＝40×30%＝12(万元)。

二、自产自用应税消费品应纳税额的计算

(一) 自产自用应税消费品的确定

自产自用是指纳税人生产应税消费品后，不是直接用于对外销售，而是用于自己连续生产应税消费品或用于其他方面。根据《消费税暂行条例》规定，纳税人用于连续生产应税消费品的，不缴纳消费税；用于其他方面的，于移送使用时缴纳消费税。

所谓"连续生产应税消费品"，是指作为生产最终应税消费品的直接材料，并构成最终产品实体的应税消费品。对自产自用的应税消费品，用于连续生产应税消费品的不再征税，体现了税不重征和计税简便的原则，避免了重复征税。例如，卷烟厂生产的烟丝如果直接对外销售，应缴纳消费税，但如果烟丝用于本厂连续生产卷烟，其烟丝就不征收消费税，只对最终生产出来的卷烟征收消费税。

所谓"用于其他方面的"，是指纳税人用于生产非应税消费品和在建工程、管理部门、非生产机构、提供劳务，以及用于馈赠、赞助、集资、广告、样品、职工福利、奖励等方面的应税消费品。企业自产的应税消费品虽然没有用于销售或连续生产应税消费品，但只要是用于税法所规定的范围都要视同销售，依法缴纳消费税。

(二) 自产自用应税消费品计税依据的确定

根据《消费税暂行条例》规定，纳税人自产自用的应税消费品，凡用于其他方面应当纳税的，其销售额的核算顺序如下：

1. 按照纳税人生产的当月同类消费品的销售价格计算纳税。

2. 如果当月同类消费品各期销售价格不同，应按销售数量加权平均计算。但销售的应税消费品有下列情况之一的，不得列入加权平均计算：(1) 销售价格明显偏低且无正当理由的；(2) 无销售价格的。

3. 如果当月无销售或者当月未完结，应按照同类消费品上月或最近月份的销售价格计算纳税。

4. 没有同类消费品销售价格的，按照组成计税价格计算纳税。

实行从价定率办法计算纳税的组成计税价格计算公式为：

组成计税价格＝(成本＋利润)÷(1－消费税税率)

实行复合计税办法计算纳税的组成计税价格计算公式为：

组成计税价格＝(成本＋利润＋自产自用数量×定额税率)÷(1－消费税税率)

其中，“成本”是指应税消费品的产品生产成本。“利润”是指根据应税消费品的全国平均成本利润率计算的利润。全国平均成本利润率由国家税务总局确定，具体规定见表 3-3。

表 3-3　全国平均成本利润率表

产品	税率	产品	税率
1. 甲类卷烟	10%	11. 高尔夫球及球具	10%
2. 乙类卷烟	5%	12. 高档手表	20%
3. 雪茄烟	5%	13. 游艇	10%
4. 烟丝	5%	14. 木制一次性筷子	5%
5. 粮食白酒	10%	15. 实木地板	5%
6. 其他酒	5%	16. 电池	4%
7. 高档化妆品	5%	17. 乘用车	8%
8. 鞭炮、焰火	5%	18. 中轻型商用客车	5%
9. 贵重首饰及珠宝玉石	6%	19. 涂料	7%
10. 摩托车	6%	20. 电子烟	10%

（三）自产自用应税消费品应纳税额的计算

1. 从价定率方法征税的应税消费品应纳税额的计算

应纳消费税额＝自产自用同类应税消费品销售额或组成计税价格×适用税率

2. 从量定额方法征税的应税消费品应纳税额的计算

应纳消费税额＝应税消费品移送使用数量×单位税额

3. 复合计税方法征税的应税消费品应纳税额的计算

应纳消费税额＝自产自用同类应税消费品销售额或组成计税价格×适用税率
＋应税消费品移送使用数量×单位税额

【做中学 3-12】 某汽车制造厂将自产乘用车（气缸容量 2.0 升）一辆，转作自用（固定资产），若该种汽车对外销售价格为 18 万元，生产成本为 15 万元。计算其应纳消费税额。

【答案】 应纳消费税额＝180 000×5%＝9 000（元）

【做中学 3-13】 承【做中学 3-12】，如果该乘用车没有同类消费品的销售价格，其生产成本为 15 万元。计算其组成计税价格。

【答案】 消费税组成计税价格＝150 000×(1＋8%)÷(1－5%)＝170 526.32(元)

应纳消费税额＝170 526.32×5%＝8 526.32(元)

【做中学 3-14】 某酒厂 2023 年 4 月生产一种新的粮食白酒，广告样品使用 0.8 吨，已知该种白酒无同类产品出厂价，生产成本每吨 40 000 元，成本利润率为 10%。根据消费税法律制度的规定，该酒厂当月应缴纳消费税额为（　　）元。

A. 8 600　　B. 8 800　　C. 9 600　　D. 9 800

【答案】 D

【解析】 消费税组成计税价格＝[40 000×0.8×(1＋10%)＋0.8×2 000×0.5]÷(1－20%)＝45 000(元)

应纳消费税＝45 000×20%＋0.8×2 000×0.5＝9 800(元)

三、委托加工应税消费品应纳税额的计算

（一）委托加工应税消费品的确定

委托加工应税消费品是指由委托方提供原料和主要材料，受托方只收取加工费和代垫部分辅助材料加工的应税消费品。对于由受托方提供原材料生产的应税消费品，或者受托方先将原材料卖给委托方，然后再接受加工的应税消费品，以及由受托方以委托方名义购进原材料生产的应税消费品，无论纳税人在财务上是否做销售处理，都不得作为委托加工应税消费品，而应当按照销售自制应税消费品缴纳消费税。由此可见，作为委托加工的应税消费品，必须具备两个条件：①由委托方提供原料和主要材料；②受托方只收取加工费和代垫部分辅助材料。无论是委托方还是受托方，凡不符合规定条件的，都不能按委托加工应税消费品进行税务处理，只能按照销售自制应税消费品缴纳消费税。这种处理方法体现了税收管理的源泉控制原则，避免了应缴税款的流失。

（二）委托加工应税消费品计税依据的确定

委托加工的应税消费品按照受托方的同类消费品的销售价格计算纳税。同类消费品的销售价格是指受托方当月销售的同类消费品的销售价格，若当月同类消费品各期销售价格不同，应按销售数量加权平均计算。但销售的应税消费品有下列情况之一的，不得列入加权平均计算：①销售价格明显偏低且无正当理由的；②无销售价格的。如果当月无销售或者当月未完结，应按照同类消费品上月或最近月份的销售价格计算纳税。没有同类消费品销售价格的，按组成计税价格计算纳税。

实行从价定率办法计算纳税的组成计税价格，其计算公式为：

组成计税价格＝(材料成本＋加工费)÷(1－消费税税率)

实行复合计税办法计算纳税的组成计税价格，其计算公式为：

组成计税价格＝(材料成本＋加工费＋委托加工数量×定额税率)÷(1－消费税税率)

其中，“材料成本”是指委托方所提供加工材料的实际成本。委托加工应税消费品的

纳税人必须在委托加工合同上如实注明（或以其他方式提供）材料成本，凡未提供材料成本的，受托方所在地主管税务机关有权核定其材料成本。可见，税法严格规定委托方提供原料和主要材料，必须如实提供材料成本，其目的是防止假冒委托加工应税消费品或少报材料成本逃避纳税的问题。

“加工费”是指受托方加工应税消费品时向委托方收取的全部费用（包括代垫辅助材料的实际成本，不包括增值税税金），这是税法对受托方的要求。受托方必须如实提供向委托方收取的全部费用，这样才能既保证准确计算组成计税价格及代收代缴消费税，也使受托方得以按加工费正确计算其应纳的增值税。

（三）委托加工应税消费品应纳税额的计算

1. 从价定率方法征税的应税消费品应纳税额的计算

应纳消费税额＝委托加工同类应税消费品销售额或组成计税价格×适用税率

【做中学 3-15】 甲企业受托加工一批高档化妆品，委托方提供的材料成本 95 000 元，双方协议加工费为 5 240 元。计算甲企业应代收代缴的消费税额。

【答案】 组成计税价格＝(95 000＋5 240)÷(1－15％)＝117 929.41(元)

受托方应代收代缴消费税额＝117 929.41×15％＝17 689.41(元)

2. 从量定额方法征税的应税消费品应纳税额的计算

应纳消费税额＝纳税人收回的应税消费品数量×单位税额

3. 复合计税方法征税的应税消费品应纳税额的计算

$$应纳消费税额=\frac{委托加工同类应税消费品}{销售额或组成计税价格}\times 适用税率+\frac{纳税人收回的}{应税消费品数量}\times 单位税额$$

【做中学 3-16】 甲酒厂 2022 年 7 月从农业生产者手中收购粮食，共计支付收购价款 60 000 元。甲酒厂将收购的粮食从收购地直接运往异地的乙酒厂生产加工白酒，白酒加工完毕，企业收回白酒 8 吨，取得乙酒厂开具防伪税控的增值税专用发票，注明加工费 25 000 元，代垫辅料价值 15 000 元，加工的白酒当地无同类产品市场价格。计算乙酒厂应代收代缴的消费税额、增值税额。

【答案】 乙酒厂应代收代缴的消费税额＝8×2 000×0.5＋[60 000×(1－10％)＋(25 000＋15 000)＋8 000]÷(1－20％)×20％＝33 500(元)

乙酒厂应纳增值税额＝(25 000＋15 000)×13％＝5 200(元)

（四）委托加工应税消费品消费税的缴纳

对委托加工应税消费品的应纳消费税，采取由受托方代收代缴税款的办法，由受托方在向委托方交货时代收代缴消费税。委托方将收回的应税消费品，以不高于受托方的计税价格出售的，为直接出售，不再缴纳消费税；委托方以高于受托方的计税价格出售的，不属于直接出售，须按照规定申报缴纳消费税，在计税时准予扣除受托方已代收代缴的消费税。受托方必须严格履行代收代缴义务，否则要承担税收法律责任。

纳税人委托个体经营者加工应税消费品，一律在收回加工应税消费品后向所在地主管税务机关缴纳消费税。

受托方没有代收代缴消费税的，委托方应补交税款，补税的计税依据为：①已直接销售的，按销售额计税；②未销售或不能直接销售的（如收回后用于连续生产等），按组成计税价格计税。

（五）委托加工收回的应税消费品已纳税款的扣除

纳税人委托加工的应税消费品已由受托方代收代缴消费税，如果委托方收回货物后用于连续生产应税消费品，其已纳税款准予按照规定从连续生产的应税消费品应纳消费税税额中扣除，这种扣税方法与外购已税消费品连续生产应税消费品的扣税范围、扣税方法、扣税环节相似。

1. 扣税范围

（1）以委托加工收回的已税烟丝为原料生产的卷烟；

（2）以委托加工收回的已税高档化妆品为原料生产的高档化妆品；

（3）以委托加工收回的已税珠宝玉石为原料生产的贵重首饰及珠宝玉石；

（4）以委托加工收回的已税鞭炮、烟火为原料生产的鞭炮、焰火；

（5）以委托加工收回的已税杆头、杆身和握把为原料生产的高尔夫球杆；

（6）以委托加工收回的已税木制一次性筷子为原料生产木制一次性筷子；

（7）以委托加工收回的已税实木地板为原料生产的实木地板；

（8）以委托加工收回的已税汽油、柴油、石脑油、燃料油、润滑油为原料连续生产的应税成品油。

消费税扣税解析如图 3-1 所示。

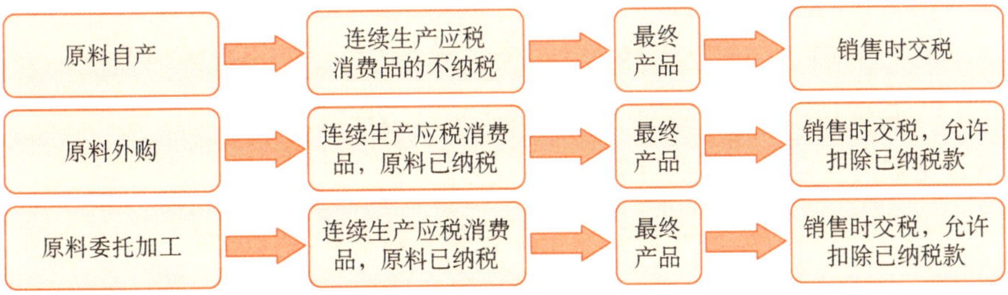

图 3-1　消费税扣税解析

2. 扣税方法

$$\text{当期准予扣除的委托加工应税消费品已纳税款}=\text{期初库存的委托加工应税消费品已纳税款}+\text{当期收回的委托加工应税消费品已纳税款}-\text{期末库存的委托加工应税消费品已纳税款}$$

纳税人用委托加工收回的已税珠宝玉石生产的、改在零售环节征收消费税的金银首饰，在计税时一律不得扣除委托加工收回的珠宝玉石的已纳消费税款。委托加工应税消费品已纳税款为代扣代收税款凭证注明的受托方代收代缴的消费税额。

委托加工业务中委托方与受托方的关系见表 3-4。

表 3-4　委托加工业务中委托方与受托方的关系

项目	委托方	受托方
委托加工成立的条件	提供原料和主要材料	只收取加工费和代垫辅料
加工及提货时涉及的流转税	① 购进材料涉及增值税进项税 ② 支付加工费涉及增值税进项税 ③ 视同自产消费品应缴消费税	① 购买辅料涉及增值税进项税 ② 收取加工费和代垫辅料涉及增值税销项税
消费税纳税环节	提货时受托方代收代缴（受托方为个体户的除外）	交货时代收代缴委托方消费税
代收代缴后消费税的相关处理	① 不高于受托方计税价格直接出售的不再缴纳消费税 ② 连续加工后销售的在出厂环节缴纳消费税，同时可按生产领用抵扣已纳消费税	及时解缴代收代缴税款

四、进口应税消费品应纳税额的计算

（一）进口一般应税消费品应纳消费税额的计算

纳税人进口应税消费品，按照组成计税价格和规定的税率计算应纳税额，组成计税价格包括关税完税价格、关税和消费税三部分。

1. 从价定率方法应纳税额的计算

$$\text{应纳税额}=\text{组成计税价格}\times\text{消费税税率}$$
$$\text{组成计税价格}=(\text{关税完税价格}+\text{关税})\div(1-\text{消费税税率})$$

其中，“关税完税价格”是指海关核定的关税计税价格。

2. 从量定额方法应纳税额的计算

$$\text{应纳税额}=\text{应税消费品数量}\times\text{消费税单位税额}$$

3. 复合征税方法应纳税额的计算

$$\text{组成计税价格}=\frac{\text{关税完税价格}+\text{关税}+\text{进口数量}\times\text{单位税额}}{1-\text{消费税税率}}$$

应纳税额＝组成计税价格×消费税税率＋应税消费品数量×消费税单位税额

注意：进口环节消费税除国务院另有规定者外，一律不得给予减税、免税。

【做中学 3-17】 某公司进口小汽车一批，该批小汽车关税完税价格为 40 万元，关税税率为 50%，消费税率为 25%。计算其应纳消费税额。

【答案】 消费税组成计税价格＝400 000×(1＋50%)÷(1－25%)＝800 000(元)

应纳消费税额＝800 000×25%＝200 000(元)

【做中学 3-18】 某化妆品生产企业为增值税一般纳税人，2023 年 5 月从国外进口一批散装高档化妆品，关税完税价格 150 万元。本月内企业将进口的散装高档化妆品的 80%生产加工为高档成套化妆品 7 800 件，对外批发销售 6 000 件，取得不含税销售额 290 万元；向消费者零售 800 件，取得含税销售额 49.72 万元。进口关税税率 40%、消费税税率 15%。

1. 计算该企业在进口环节应缴纳的消费税额、增值税额；

2. 计算企业国内生产销售环节应缴纳的增值税额、消费税额。

【答案】

1. 组成计税价格＝(150＋150×40%)÷(1－15%)＝247.06(万元)

进口散装高档化妆品应缴纳消费税＝247.06×15%＝37.06(万元)

进口散装高档化妆品应缴纳增值税＝247.06×13%＝32.12(万元)

2. 生产销售高档化妆品应缴纳消费税＝[290＋49.72÷(1＋13%)]×15%－37.06×80%＝20.45(万元)

生产销售高档化妆品应缴纳增值税＝[290＋49.72÷(1＋13%)]×13%－32.12＝11.30(万元)

(二) 进口卷烟应纳消费税额的计算

从 2009 年 5 月 1 日起，进口卷烟的消费税适用比例税率进行了调整，其消费税应纳税额的计算方法如下。

1. 进口卷烟消费税适用比例税率的确定

每标准条进口卷烟（200 支）确定消费税适用比例税率的价格＝(关税完税价格＋关税＋消费税定额税)÷(1－消费税税率)。其中，关税完税价格和关税为每标准条的关税完税价格及关税税额；消费税定额税为每标准条（200 支）0.6 元（依据现行消费税定额税率折算而成）；消费税税率固定为 36%。

每标准条进口卷烟（200 支）确定消费税适用比例税率的价格≥70 元人民币的，适用比例税率为 56%；每标准条进口卷烟（200 支）确定消费税适用比例税率的价格＜70 元人民币的，适用比例税率为 36%。

2. 进口卷烟应纳消费税额的计算

$$\text{进口卷烟消费税组成计税价格}=\left(\text{关税完税价格}+\text{关税}+\text{消费税定额税}\right)\div\left(1-\text{进口卷烟消费税适用比例税率}\right)$$

$$\text{应纳消费税额} = \text{进口卷烟消费税组成计税价格} \times \text{进口卷烟消费税适用比例税率} + \text{海关核定的进口卷烟数量} \times \text{消费税定额税率}$$

其中，消费税定额税率为每标准箱（50 000 支）150 元。

【做中学 3-19】 某公司从境外进口 10 箱卷烟，经海关核定，关税完税价格为 100 000 元，关税 25 000 元。计算其应纳消费税额。

【答案】 每标准条进口卷烟适用比例税率的价格＝(100 000＋25 000＋150×10)÷(1－36%)÷(10×250)＝79.06(元)＞70元，所以，进口卷烟的适用比例税率为 56%。

进口卷烟消费税组成计税价格＝(100 000＋25 000＋150×10)÷(1－56%)＝287 500(元)

应纳消费税额＝287 500×56%＋10×150＝162 500(元)

五、批发和零售环节应税消费品应纳税额的计算

（一）批发环节应纳消费税的计算

批发环节的应税消费品特指卷烟，在我国境内从事卷烟批发业务的所有单位和个人，应就其批发销售的所有牌号、规格的卷烟，自 2015 年 5 月 10 日起，按 11%的比例税率、每支 0.005 元的定额税率双重计征消费税。此外，计算批发环节卷烟消费税还应注意：

1. 应将卷烟销售额与其他商品销售额分开核算，未分开核算的一并征收消费税。

2. 卷烟批发企业之间销售的卷烟不缴纳消费税，只有将卷烟销售给零售商等其他单位和个人时才缴纳消费税。

3. 卷烟批发企业在计算卷烟消费税时不得扣除卷烟生产环节已缴纳的消费税额。

【做中学 3-20】 某市烟草集团公司属增值税一般纳税人，持有烟草批发许可证，2023 年 6 月收回委托加工的卷烟 200 箱，集团公司将其中 20 箱销售给烟草批发商 N 企业，取得含税销售收入 86.58 万元；80 箱销售给烟草零售商 Y 专卖店，取得不含税销售收入 320 万元；100 箱作为股本与 F 企业合资成立一家烟草零售经销商 Z 公司。已知 1 箱有 50 000 支卷烟。

1. 计算集团公司向 N 企业销售卷烟应缴纳的消费税额。

2. 计算集团公司向 Y 专卖店销售卷烟应缴纳的消费税额。

3. 计算集团公司向 Z 公司投资应缴纳的消费税额。

【答案】 1. 因为 N 企业是烟草批发商，批发商之间不征消费税，因此，向 N 企业销售卷烟应纳消费税额为零。

2. 向 Y 专卖店销售卷烟应纳消费税额＝320×11%＋80×50 000×0.005÷10 000＝37.2(万元)

3. 向 Z 公司投资应纳消费税额＝100×320÷80×11%＋100×50 000×0.005÷10 000＝46.5(万元)

注意：自 2022 年 11 月 1 日起，纳税人生产（进口）电子烟的按 36%计征消费税，批发销售电子烟的按 11%计征消费税。

（二）零售环节应纳消费税的计算

零售环节的应税消费品特指金银首饰、钻石及钻石饰品。“金银首饰”特指金、银和金基、银基合金首饰，以及金、银和金基、银基合金的镶嵌首饰。

对既销售金银首饰，又销售非金银首饰的生产经营单位，应分别核算两类商品的销售额。凡划分不清楚或不能分别核算的，在生产环节销售的，一律从高适用税率征收消费税；在零售环节销售的，一律按金银首饰征收消费税。金银首饰与其他产品组成套装消费品销售的，应按销售额全额征收消费税。对纳税人采取以旧换新方式销售金银首饰的，按实际收取的不含增值税价款计算消费税。

为引导合理消费，促进节能减排，自 2016 年 12 月 1 日起，在生产（进口）环节按现行税率征收消费税的基础上，对每辆零售价（不含增值税）130 万元以上的超豪华小汽车在零售环节加征一道 10%的消费税。

超豪华小汽车零售消费税＝不含税零售额×10%

国内汽车生产企业直接销售给消费者的超豪华小汽车，按生产环节和零售环节加总计算。

总税额＝生产环节税额＋零售环节税额

【做中学 3-21】 东方珠宝店是一家经批准有权经营金银首饰的珠宝零售店，为增值税一般纳税人，2023 年 5 月份涉税业务如下：

1. 金银首饰及珠宝玉石零售金额共计 253 800 元，其中，金银首饰 114 660 元，钻石及钻石饰品 95 940 元，其他首饰 43 200 元。

2. 采取以旧换新方式销售金项链 100 条，新项链每条零售价 3 000 元，旧项链每条作价 2 000 元，每条项链实收差价 1 000 元。

计算东方珠宝店 5 月份应缴纳的消费税额。

【答案】 1. 根据消费税法规规定，金银首饰和钻石及钻石饰品的消费税在零售环节缴纳，其他首饰消费税应在生产、进口或委托加工环节缴纳。

消费税额＝(114 660＋95 940)÷(1＋13%)×5%＝9 318.58(元)

2. 金银首饰零售环节以旧换新应以实际取得不含税价款为消费税计税依据。

消费税额＝100×1 000÷(1＋13%)×5%＝4 424.78(元)

【案例实训 3-1】

2023 年 5 月，某高校大数据会计专业毕业生王莉到美嘉股份有限责任公司报税岗位上班。该公司主要生产经营酒类、卷烟和高档化妆品，5 月份发生如下经济业务：

1. 5 月 1 日，销售高档化妆品 100 套，增值税专用发票上注明价款 30 000 元、税额 3 900 元，款项已收到。

2. 5 月 4 日，将自己生产的啤酒 20 吨销售给家乐超市，货款已收到；另外将 10 吨啤酒让客户及顾客免费品尝。该啤酒出厂价为 2 800 元/吨，成本为 2 000 元/吨。

3. 5 月 10 日，销售粮食散白酒 20 吨，单价 7 000 元，价款 140 000 元。

4. 5 月 20 日，用自产粮食白酒 10 吨抵偿华盛超市货款 70 000 元，不足或多余部分不再结算。该粮食白酒每吨本月售价在 5 500 元至 6 500 元之间浮动，平均售价为 6 000 元。

5. 5 月 25 日，将一批自产的高档化妆品作为福利发给职工个人，这批化妆品的成本为 10 000 元。该类化妆品不存在同类消费品销售价格。

6. 2022 年 4 月 10 日，将外购的烟叶 100 000 元发给丽华加工公司，委托其加工成烟丝。丽华加工公司代垫辅助材料 4 000 元（款项已付）。本月应支付加工费 36 000 元（不含税）、增值税 6 120 元。5 月 5 日，公司以银行存款付清全部款项和代缴的消费税；8 日，收回已加工的烟丝并全部生产卷烟 10 箱；26 日，该批卷烟全部销售，总售价为 300 000 元，款项已收到。

7. 5 月 26 日，向百乐超市销售用上月外购烟丝生产的卷烟 20 个标准箱，每标准条调拨价格 80 元，共计 400 000 元（购入烟丝支付含增值税价款 90 400 元），采取托收承付结算方式，货已发出并办妥托收手续。

8. 5 月 28 日，从国外购进高档成套化妆品，关税完税价格 80 000 美元，关税税率为 50%。当日美元对人民币的汇率为 1∶6.15，货款全部以银行存款付清。

计算该公司 5 月份应纳消费税额。

【答案】

第一步：分别确定计税依据逐项计算应纳消费税税额

1. 计税销售额＝30 000 元

应纳消费税额＝30 000×15%＝4 500(元)

2. 对外销售的计税销售量＝20(吨)

应纳消费税额＝20×220＝4 400(元)

免费品尝的计税销售量＝10(吨)

应纳消费税额＝10×220＝2 200(元)

3. 计税销售额＝140 000(元)

计税销售量＝20×2 000＝40 000(斤)

应纳消费税额＝140 000×20%＋40 000×0.5＝48 000(元)

4. 计税销售额＝10×6 500＝65 000(元)

计税销售量＝10×2 000＝20 000(斤)

应纳消费税额＝65 000×20%＋20 000×0.5＝23 000(元)

5. 组成计税价格＝10 000×(1＋5%)÷(1－15%)＝12 352.94(元)

应纳消费税额＝12 352.94×15%＝1 852.94(元)

6. 烟丝组成计税价格＝(100 000＋4 000＋36 000)÷(1－30%)＝200 000(元)

丽华公司代收代缴烟丝的消费税额＝200 000×30%＝60 000(元)

每条卷烟价格＝300 000÷(10×250)＝120(元)，按 56%税率计税

卷烟应纳消费税额＝300 000×56％＋10×150－60 000＝109 500(元)

7. 外购烟丝已纳的消费税额（可抵扣）＝90 400÷(1＋13％)×30％＝24 000(元)

出售卷烟计税销售额＝400 000(元)

计税销售量＝20(箱)

应纳消费税额＝(400 000×56％＋20×150)－24 000＝203 000(元)

8. 进口高档化妆品组成计税价格＝80 000×6.15×(1＋50％)÷(1－15％)＝868 235.29(元)

海关代征的高档化妆品消费税额＝868 235.29×15％＝130 235.29(元)

第二步：汇总计算本月应纳消费税总额

公司5月份应申报缴纳的消费税额＝4 500＋4 400＋2 200＋48 000＋23 000＋1 852.94＋109 500＋203 000＝396 452.94(元)

海关代征的消费税额＝130 235.29(元)

丽华公司代收代缴的消费税额＝60 000(元)

第三步：做出每笔业务的会计处理（略）

任务 3.5　消费税的征收管理与纳税申报

一、消费税的征收管理

(一) 纳税义务发生时间

纳税人生产的应税消费品于销售时纳税，进口应税消费品应于报关进口环节纳税，但金银首饰、钻石及钻石饰品在零售环节纳税。消费税纳税义务发生时间以货款结算方式或行为发生时间分别确定。

1. 纳税人销售的应税消费品，其纳税义务发生时间为：

(1) 采取赊销和分期收款结算方式的，为纳税人书面合同约定的收款日期的当天；书面合同没有约定收款日期或者无书面合同的，为发出应税消费品的当天。

(2) 采取预收货款结算方式的，为纳税人发出应税消费品的当天。

(3) 采取托收承付和委托银行收款方式销售的应税消费品，为纳税人发出应税消费品并办妥托收手续的当天。

(4) 采取其他结算方式的，为纳税人收讫销售款或者取得索取销售款凭据的当天。

2. 自产自用的应税消费品，其纳税义务的发生时间为纳税人移送使用当天。

3. 委托加工的应税消费品，其纳税义务的发生时间为纳税人提货的当天。

4. 进口的应税消费品，其纳税义务人的发生时间为纳税人报关进口的当天。

（二）纳税期限

按照《消费税暂行条例》规定，消费税的纳税期限分别为 1 日、3 日、5 日、10 日、15 日、1 个月或 1 个季度。纳税人的具体纳税期限由主管税务机关根据纳税人应纳税额的大小分别核定其具体的纳税期限；如果不能按照固定期限纳税的，则可以按次纳税。

纳税人以 1 个月或 1 个季度为一期纳税的，自期满之日起 15 日内申报纳税；以 1 日、3 日、5 日、10 日或者 15 日为一期纳税的，自期满之日起 5 日内预缴税款，于次月 1 日起至 15 日内申报纳税并结清上月应纳税款。

纳税人进口应税消费品，应当自海关填发税款缴款书之日起 15 日内缴纳税款。

（三）纳税地点

1. 纳税人销售的应税消费品，以及自产自用的应税消费品，除国务院财税主管部门另有规定的外，应当向纳税人机构所在地或居住地主管税务机关申报纳税。

2. 委托加工的应税消费品，由受托方向其所在地主管税务机关代收代缴消费税税款；委托个人加工的应税消费品，由委托方向其机构所在地或者居住地主管税务机关申报纳税。

3. 进口的应税消费品，由进口人或者其代理人向报关地海关申报纳税。

4. 纳税人到外县（市）销售或委托外县（市）代销自产应税消费品的，于应税消费品销售后在纳税人机构所在地或居住地缴纳消费税。

5. 纳税人的总机构与分支机构不在同一县（市）的，应当分别向各自机构所在地的主管税务机关申报纳税。但经财政部、国家税务总局或者其授权的财政、税务机关批准，可以由总机构汇总向总机构所在地的主管税务机关申报纳税。

6. 纳税人销售的应税消费品，如因质量等原因由购买者退回时，经机构所在地或者居住地主管税务机关审核批准后，可退还已缴纳的消费税税款，但不能直接自行抵减应纳税款。

二、消费税的纳税申报

纳税人无论当期有无销售或是否盈利，均应在次月 1 日至 15 日内根据应税消费品填写《消费税及附加税费纳税申报表》及其附表，向主管税务机关进行纳税申报。附表包括《本期准予扣除税额计算表》《本期减（免）税额明细表》《本期委托加工收回情况报告表》《卷烟批发企业月份销售明细清单》《卷烟生产企业合作生产卷烟消费税情况报告表》《消费税附加税费计算表》，在申报时一并填写。

为贯彻落实《关于进一步深化税收征管改革的意见》，深化“放管服”改革，国家税务总局 2021 年 4 月 12 日发布《关于简并税费申报有关事项的公告》，规定自 2021 年 8 月 1 日起，在全国全面推开增值税、消费税分别与城市维护建设税、教育费附加、地方教育附加合并申报，纳税人在申报增值税、消费税时，应一并完成城市维护建设税、教育费附加和地方教育附加等附加税费的申报。

消费税与附加税费申报表整合后，启用《消费税及附加税费申报表》。纳税人填写消费税相关申报信息后，将被自动带入附加税费附列资料（附表）；完成附加税费其他申报信息后，又回到消费税申报主表，从而形成纳税人本期应缴纳的消费税和附加税费数据。消费税纳税申报表表样见表 3-5。

表 3-5　消费税及附加税费申报表

纳税人识别号：　　　　　　　　　　　　纳税人名称：

所属时期：　　　　至　　　　　　　　　填表日期：　　　　　　　　　　金额单位：元（列至角分）

<table>
<tr><th rowspan="3">项目应税消费品名称</th><th colspan="2">适用税率</th><th rowspan="2">计量单位</th><th rowspan="2">销售数量</th><th rowspan="2">销售额</th><th rowspan="2">应纳税额</th></tr>
<tr><th>定额税率</th><th>比例税率</th></tr>
<tr><th>1</th><th>2</th><th>3</th><th>4</th><th>5</th><th>6=1×4+2×5</th></tr>
<tr><td></td><td></td><td></td><td></td><td></td><td></td><td></td></tr>
<tr><td>合计</td><td>—</td><td>—</td><td>—</td><td>—</td><td>—</td><td></td></tr>
<tr><th colspan="4"></th><th colspan="2">栏次</th><th>本期税费额</th></tr>
<tr><td colspan="4">本期减（免）税额</td><td colspan="2">7</td><td></td></tr>
<tr><td colspan="4">期初留抵税额</td><td colspan="2">8</td><td></td></tr>
<tr><td colspan="4">本期准予扣除税额</td><td colspan="2">9</td><td></td></tr>
<tr><td colspan="4">本期应扣除税额</td><td colspan="2">10=8+9</td><td></td></tr>
<tr><td colspan="4">本期实际扣除税额</td><td colspan="2">11［10<（6−7），则为 10，否则为 6−7］</td><td></td></tr>
<tr><td colspan="4">期末留抵税额</td><td colspan="2">12=10−11</td><td></td></tr>
<tr><td colspan="4">本期预缴税额</td><td colspan="2">13</td><td></td></tr>
<tr><td colspan="4">本期应补（退）税额</td><td colspan="2">14=6−7−11−13</td><td></td></tr>
<tr><td colspan="4">城市维护建设税本期应补（退）税额</td><td colspan="2">15</td><td></td></tr>
<tr><td colspan="4">教育费附加本期应补（退）费额</td><td colspan="2">16</td><td></td></tr>
<tr><td colspan="4">地方教育附加本期应补（退）费额</td><td colspan="2">17</td><td></td></tr>
</table>

表 3-5（附表 1）　本期准予扣除税额计算表

<table>
<tr><th>应税消费品名称</th><th colspan="2">准予扣除项目</th><th></th><th></th><th></th><th></th><th>合计</th></tr>
<tr><td rowspan="5">一、本期准予扣除的委托加工应税消费品已纳税款计算</td><td>期初库存委托加工应税消费品已纳税款</td><td>1</td><td></td><td></td><td></td><td></td><td></td></tr>
<tr><td>本期收回委托加工应税消费品已纳税款</td><td>2</td><td></td><td></td><td></td><td></td><td></td></tr>
<tr><td>期末库存委托加工应税消费品已纳税款</td><td>3</td><td></td><td></td><td></td><td></td><td></td></tr>
<tr><td>本期领用不准予扣除委托加工应税消费品已纳税款</td><td>4</td><td></td><td></td><td></td><td></td><td></td></tr>
<tr><td>本期准予扣除委托加工应税消费品已纳税款</td><td>5=1+2−3−4</td><td></td><td></td><td></td><td></td><td></td></tr>
</table>

（续表）

应税消费品名称		准予扣除项目						合计
二、本期准予扣除的外购应税消费品已纳税款计算	（一）从价计税	期初库存外购应税消费品买价	6					
		本期购进应税消费品买价	7					
		期末库存外购应税消费品买价	8					
		本期领用不准予扣除外购应税消费品买价	9					
		适用税率	10					—
		本期准予扣除外购应税消费品已纳税款	11＝（6＋7－8－9）×10					
	（二）从量计税	期初库存外购应税消费品数量	12					
		本期外购应税消费品数量	13					
		期末库存外购应税消费品数量	14					
		本期领用不准予扣除外购应税消费品数量	15					
		适用税率	16					—
		计量单位	17					—
		本期准予扣除的外购应税消费品已纳税款	18＝（12＋13－14－15）×16					
三、本期准予扣除税款合计			19＝5＋11＋18					

表 3-5（附表 2）　本期减（免）税额明细表

项目应税消费品名称	减（免）性质代码	减（免）项目名称	减（免）税销售额	适用税率（从价定率）	减（免）税销售数量	适用税率（从量定额）	减（免）税额
1	2	3	4	5	6	7	8＝4×5＋6×7
出口免税	—	—		—		—	—
合计	—	—	—	—	—	—	

表 3-5（附表 3）　本期委托加工收回情况报告表

一、委托加工收回应税消费品代收代缴税款情况

应税消费品名称	商品和服务税收分类编码	委托加工收回应税消费品数量	委托加工收回应税消费品计税价格	适用税率		受托方已代收代缴的税款	受托方（扣缴义务人）名称	受托方（扣缴义务人）识别号	税收缴款书（代扣代收专用）号码	税收缴款书（代扣代收专用）开具日期
				定额税率	比例税率					
1	2	3	4	5	6	7＝3×5＋4×6	8	9	10	11

二、委托加工收回应税消费品领用存情况

应税消费品名称	商品和服务税收分类编码	上期库存数量	本期委托加工收回入库数量	本期委托加工收回直接销售数量	本期委托加工收回用于连续生产数量	本期结存数量
1	2	3	4	5	6	7＝3＋4－5－6

表 3-5（附表 4）　消费税附加税费计算表

税（费）种	计税（费）依据	税（费）率（征收率）	本期应纳税（费）额	本期减免税（费）额		增值税小规模纳税人“六税两费”减征政策		本期已缴税（费）额	本期应补（退）税（费）额
	消费税税额			减免性质代码	减免税（费）额	减征比例（%）	减征额		
	1	2	3＝1×2	4	5	6	7＝（3－5）×6	8	9＝3－5－7－8
城市维护建设税									
教育费附加									
地方教育附加									
合计	—	—		—		—			

【案例实训 3-2】

沿用【案例实训 3-1】的计算结果，分析经济业务内容，填报美嘉股份有限责任公司 5 月份消费税的纳税申报表，办理 2023 年 5 月份消费税的缴纳工作。填写 3-6、表 3-7、表 3-8。

表 3-6　本期准予扣除税额计算表

准予扣除项目			栏次	卷烟	合计
一、本期准予扣除的委托加工应税消费品已纳税款计算		期初库存委托加工应税消费品已纳税款	1		
		本期收回委托加工应税消费品已纳税款	2	60 000	
		期末库存委托加工应税消费品已纳税款	3		
		本期领用不准予扣除委托加工应税消费品已纳税款	4		
		本期准予扣除委托加工应税消费品已纳税款	5＝1＋2－3－4	60 000	
二、本期准予扣除的外购应税消费品已纳税款计算	（一）从价计税	期初库存外购应税消费品买价	6	80 000	
		本期购进应税消费品买价	7		
		期末库存外购应税消费品买价	8		
		本期领用不准予扣除外购应税消费品买价	9		
		适用税率	10	30%	
		本期准予扣除外购应税消费品已纳税款	11＝（6＋7－8－9）×10	24 000	
	（二）从量计税	期初库存外购应税消费品数量	12		
		本期购进应税消费品数量	13		
		期末库存外购应税消费品数量	14		
		本期领用不准予扣除外购应税消费品数量	15		
		适用税率	16		
		计量单位	17		
		本期准予扣除外购应税消费品已纳税款	18＝（12＋13－14－15）×16		
三、本期准予扣除税款合计			19＝5＋11＋18	84 000	

表 3-7　消费税及附加税费申报表

税款所属期：自 2023 年 5 月 1 日至 2023 年 5 月 31 日
纳税人识别号（统一社会信用代码）：□□□□□□□□□□□□□□□□□□□□□□□
纳税人名称（公章）：　　　　　　　　　　　　　　　　　　金额单位：元（列至角分）

项目 应税消费品名称	适用税率		计量单位	本期销售数量	本期销售额	本期应纳税额
	定额税率	比例税率				
	1	2	3	4	5	6=1×4+2×5
卷烟	30 元/万支	56%	万支	150	700 000	396 500
粮食白酒	0.5 元/500 克（或 500 毫升）	20%	克（毫升）	60 000	205 000	71 000
乙类啤酒	220 元/吨		吨	30		6 600
高档化妆品		15%			42 352.94	6 352.94
合计	—	—	—	—	—	480 452.94

	栏次	本期税费额
本期减（免）税额	7	
期初留抵税额	8	
本期准予扣除税额	9	84 000
本期应扣除税额	10=8+9	84 000
本期实际扣除税额	11［10＜（6−7），则为 10，否则为 6−7］	84 000
期末留抵税额	12=10−11	
本期预缴税额	13	
本期应补（退）税额	14=6−7−11−13	396 452.94
城市维护建设税本期应补（退）税额	15	27 751.71
教育费附加本期应补（退）费额	16	11 893.59
地方教育附加本期应补（退）费额	17	7 929.06

声明：此表是根据国家税收法律法规及相关规定填写的，本人（单位）对填报内容（及附带资料）的真实性、可靠性、完整性负责。

纳税人（签章）：美嘉股份有限责任公司　2023 年 6 月 12 日

经办人： 经办人身份证号： 代理机构签章： 代理机构统一社会信用代码：	受理人： 受理税务机关（章）： 受理日期：　　年　月　日

表 3-8　消费税附加税费计算表

税（费）种	计税（费）依据	税费率（征收率）	本期应纳税（费）额	本期减免税（费）额		本期是否适用增值税小规模纳税人“六税两费”减征政策		本期已缴税（费）额	本期应补（退）税（费）额
	消费税额			减免性质代码	减免税（费）额	□是　□否 减征比例%	减征额		
	1	2	3=1×2	4	5	6	7=(3-5)×6	8	9=3-5-7-8
城市维护建设税	396 452.94	7%	27 751.71						27 751.71
教育费附加	396 452.94	3%	11 893.59						11 893.59
地方教育附加	396 452.94	2%	7 929.06						7 929.06
合计	—	—	47 574.36						47 574.36

【产教融合、校企合作】　**纳税实务云实训平台操作**

已经实现了产教融合、校企合作的院校，可以以项目实训案例为基础，指导学生操作网上报税平台，如科云学堂科云税务综合平台、航天信息金税财务应用软件平台等。本部分需要平台公司提供软件和相关实训资料。

图 3-2　纳税综合平台

任务 3.6　消费税出口退（免）税

出口货物退（免）税是国际贸易、国际税收惯例，因为各国流转税都是根据属地原则征收，本国货物只有以零税率或基本为零的税率进入国际市场，才能与同类货物平等竞争。消费税与增值税虽然同属流转税，但在出口货物退（免）税时，二者在政策的适用范围、退税税率以及退税额的计算等方面各不相同，消费税出口货物的退（免）税有其特殊的规定。

一、出口应税消费品退（免）税政策的适用范围

出口应税消费品退（免）消费税适用的政策有三种。

（一）出口免税并退税

适用这项政策的是有出口经营权的外贸企业购进应税消费品并直接出口，以及外贸企业受其他外贸企业委托代理出口应税消费品。需要注意的是，外贸企业只有受其他外贸企业委托，代理出口应税消费品才可办理退税，外贸企业受其他企业（主要是非生产性的商贸企业）委托，代理出口应税消费品是不予退（免）税的。这个政策限定与前述出口货物退（免）增值税的政策规定一致。

（二）出口免税但不退税

适用这项政策的是有出口经营权的生产性企业自营出口或生产企业委托外贸企业代理出口自产的应税消费品，依据其实际出口数量免征消费税，不予办理退还消费税。免征消费税是指对生产性企业按其实际出口数量免征生产环节的消费税；不予办理退还消费税是指因已免征生产环节的消费税，该应税消费品出口时已不含消费税，所以也无须再办理退还消费税。

（三）出口不免税也不退税

适用这项政策的是除生产企业、外贸企业外的其他企业，具体是指一般商贸企业，这类企业委托外贸企业代理出口应税消费品一律不予退（免）税。

二、出口应税消费品的退税率

计算出口应税消费品应退消费税的税率或单位税额，依据《消费税暂行条例》所附《消费税税目税率（税额）表》执行。这是退（免）消费税与退（免）增值税的一个重要区别：当出口的货物是应税消费品时，其退还增值税要按规定的退税率计算，其退还消费税则按该应税消费品所适用的消费税税率计算。

企业应将不同消费税税率的出口应税消费品分开核算和申报，凡划分不清适用税率的，一律从低适用税率计算应退消费税额。

三、出口应税消费品退税额的计算

（一）从价征收计算退税额

从价定率计征消费税的应税消费品，应依照外贸企业从工厂购进货物时征收消费税

的价格计算应退消费税额。其计算公式为：

应退消费税额＝出口货物的工厂销售额×税率

其中，“出口货物的工厂销售额”不包含增值税，含增值税的购进金额应换算成不含增值税的金额。

（二）从量征收计算退税额

从量定额计征消费税的应税消费品，应按货物购进和报关出口的数量计算应退消费税额。其计算公式为：

应退消费税额＝出口数量×单位税额

（三）复合征收计算退税额

复合计征消费税的应税消费品，应按货物购进和报关出口的数量以及外贸企业从工厂购进货物时征收消费税的价格计算应退消费税额。其计算公式为：

应退消费税额＝出口货物的工厂销售额×税率＋出口数量×单位税额

四、出口应税消费品办理退（免）税后的管理

1. 出口的应税消费品办理退税后，发生退关或者国外退货，进口时予以免税的，报关出口者必须及时向其机构所在地或者居住地主管税务机关申报补缴已退的消费税额。

2. 纳税人直接出口的应税消费品办理免税后，发生退关或者国外退货，进口时已予以免税的，经机构所在地主管税务机关批准，可暂不办理补税，待其转为国内销售后再向其主管税务机关申报补缴消费税。

消费税与增值税出口退税政策差异见表 3-9。

表 3-9　消费税与增值税出口退税政策差异

项目	增值税出口退税	消费税出口退税
适用退税率	法定退税率	征税率即为退税率
生产企业自营出口或委托外贸企业代理出口	采用“免、抵、退”办法，用特定公式和适用退税率计算退税额	采用出口免税不退税政策，不计算退税额
外贸企业收购货物出口	采用“先征后退”办法，用收购价款和适用退税率计算退税额	采用出口免税并退税政策，用收购价和适用征税率计算退税额

项目小结

消费税的纳税人是我国境内生产、批发、委托加工和进口《消费税暂行条例》规定的消费品的单位和个人。消费税的特点是征税范围选择15类应税消费品，征税环节单一性，征收方法采用从价、从量、复合计税，特殊调节税收。

大多数应税消费品采用从价定率计税：应纳税额=销售额×比例税率。

啤酒、黄酒、成品油采用从量定额计税：应纳税额=销售数量×单位税额。

白酒、卷烟采用复合计税：应纳税额=销售额×比例税率+销售数量×单位税额。

消费税纳税环节单一，故对符合税法规定的外购、委托加工收回的应税消费品连续生产应税消费品的，允许扣除已纳税款，从而避免重复课税。学习中要注意掌握一般销售、自产自用、委托加工、进口应税消费品的消费税额计算。

课后训练

一、判断题

1. 消费税属于流转税、中央税、价内税。（ ）

2. 石化厂销售汽油应征收消费税而不征增值税。（ ）

3. 委托加工应税消费品的纳税义务人是受托方。（ ）

4. 纳税人将自产、委托加工收回和进口的应税消费品发放给本企业职工，均应视同销售，征收消费税和增值税。（ ）

5. 税法规定对于自产自用的应税消费品，用于连续生产应税消费品的不征税，体现了税不重征和计税简便的原则。（ ）

6. 凡征收消费税的应税消费品一般需征收增值税。（ ）

7. 纳税人将自己生产的应税消费品无偿赠送给他人时，按近期同类产品的平均售价征收消费税。（ ）

8. 农用拖拉机的专用轮胎属于应税消费品。（ ）

9. 包装物连同应税消费品销售单独计价的，包装物不征收消费税。（ ）

10. 烟草制品一律采用复合计税方法征收消费税。（ ）

11. 纳税人兼营不同税率的应税消费品（即生产销售两种税率以上的应税消费品时）应当分别核算不同税率应税消费品的销售额或销售数量，未分别核算的，按最高税率征税。（ ）

12. 消费税的税率呈现单一税率形式。（ ）

13. 受托方以委托方名义购买原材料生产应税消费品的，可作为委托加工的应税消费品，由受托方向委托方交货时代收代缴。（ ）

14. 生产企业销售酒类产品而收取的包装物押金，无论押金是否返还及会计上如何核算，均不需并入酒类产品销售额计征消费税。（　　）

15. 应税消费品的销售额包括向购买方收取的全部价款和价外费用，但承运部门的运费发票直接开具给购货方的除外。（　　）

16. 纳税人用外购的已税珠宝玉石生产的改在零售环节征收消费税的金银首饰（含镶嵌首饰），在计税时一律不得扣除外购珠宝玉石的已纳税款。（　　）

17. 企业在没有同类产品售价的情况下，可以按企业的实际成本利润率推算计税价格来计算该类产品的应纳消费税额。（　　）

18. 用外购已税酒精生产的白酒，其消费税的计税依据为销售额扣除外购已税酒精进价后的余额。（　　）

19. 纳税人用于换取生产资料和消费资料、投资入股、抵偿债务的应税消费品，应以纳税人同类消费品的平均销售价格为依据计算消费税。（　　）

20. 委托加工的应税消费品，应按受托方的同类消费品的销售价格征收消费税。（　　）

二、单项选择题

1. 我国除另有规定外，只是对所有货物普遍征收增值税的基础上选择一部分消费品征收（　　）。

A. 消费税　　B. 车辆购置税　　C. 关税　　D. 资源税

2. 消费税属于（　　）。

A. 价内税　　B. 价外税转价内税

C. 价外税　　D. 价内税转价外税

3. 下列情形中，不征收消费税的是（　　）。

A. 用于广告宣传的样品白酒

B. 用于本企业招待的卷烟

C. 委托加工收回后以不高于受托方计税价格销售的粮食白酒

D. 抵偿债务的小汽车

4. 下列货物中，应当缴纳消费税的是（　　）。

A. 汽车厂生产的小汽车移送至改装分厂改装加长型豪华小轿车

B. 汽车厂生产的小轿车用于本厂研究所作碰撞实验

C. 汽车制造商赞助汽车拉力赛的越野车

D. 汽车轮胎厂生产的子午线轮胎

5. 下列情形中，应征消费税的是（　　）。

A. 外购零部件组装电视机销售

B. 商业企业外购已税珠宝玉石加工成金银首饰后销售

C. 委托加工的粮食白酒收回后用于职工福利

D. 委托加工的粮食白酒收回后直接销售

6. 2024 年 3 月，某卷烟厂从甲企业购进烟丝，取得增值税专用发票，注明价款 50 万元；使用 60%用于生产 A 牌卷烟（甲类卷烟）；本月销售 A 牌卷烟 80 箱（标准箱），取得不含税销售额 400 万元。当月该卷烟厂应纳消费税额为（　　）万元。

A. 210.20　　B. 216.20　　C. 224　　D. 225.20

7. 依据消费税的有关规定，下列消费品中，属于消费税征税范围的是（　　）。

A. 高尔夫球包　　B. 竹制筷子

C. 护肤护发品　　D. 电动汽车

8. 依据消费税的有关规定，下列消费品中，属于消费税征税范围的是（　　）。

A. 木制一次性筷子　　B. 电动汽车

C. 演员化妆用的上妆油　　D. 体育上用的鞭炮引线

9. 纳税人将应税消费品与非应税消费品以及适用税率不同的应税消费品组成成套消费品销售的，应按（　　）。

A. 应税消费品的平均税率计征　　B. 应税消费品的最高税率计征

C. 应税消费品的不同税率，分别计征　　D. 应税消费品的最低税率计征

10. 下列应税酒类消费品中，实行从量定额与从价定率相结合方法征税的是（　　）。

A. 粮食白酒　　B. 啤酒　　C. 黄酒　　D. 葡萄酒

11. 下列各项中，按规定适用 15%税率的消费税货物是（　　）。

A. 烟　　B. 酒　　C. 高档化妆品　　D. 高尔夫球及球具

12. 下列各项中，应同时征收增值税和消费税的是（　　）。

A. 批发的白酒　　B. 零售的金银首饰

C. 生产环节销售的普通护肤护发品　　D. 零售的卷烟

13. 一位客户向某汽车制造厂（增值税一般纳税人）订购自用汽车一辆，支付货款（含税）250 800 元，另付设计费、改装费 30 000 元。该辆汽车计征消费税的销售额为（　　）元。

A. 214 359　　B. 248 495.58　　C. 250 800 元　　D. 280 800

14. 某烟厂 4 月外购烟丝，取得增值税专用发票，注明税款为 6.5 万元，本月生产领用 80%，期初尚有库存的外购烟丝 2 万元，期末库存烟丝 12 万元。该企业本月应纳消费税中可扣除的消费税额为（　　）万元。

A. 6.8　　B. 9.6　　C. 12　　D. 40

15. 某酒厂于 2024 年 3 月将自产的 5 吨新型粮食白酒作为职工福利发放给本厂职工，已知该批白酒的成本为 100 000 元，无同类产品市场销售价格。根据消费税法律制度的规定，该批白酒应缴纳的消费税额为（　　）元。

A. 27 000　　B. 27 500　　C. 32 500　　D. 33 750

16. 某企业委托酒厂加工药酒 10 箱，该药酒无同类产品销售价格，已知委托方提供的原料成本 20 000 元，受托方垫付辅料成本 1 500 元，另收取的加工费 4 000 元。该酒厂代收的消费税额为（　　）元。

A. 2 550　　B. 2 833　　C. 4 817　　D. 8 500

17. 某外贸公司 2023 年 9 月从生产企业购入高档化妆品一批，取得增值税专用发票，注明价款 25 万元、增值税 3.25 万元；支付购买高档化妆品的运输费用，取得货物运输业增值税专用发票，注明运输费 3 万元、税款 0.27 万元。当月将该批高档化妆品全部出口，取得销售收入 35 万元。该外贸公司出口高档化妆品应退的消费税额为（　　）万元。

A. 3.75　　B. 8.4　　C. 9.7　　D. 10.5

18. 星果酒厂本月销售果啤 10 吨，售价 2 500 元/吨，同时收包装物收押金 5 000 元。下列陈述正确的是（　　）。

A. 该厂应纳消费税额 2 200 元　　B. 该厂应纳消费税额 2 500 元

C. 确定税率时押金不作考虑　　D. 果啤押金并入计税价格一同计税

19. 某酒厂研发生产一种新型粮食白酒，第一批 1 000 公斤，成本为 17 万元，作为礼品赠送品尝，没有同类产品售价。已知粮食白酒的成本利润率 10%，则该批酒的应纳消费税额为（　　）万元。

A. 4.8　　B. 6.55　　C. 7.91　　D. 8.20

20. 某销售公司 2023 年 6 月份销售高档化妆品，取得含税收入 40 000 元。该公司 6 月份高档化妆品销售收入应纳消费税额为（　　）元。

A. 40 000　　B. 5 309.73　　C. 10 256　　D. 29 744

三、多项选择题

1. 下列各项中，应当交消费税的有（　　）。

A. 用于本企业连续生产的应税消费品

B. 用于奖励代理商销售业绩的应税消费品

C. 用于本企业生产基建工程的应税消费品

D. 用于捐助国家指定的慈善机构的应税消费品

2. 下列各项中，视同销售计征消费税的消费品有（　　）。

A. 纳税人用于连续生产的应税消费品　　B. 用于职工福利的应税消费品

C. 用于奖励的应税消费品　　D. 委托加工的应税消费品

3. 下列各项中，应征收消费税的产品有（　　）。

A. 用来奖励职工的自产的应税消费品　　B. 出厂前进行化学检验的高档化妆品

C. 自行车轮胎　　D. 作为展销品的高档化妆品

4. 下列各项中，属于零售环节征收消费税的货物有（　　）。

A. 珠宝玉石　　B. 金银首饰　　C. 钻石饰品　　D. 钻石

5. 依据消费税的有关规定，下列消费品中，属于高档化妆品税目的有（　　）。

A. 香水、香精　　B. 高档护肤类化妆品

C. 指甲油、蓝眼油　　D. 演员化妆用的上妆油、卸妆油

6. 下列消费品中，属于消费税征税范围的有（　　）。

A. 未经涂饰的素板　　B. 汽油

C. 卸妆油　　D. 沙丁车

7. 下列各项中，属于消费税的纳税义务人的有（　　）。

A. 生产应税消费品的单位和个人　　B. 进口应税消费品的单位和个人

C. 委托加工应税消费品的单位和个人　　D. 金银首饰的零售单位和个人

8. 下列各项中，符合消费税有关征收规定的有（　　）。

A. 以外购的不同品种白酒勾兑的白酒，一律按照粮食白酒的税率征税

B. 对用薯类和粮食以外的其他原料混合生产的白酒，一律按照薯类白酒的税率征税

C. 对用粮食和薯类、糠麸等多种原料混合生产的白酒，一律按照薯类白酒的税率征税

D. 外购酒精生产的白酒，凡酒精所用原料无法确定的，一律按照粮食白酒的税率征税

9. 我国现行的消费税税率主要有（　　）。

A. 比例税率　　B. 平均税率　　C. 定额税率　　D. 累进税率

10. 下列各项中，按规定适用5%税率的消费税货物包括（　　）。

A. 实木地板　　B. 高档手表

C. 木制一次性筷子　　D. 其他酒

11. 纳税人销售应税消费品，向购买方收取的价外费用不包括（　　）。

A. 手续费

B. 承运部门开具给购货方的运费发票的

C. 违约金

D. 受托方代收代缴的消费税

12. 下列情形中，以同期应税消费品最高销售价格作为计税依据的有（　　）。

A. 用于抵偿债务的应税消费品　　B. 用于馈赠的应税消费品

C. 用于换取生产资料的应税消费品　　D. 用于换取消费资料的应税消费品

13. 下列情形中，无论纳税人在财务上如何处理，都不得作为委托加工应税消费品，而应按销售自制应税消费品缴纳消费税的有（　　）。

A. 受托方提供原材料生产的应税消费品

B. 受托方先将原材料卖给委托方，然后再接受加工的应税消费品

C. 受托方以委托方名义购进原材料生产的应税消费品

D. 受托方将代垫辅料另行收费卖给委托方的生产的应税消费品

14. 下列应税消费品中，销售时可以扣除外购已税消费品已纳税额的有（　　）。

A. 外购已税烟丝生产的卷烟　　B. 外购已税小汽车生产的小汽车

C. 外购已税白酒生产的酒　　D. 外购已税高档化妆品生产的高档化妆品

15. 纳税人销售的应税消费品，以外汇结算销售额的，其销售额的人民币折合率可以选择（　　）的国家外汇牌价（原则上为中间价）。

A. 结算的当天　　B. 结算的次日

C. 结算的当月 1 日　　D. 结算的当月的月末

16. 下列各项中，属于我国消费税现行政策的是（　　）

A. 免税但不退税　　B. 不免税但退税

C. 免税并退税　　D. 不免税也不退税

17. 下列各项中，企业出口应税消费品时既退（免）增值税又退（免）消费税的有（　　）。

A. 酒厂出口白酒　　B. 烟厂出口卷烟、雪茄烟

C. 外贸企业收购烟、酒后出口　　D. 外贸企业委托外贸代理出口烟、酒

18. 生产自产产品自营出口或委托外贸企业代理出口自产的应税消费品，其出口退税政策是（　　）。

A. 增值税采用免抵退税政策　　B. 消费税采用免税并退税政策

C. 增值税采用先征后退政策　　D. 消费税采用免税但不退税政策

四、综合题

甲酒厂为增值税一般纳税人，2023 年 7 月发生以下业务：

1. 从农业生产者手中收购粮食 30 吨，每吨收购价 2 000 元，共计支付收购价款 60 000 元。

2. 将收购的粮食从收购地直接运往异地的乙酒厂生产加工白酒，白酒加工完毕，企业收回白酒 8 吨，取得乙酒厂开具的防伪税控增值税专用发票，注明加工费 25 000 元，代垫辅料价值 15 000 元，加工的白酒在当地无同类产品市场价格。

3. 将收回的白酒批发出售 7 吨，每吨不含税销售额 16 000 元。另外支付给运输单位销货运输费用，取得货物运输业增值税专用发票，注明运输费 10 000 元、税款 900 元。

已知白酒的消费税固定税额为 0.5 元/500 克（或 500 毫升），比例税率为 20%。

请根据上述内容回答下列小题。

1. 乙酒厂应代收代缴的消费税额为（　　）元。

A. 33 500　　B. 31 050　　C. 25 050　　D. 23 050

2. 乙酒厂应纳增值税额为（　　）元。

A. 5 200　　B. 4 250　　C. 2 550　　D. 3 250

3. 甲酒厂批发出售时应纳消费税额为（　　）元。

A. 481.25　　B. 0　　C. 29 400　　D. 225.20

4. 甲酒厂应纳增值税额为（　　）元。

A. 3 340　　B. 2 460　　C. 15 700　　D. 5 240

五、计算分析题

某企业是一家生产销售酒类、卷烟及高档化妆品的集团公司。2023 年 6 月发生如下经济业务：

1. 6 月 4 日，将自己生产的啤酒 20 吨销售给知青商店，收取押金 300 元/吨，价税款及押金均已收到；另外将 10 吨让客户及顾客免费品尝。该啤酒出厂价为 2 800 元/吨，成本为 2 000 元/吨。

2. 6 月 10 日，带包装销售粮食白酒 20 吨，单价 7 050 元，价款 141 000 元，含包装物价款 25 000 元；同时从购货方取得价外补贴 24 000 元。6 月 20 日用自产粮食白酒 10 吨抵偿永生农场大米款 70 000 元，不足或多余部分不再结算。该粮食白酒每吨本月售价在 5 500 元至 6 500 元之间浮动，平均售价为 6 000 元。

3. 6 月 12 日，向大方超市销售用上月外购烟丝生产的甲类卷烟 20 个标准箱，每标准条调拨价格 60 元，共计 300 000 元（购入烟丝支付含增值税价款 79 100 元），采取托收承付结算方式，货已发出并办妥托收手续。

4. 6 月 16 日，将一批自产的高档化妆品用作职工福利，这批高档化妆品的成本为 10 000 元。该类高档化妆品不存在同类消费品销售价格。

5. 6 月 24 日，从国外购进成套高档化妆品，关税完税价格 60 000 美元，关税税率为 50%。当日美元对人民币的汇率为 1∶6.15，货款全部以银行存款付清。

6. 2023 年 5 月 20 日，提供一批生产高档化妆品的材料 80 000 元给万柳化妆品生产公司，委托其加工一批高档化妆品，受托方已代垫辅助材料 4 000 元（款项已付）。本月应支付的加工费为 15 000 元（不含税）。受托方同类消费品的销售价格为 135 000 元。6 月 27 日，公司以银行存款付清全部款项；28 日，收回已加工完成的高档化妆品；30 日，该高档化妆品全部用于销售，总售价为 145 000 元，款项已收到。

请根据上述内容计算该企业本月应纳消费税，并分析填写消费税及附加税费申报表。

项目四
城市维护建设税法及纳税实务

职业能力与思政目标

1. 掌握城市维护建设税的基本内容；
2. 掌握教育费附加、地方教育附加的基本内容；
3. 掌握附加税费的计税依据、税率和计算方法；
4. 掌握附加税费的税收优惠政策；
5. 能正确计算附加税费；
6. 熟练掌握增值税、消费税及附加税费的网上报税实务处理；
7. 培养学生的财税政策理解能力、税收优惠运用能力以及熟练的税务实操能力；
8. 培养学生良好的职业道德、诚信品质、依法纳税意识以及爱国主义精神。

案例导入

人民税收，取之于民、用之于民

国家征税的目的是向社会提供公共产品、满足社会共同需要。税收是一种非常重要的政策调节工具。社会主义税收的性质是人民的税收，归全体人民所有，按照国家的整体利益，通过国家预算安排，有计划地用于国家的重点建设，发展科学、教育、文化、体育、卫生事业，加强战备、巩固国防，不断提高人民的物质文化生活水平。城市维护建设税、教育费附加就很好地印证了税收取之于民、用之于民的人民税收性质。

本书项目一“【思政知识链接】人民税收，取之于民，用之于民”中述及的闽西红色税收制度就生动地彰显了红色税收取之于民，用之于民的初心使命。

基础设施包括交通、邮电、供水供电、商业服务、科研与技术服务、园林绿化、环境保护、文化教育、卫生事业等市政公用工程设施和公共生活服务设施等。城市基础设施是保障城市正常运行和健康发展的物质基础，也是实现经济转型的重要支撑、改善民生的重要抓手、防范安全风险的重要保障。构建系统完备、高效实用、智能绿色、安全可靠的现代化基础设施体系，对更好地推进以人为核心的城镇化，畅通国内大循环、促进国内国际双循环，扩大内需，推动高质量发展具有重大意义，是确保“十四五”时期城市社会经济全面、协调、可持续发展开好局起好步的重要基础。

基础设施是经济社会发展的“大动脉”，重大项目是稳定经济运行的“压舱石”。2022 年以来，围绕着国家重大战略部署和“十四五”规划，我国主要投资方向都在基建、新基建领域。2022 年中国固定资产投资 572 138 亿元，比 2021 年增长 5.1%。2022 年 1—12 月，基础设施投资（不含电力、热力、燃气及水生产和供应业）同比增长 9.4%。其中，水利管理业投资增长 13.6%，公共设施管理业投资增长 10.1%，信息传输业投资增长 9.3%，道路运输业投资增长 3.7%，铁路运输业投资增长 1.8%。

2023 年以来受益于基建投资力度不断加强，融资环境逐步改善，我国基础设施工程建筑和技术创新水平不断进步，创新驱动能力显著增强。从高速铁路、大跨度桥梁到特高压输电、三代核电，从特大型水利工程、新一代移动通信到工业互联网等，我国在诸多基础设施领域实现跨越式发展，离岸深水港、大型机场工程等建造技术迈入世界先进或领先行列。

10 年来，在社会各界共同努力下，我国交通、能源、水利和新型基础设施发展取得了历史性成就，现代综合立体交通运输体系、现代能源体系加快构建，基础设施整体水平实现跨越式提升，为经济社会发展提供了有力保障。立体智能交通体系加速构建，无人码头、自动驾驶等交通运输新形态不断涌现，90%以上的机场实现“无纸化”便捷出行；智慧能源调度系统、智能巡检系统等大幅提升了能源供应效率和安全保障水平；全国工业互联网网络、平台、安全和标识解析体系基本建成；电子商务、远程医疗、线上教育等民生设施加速构建，为经济社会发展和民生改善注入了新的动力和活力。

（资料来源：中研网，《2023 年国内基础设施投资情况“十四五”全国城市基础设施建设规划》，2023 年 6 月 12 日，有改动）

课程思政元素

1.“取之于民，用之于民”“人民至上”“助企纾困”。

2. 普法教育、国情教育、社会主义核心价值观、爱国主义教育。
3. 良好的职业道德、依法纳税意识、诚信品质等。

任务 4.1　城市维护建设税

城市维护建设税又称城建税，是以纳税人实际缴纳的增值税、消费税税额为计税依据，依法计征的一种附加税。

新中国成立以来，我国城市建设和维护取得了较大成绩，但在城市维护建设方面一直资金不足，城市维护建设税便应运而生。1985 年 2 月 8 日，国务院正式颁布了《中华人民共和国城市维护建设税暂行条例》，并于 1985 年 1 月 1 日在全国范围内施行。之后，为了加快税收立法进程、进一步贯彻落实税收法定原则，2020 年 8 月 11 日，第十三届全国人民代表大会常委会第二十一次会议表决通过《中华人民共和国城市维护建设税法》，自 2021 年 9 月 1 日起施行。

一、城市维护建设税的特点

我国现行的城市维护建设税主要有以下几个特点：一是税款专款专用，所征税款用来保证城市公用事业和公共设施的维护和建设。二是属于附加税，依附增值税、消费税，以实际缴纳的增值税、消费税的税额之和为计税依据。三是根据城市规模不同设置地区差别比例税率。四是征收范围广泛，城市维护建设税是增值税、消费税的附加税，征税对象几乎涵盖所有的纳税人。

二、纳税义务人和征税范围

（一）纳税义务人

在中华人民共和国境内缴纳增值税、消费税的单位和个人为城市维护建设税的纳税人，应当依照规定缴纳城市维护建设税。

上述单位和个人，包括国有企业、集体企业、私营企业、股份制企业、其他企业和行政单位、事业单位、军事单位、社会团体、其他单位，以及个体工商户及其他个人。

城市维护建设税的扣缴义务人为负有增值税、消费税扣缴义务的单位和个人，在扣缴增值税、消费税的同时扣缴城市维护建设税。

（二）征税范围

城市维护建设税的征收范围较广，具体包括市区、县城、建制镇，以及税法规定的其他地区。对进口货物或者境外单位和个人向境内销售劳务、服务、无形资产缴纳的增值税、消费税，不征收城市维护建设税，即“进口不征”。

对出口货物、劳务、服务、无形资产退还增值税、消费税的，不退还其在境内已经缴纳的城市维护建设税，即“出口不退”。

三、税率、计税依据和应纳税额的计算

（一）税率

城市维护建设税的税率是指纳税人应缴纳的城市维护建设税额与纳税人实际缴纳的增值税、消费税额之间的比率。除特殊规定外，城市维护建设税按纳税人所在地的不同，设置三档地区差别比例税率，即：

1. 纳税人所在地为市区的，税率为7%。
2. 纳税人所在地为县城、镇的，税率为5%。
3. 纳税人所在地不在市区、县城或者镇的，税率为1%。

上述所称“纳税人所在地”，是指纳税人住所地或者与纳税人生产经营活动相关的其他地点，具体地点由省、自治区、直辖市确定。

（二）计税依据

城市维护建设税的计税依据是指纳税人依法实际缴纳的增值税、消费税税额。城市维护建设税的计税依据应当按照规定扣除期末留抵退税退还的增值税额。纳税人违反增值税、消费税有关税法而加收的滞纳金和罚款，是税务机关对纳税人违法行为的经济制裁，不作为城市维护建设税的计税依据；但纳税人在被查补增值税、消费税并被处以罚款时，应同时对其偷漏的城市维护建设税进行补税、征收滞纳金并处罚款。

城市维护建设税以增值税、消费税额为计税依据并同时征收，如果要免征或者减征增值税、消费税，也要同时免征或者减征城市维护建设税，但城市维护建设税“进口不征”“出口不退”。

（三）应纳税额的计算

城市维护建设税纳税人的应纳税额大小取决于纳税人实际缴纳的增值税、消费税额，计算公式为：

应纳税额＝（纳税人实际缴纳的增值税＋纳税人实际缴纳的消费税）×适用税率

【做中学4-1】 华达日化有限公司位于某市市区，是一家专门生产、销售高档化妆品的一般纳税人企业，2022年6月，该企业实际缴纳增值税额为500 000元、消费税为300 000元。计算该企业应纳城市维护建设税额。

【答案】 应纳城市维护建设税额＝(500 000＋300 000)×7% ＝56 000(元)

四、税收优惠和征收管理

（一）税收优惠

根据国民经济和社会发展的需要，国务院对重大公共基础设施建设、特殊产业和群体以及重大突发事件应对等情形可以规定减征或者免征城市维护建设税，报全国人民代表大会常务委员会备案。

（二）征收管理

城市维护建设税的纳税环节实际就是纳税人缴纳增值税、消费税的环节。纳税人只要发生增值税、消费税的纳税义务，就要在同样的环节以纳税人实际缴纳的增值税、消费税额为计税依据，分别计算缴纳城市维护建设税。

城市维护建设税的纳税义务发生时间与增值税、消费税的纳税义务发生时间一致，其纳税期限分别与增值税、消费税的纳税期限一致，分别与增值税、消费税同时缴纳。根据增值税法和消费税法的规定，增值税、消费税的纳税期限分别为 1 日、3 日、5 日、10 日、15 日、1 个月或者 1 个季度。增值税、消费税的具体纳税期限由主管税务机关根据纳税人应纳税额大小分别核定；不能按照固定期限纳税的，可以按次纳税。

自 2021 年 8 月 1 日起，在全国范围内增值税、消费税分别与城市维护建设税、教育费附加、地方教育附加合并申报。具体纳税申报表在项目二、项目三中已经学习，在此不再赘述。

任务 4. 2　教育费附加和地方教育附加

教育费附加是为加快地方教育事业、扩大地方教育经费的资金而征收的一项专用基金。教育费附加和地方教育附加与城市维护建设税一样，属于增值税、消费税的附加税费，是对缴纳增值税、消费税的单位和个人就其实际缴纳的税额为计算依据征收的一种附加费。

1984 年，我国开始开征了农村教育事业经费附加。1985 年，《中共中央关于教育体制改革的决定》指出，目前办学经费困难，要充分调动企事业单位和其他各种社会力量办学的积极性。为此，国务院于 1986 年 4 月 28 日颁布了《征收教育费附加的暂行规定》，决定从同年 7 月 1 日开始在全国范围内征收教育费附加。自 2006 年 9 月 1 日起施行的《中华人民共和国教育法》规定，税务机关依法足额征收教育费附加，由教育行政部门统筹管理，主要用于实施义务教育，专款专用。2010 年，财政部对各省、自治区、直辖市的地方教育附加进行了统一。

张桂梅大爱感动中国

一、教育费附加和地方教育附加的征收范围及计征依据

教育费附加和地方教育附加对缴纳增值税、消费税的单位和个人征收，以其实际缴纳的增值税、消费税额为计征依据，分别与增值税、消费税同时缴纳。

二、教育费附加和地方教育附加计征比率

教育费附加计征比率曾几经变化，1986 年开征时规定为 1%；1990 年 5 月《国务院关于修改〈征收教育费附加的暂行规定〉的决定》中规定为 2%；按照 1994 年 2 月《国务院关于教育费附加征收问题的紧急通知》的规定，现行教育费附加征收比率为 3%。地方教育附加征收率从 2010 年起统一为 2%。

三、教育费附加和地方教育附加的计算

教育费附加和地方教育附加的计算公式为：

$$应交教育费附加=\left(\begin{matrix}纳税人实际\\缴纳的增值税\end{matrix}+\begin{matrix}纳税人实际\\缴纳的消费税\end{matrix}\right)\times 征收比率（3\%或2\%）$$

【做中学 4-2】 华达日化有限公司位于某市市区，是一家专门生产、销售高档化妆品的一般纳税人企业，2023 年 6 月，该企业实际缴纳增值税为 500 000 元、消费税为 300 000 元。计算该企业应纳教育费附加和地方教育附加。

【答案】 应纳教育费附加=(500 000+300 000)×3%=24 000(元)

应纳地方教育附加=(500 000+300 000)×2%=16 000(元)

四、教育费附加和地方教育附加的减免规定

1. 对进口货物或者境外单位和个人向境内销售劳务、服务、无形资产缴纳的增值税、消费税税额，不征收教育费附加，即“进口不征”。

2. 对由于减免增值税、消费税而发生退税的，可同时退还已征收的教育费附加。但对出口产品退还增值税、消费税的，不退还已征的教育费附加，即“出口不退”。

3. 对国家重大水利工程建设基金免征教育费附加。

4. 自 2016 年 2 月 1 日起，对按月纳税的月销售额或营业额不超过 10 万元（按季度纳税的季度销售额或营业额不超过 30 万元）的缴纳义务人，免征教育费附加、地方教育附加。

项目小结

城市维护建设税、教育费附加、地方教育附加是增值税、消费税的附加税费，以纳税人实际缴纳的增值税、消费税额为计税依据并同时征收，增值税、消费税免征或者减征的，附加税费同时也要免征或者减征，但城市维护建设税、教育费附加、地方教育附加采取“进口不征”“出口不退”原则。

城市维护建设税按纳税人所在地的不同，设置三档地区差别比例税率，即：市区的税率为7%，县城、镇的税率为5%，其他地区税率为1%，有特殊规定的除外。现行教育费附加征收比率为3%，地方教育附加征收率为2%。其纳税期限、纳税地点等同“两税”一致。

课后训练

某房地产公司（一般纳税人）主要从事房地产开发、销售及物业出租业务，2023年8月发生如下业务：

1. 销售普通住宅10套，面积1 250平方米，每平方米售价12 000元。

2. 销售精装修高档公寓3套，面积共计540平方米，每平方米售价20 000元，其中，毛坯房每平方米18 000元，精装修每平方米2 000元。

3. 出租写字楼1 200平方米，取得租金收入60 000元。

请根据上述内容计算8月该公司应纳增值税、城建税及教育费附加。

项目五

企业所得税法及纳税实务

职业能力与思政目标

1. 掌握企业所得税的基本法律内容，区分居民企业与非居民企业；
2. 掌握企业所得税的征税范围，判断所得来源地；
3. 掌握企业所得税的税率，理解小微企业的税收优惠等；
4. 掌握企业所得税应纳税所得额的计算方法，掌握所得税收入总额的构成；
5. 掌握所得额计算中扣除项目金额的确定、确定标准、计算方法等；
6. 掌握企业所得税的税收优惠及纳税申报的有关规定；
7. 正确计算企业所得税的应纳税所得额及应纳税额；
8. 正确填写企业所得税纳税申报表及相关附表，能够进行纳税申报和网上报税实务处理；
9. 了解企业所得税理论和国家产业政策和我国现阶段财税改革内容，培养学生的社会主义核心价值观、劳动价值观和爱国主义精神；
10. 理解并掌握我国的企业所得税税收优惠政策，理解税收优惠对经济发展的重要作用，培养学生的财税政策理解能力、税收优惠运用能力；
11. 培养学生良好的职业道德、诚信品质、依法纳税意识、团队精神、创新精神；
12. 培养学生熟练的税务实操能力和一定的税务筹划与风险管控能力。

案例导入

莱雅公司为增值税一般纳税人，适用13%增值税税率，主要从事机械类工业品生产销售，并在A、B两国分别设有分支机构。2023年度该公司经营业务的相关数据如下：

1. 全年取得产品销售业务收入 6 500 万元。

2. 发生产品销售成本 4 000 万元。

3. 其他业务收入 800 万元，其他业务成本 660 万。

4. 取得购买国债的利息收入 40 万元。

5. 缴纳非增值税销售税金及附加 300 万元。

6. 发生销售费用 670 万元，其中广告费 450 万元；管理费用 760 万元，其中未形成无形资产的新技术研究开发费 60 万元，业务招待费 70 万元；发生财务费用 200 万元，其中 20 万为向非金融机构借款发生的利息，年利率 5.5%，同期金融机构贷款利率为 5%。

7. 取得直接投资于其他居民企业的权益性收益 30 万元（已在投资方所在地按 15%的税率缴纳了所得税）。

8. 取得营业外收入 100 万元，发生营业外支出 250 万元（含公益捐赠 38 万元，支付税收滞纳金 6 万元，直接向遭受自然灾害的农民捐款 2 万元）。

9. 成本费用中计入成本、费用中的实发工资总额 1 500 万元，拨缴职工工会经费 30 万元，提取职工福利费 230 万元、职工教育经费 60 万元。

10. 12 月 10 日购入一台符合有关目录要求的节能节水专用设备，投资额为 226 万元（包含可以抵扣的增值税 26 万元）。

11. 在 A 国取得税后所得 28 万元，税率 30%；在 B 国取得税后所得 24 万元，税率 20%。在 A、B 两国分别缴纳所得税 12 万元、6 万元。采用“不分国不分项”的方式抵免境外所得税。

12. 甲公司已预缴企业所得税 50 万元。

根据该企业 2023 年相关资料计算应缴纳的企业所得税，并进行纳税申报。

课程思政元素

1. 普法、国情及爱国主义教育、社会主义核心价值观、劳动观、宏观调控、国家产业政策。
2. “双碳”“绿水青山就是金山银山”、环保、节约、低碳、人类命运共同体理念等。
3. 良好的职业道德，诚信品质、依法纳税意识，良好的纳税信用等级等。
4. 科技创新、科技强国、中国制造 2025、中国智造等。
5. 税务筹划意识、风险管控意识、法律底线思维等。

知识链接

中外所得税制的发展演变

所得税是以所得为征税对象，并由获得所得的主体缴纳的一类税的总称。所得税是一个古老的税种。1799 年，英国在世界上最早开征所得税，其初衷主要是缓解其当时与法国拿破仑战争带来的巨大财政压力，因而也称为战争税。在以后的几十年中，所得税多次随着战争结束而废止，又随着战争的爆发重新开征。1874 年，所得税终于成为英国一个稳定的主要税种，对英国的经济发展、社会进步、宏观政策调控等发挥了重要作用。

美国、法国、德国、日本等国先后于 19 世纪后半期、20 世纪初期开征所得税，其开征初衷也不外乎是满足战争需要。但所得税产生的原因不只是战争，而是具有深刻的政治、经济、军事与国际背景。目前，所得税作为世界各国普遍征收的一种税，已成为大多数国家的主体税种。在西方发达国家，税收体系大多以各类所得税为主体进行构建，国家财政收入的大部分也来自各类所得税。

我国从 1937 年开征所得税。1950 年，政务院发布的《全国税政实施要则》初步建立了我国的所得税体系；1980 年 9 月，我国颁布了《中华人民共和国中外合资经营企业所得税法》和《中华人民共和国个人所得税法》；1981 年颁布了《中华人民共和国外国企业所得税法》，建立了我国的涉外所得税制；1991 年以后又先后合并了以上税法，形成了内资企业企业所得税、外商投资企业和外国企业所得税、个人所得税三大税种。

2007 年 3 月 16 日，第十届全国人民代表大会通过了《中华人民共和国企业所得税法》，并于 2008 年 1 月 1 日起正式施行，实现了内外资企业适用统一的企业所得税法。我国现行所得税主要包括企业所得税和个人所得税。企业所得税占总税收收入的比重 20%以上，是仅次于增值税的第二大税种。2021 年，企业所得税实现收入 42 041.2 亿元，占税收总收入的比重为 24.3%。

任务 5.1　企业所得税的纳税人、征税范围、税率

一、企业所得税概述

企业所得税法是指国家制定的用以调整企业所得税征收与缴纳之间权利义务关系的法律规范。我国现行企业所得税法的基本规范是 2007 年 3 月 16 日第十届全国人民代表大

会第五次全体会议通过的《中华人民共和国企业所得税法》和2007年11月28日国务院第197次常务会议通过的《中华人民共和国企业所得税法实施条例》，均自2008年1月1日起实行。

企业所得税是对我国境内的企业和其他取得收入的组织的生产经营所得和其他所得征收的一种税。对公司（法人）征收企业所得税。对个人独资企业和合伙企业不征企业所得税，而征收个人所得税。企业所得税的作用主要有：促进企业改善经营管理活动，提升企业盈利能力；调节产业结构，促进经济发展；为国家建设筹集财政资金。

企业所得税与其他税种比较，具有以下特点。

（一）以所得额为课税对象，税源大小受企业经济效益的影响

企业所得税的课税对象是总收入扣除成本费用后的净所得额，净所得额的大小决定着税源的多少。总收入相同的纳税人，所得额不一定相同，缴纳的所得税也不一定相同。

（二）征税以量能负担为原则

企业所得税以所得额为课税对象，所得税的负担轻重与纳税人所得的多少有着内在联系。所得多、负担能力大的多征，所得少、负担能力小的少征，无所得、没有负担能力的不征，体现了税收公平的原则。

（三）税法对税基的约束力强

企业应纳税所得额的计算应严格按照《中华人民共和国企业所得税法》及其他有关规定进行，如果企业的财务会计处理办法与国家税收法规抵触的，应当按照税法的规定计算纳税。这一规定弥补了原来税法服从于财务制度的缺陷，有利于保护税基，维护国家利益。

（四）实行按年计算，分期预缴的征收办法

企业所得税的征收一般是以全年的应纳税所得额为计税依据，实行按年计算、分月或分季预缴、年终汇算清缴的征收办法。对经营时间不足1年的企业，要将实际经营期间的所得额换算成1年的所得额计算缴纳所得税。

二、企业所得税的纳税义务人

（一）企业所得税的纳税义务人

企业所得税的纳税人是指在中华人民共和国境内的企业和其他取得收入的组织。《中华人民共和国企业所得税法》第一章第一条规定：在中华人民共和国境内，企业和其他取得收入的组织（以下统称企业）为企业所得税的纳税人，依照本法规定缴纳企业所得

税。个人独资企业、合伙企业不适用本法。

企业所得税纳税人包括各类企业、事业单位、社会团体、民办非企业单位和从事经营活动的其他组织。企业所得税的纳税人是独立法人，能够独立享受民事权利，独立承担民事义务。如果企业设有多个不具有法人资格营业机构的，实行由法人汇总纳税。

个人独资企业、合伙企业属于自然人性质企业，没有法人资格，股东承担无限责任，不适用《中华人民共和国企业所得税法》，而征收个人所得税。

（二）企业所得税的纳税人区分

企业所得税的纳税人分为居民企业和非居民企业，分别确定不同的纳税义务。这样划分是根据企业纳税义务范围的宽窄，为了更好地保障我国税收管辖权的有效行使。税收管辖权是一国政府在征税方面的主权，是国家主权的重要组成部分。根据国际上的通行做法，我国企业所得税法选择了地域管辖权和居民管辖权的双重管辖权标准，最大限度地维护我国的税收利益。

1. 居民企业

《中华人民共和国企业所得税法》规定的居民企业是指依法在中国境内成立，或者依照外国（地区）法律成立但实际管理机构在中国境内的企业。

这里的企业包括国有企业、集体企业、私营企业、联营企业、股份制企业、外商投资企业、外国企业以及有生产经营所得和其他所得的其他组织。其中，企业登记注册地是指企业依照国家有关规定登记注册住所地；实际管理机构是指对企业的生产经营、人员、账务、财产等实施实质性全面管理和控制的机构。对于实际管理机构的判断，应当遵循实质重于形式的原则。

居民企业应当就其来自中国境内、境外的所得缴纳企业所得税。

2. 非居民企业

《中华人民共和国企业所得税法》规定的非居民企业是指依照外国（地区）法律成立且实际管理机构不在中国境内，但在中国境内设立机构、场所，或者在中国境内未设立机构、场所，但有来自中国境内所得的企业。

上述所称机构、场所，是指在中国境内从事生产经营活动的机构、场所，包括：管理机构、营业机构、办事机构；工厂、农场、开采自然资源的场所；提供劳务的场所；从事建筑、安装、装配、修理、勘探等工程作业的场所；其他从事生产经营活动的机构、场所。

非居民企业在中国境内设立机构、场所的，应当就其所设机构、场所取得的源于中国境内的所得，以及发生在中国境外但与其所设机构、场所有实际联系的所得，缴纳企业所得税。非居民企业在中国境内未设立机构、场所的，或者虽设立机构、场所但取得的所得与其所设机构、场所没有实际联系的，应当就其源于中国境内的所得缴纳企业所得税。在香港特别行政区、澳门特别行政区和台湾地区成立的企业，参照适用上述规定。

非居民企业委托营业代理人在中国境内从事生产经营活动的，包括委托单位或者个人经常代其签订合同，或者储存、交付货物等，该营业代理人被视为非居民企业在中国境内设立的机构、场所。

3. 居民企业和非居民企业的判定标准

居民企业的登记注册地或者实际经营管理机构所在地在中国境内，居民企业承担无限纳税义务，就源于中国境内、境外的全部所得纳税；而非居民企业的登记注册地、实际管理机构所在地均不在中国境内，非居民企业承担有限纳税义务，一般只就源于中国境内的所得纳税。具体判定标准见表 5-1。

表 5-1　居民企业和非居民企业的判定标准

<table>
<tr><th>纳税人</th><th>判定标准</th><th>征税对象</th></tr>
<tr><td rowspan="2">居民企业</td><td>登记注册地在中国：依照中国法律法规在中国境内成立的企业。如内资企业、外商投资企业</td><td rowspan="2">来源于中国境内、境外的所得，即承担无限纳税义务</td></tr>
<tr><td>实际管理机构在中国：依照外国（地区）法律成立但实际经营管理机构在中国境内的企业。如在美国注册但实际管理机构在我国境内的公司</td></tr>
<tr><td rowspan="2">非居民企业</td><td>依照外国（地区）法律成立且实际经营管理机构不在中国境内，但在中国境内设立机构、场所的企业。如在我国设立有代表处及其他分支机构的外国企业</td><td>来源于中国境内的所得及来源于中国境外但与其机构、场所有实际联系的所得</td></tr>
<tr><td>在中国境内未设立机构、场所，但有源于中国境内所得的企业</td><td>源于中国境内的所得</td></tr>
</table>

【做中学 5-1】　依据《中华人民共和国企业所得税法》的规定，判定居民企业的标准有（　　）。

A. 登记注册地标准　　　　B. 所得来源地标准

C. 经营行为实际发生地标准　　　　D. 实际经营管理机构所在地标准

【答案】　AD

【解析】　判定居民企业的标准有登记注册地和实际经营管理机构所在地标准。

三、企业所得税的征税范围

企业所得税的征税对象是指企业的生产经营所得、其他所得和清算所得。从内容上看，企业所得税的征税范围是指符合《中华人民共和国企业所得税法》规定的纳税人所取得的应纳税所得。

（一）所得的类型

1. 销售货物所得，是指企业销售商品、产品、原材料、包装物、低值易耗品以及其他存货取得的所得。

2. 提供劳务所得，是指企业从事建筑安装、修理修配、交通运输、仓储租赁、金融保险、邮电通信、咨询经纪、文化体育、科学研究、技术服务、教育培训、餐饮住宿、中介代理、卫生保健、社区服务、旅游、娱乐、加工以及其他劳务服务活动取得的所得。

3. 转让财产所得，是指企业转让固定资产、生物资产、无形资产、股权、债权等财产取得的所得。

4. 股息红利等权益性投资所得，是指企业因权益性投资从被投资方处取得的所得。

5. 利息所得，是指企业将资金提供他人使用或因他人占用本企业资金而取得的所得，包括存款利息、贷款利息、债券利息、欠款利息等所得。

6. 租金所得，是指企业提供固定资产、包装物或其他资产使用权取得的所得。

7. 特许权使用费所得，是指企业提供专利权、商标权、非专利技术、著作权等特许使用权取得的所得。

8. 接受捐赠所得，是指企业接受来自其他企业、组织或个人无偿给予的货币性和非货币性资产取得的所得。

9. 其他所得，是指除上述所得以外的企业其他所得，包括企业资产溢余所得、债务重组所得、补贴所得、违约金所得、汇兑收益等。

（二）所得来源的确定

按照企业所得税法相关规定，所得来源地的确定原则如下：

1. 销售货物所得，按照交易活动发生地确定。

2. 提供劳务所得，按照劳务发生地确定。

3. 转让财产所得，不动产转让所得按照不动产所在地确定，动产转让所得按照转让动产的企业或者机构、场所所在地确定，权益性投资资产转让所得按照被投资企业所在地确定。

4. 股息、红利等权益性投资所得，按照分配所得的企业所在地确定。

5. 利息所得、租金所得、特许权使用费所得，按照负担、支付所得的企业或者机构、场所所在地确定，或者按照负担、支付所得的个人的住所地确定。

6. 其他所得，由国务院财政、税务主管部门确定。

四、企业所得税的税率

（一）基本税率25%

居民企业和在中国境内设立机构、场所且取得的所得与其所设机构、场所有实际联系的非居民企业，企业所得税适用税率为25%。

【做中学5-2】 某企业2023年度实现利润总额为550万元，无其他纳税调整事项。经税务机关核实，2022年度亏损额为480万元。计算企业2023年度应缴纳的企业所得税额。

【答案】 应纳企业所得税额＝(550－480)×25％＝17.5(万元)

【做中学 5-3】 在中国设立机构、场所且所得与机构、场所有实际联系的非居民企业适用的企业所得税税率是（　　）。

A. 10％　　B. 20％　　C. 25％　　D. 33％

【答案】 C

（二）低税率 20%

非居民企业在中国境内未设立机构、场所的，或者虽设立机构、场所但取得的所得与其所设机构、场所没有实际联系的，企业所得税适用税率为 20％，但实际征税时适用 10％税率。

（三）符合条件的小型微利企业，适用税率 20%

符合条件的小型微利企业，减按 20％的税率征收企业所得税。小型微利企业是指从事国家非限制和禁止行业，且同时符合年度应纳税所得额不超过 300 万元、从业人数不超过 300 人、资产总额不超过 5 000 万元三个条件的企业。从业人数是指与企业建立劳动关系的职工人数和企业接受的劳务派遣用工人数之和。从业人数和资产总额指标按企业全年月平均值确定，具体计算公式如下：

月平均值＝(月初值＋月末值)÷2

全年月平均值＝全年各月平均值之和÷12

年度中间开业或者终止经营活动的，以其实际经营期作为一个纳税年度。

小型微利企业是社会主义市场经济主体的重要组成部分，对繁荣市场、促进就业、改善民生、维护社会稳定等方面都起着重要作用。长期以来，我国非常重视小型微利企业的发展，出台了一系列税收优惠政策，扶持小型微利企业的发展。在企业所得税政策上，除税法规定税率由法定 25％降低为 20％外，从 2010 年开始，对小型微利企业实行减半计税，税收优惠幅度不断加大。详情见本项目任务 5.5 企业所得税的税收优惠中小微企业的税收优惠。

【做中学 5-4】 某小型微利企业经主管税务机关核定，2020 年度亏损 20 万元，2021 年度盈利 35 万元。该企业 2021 年度应缴纳的企业所得税额为（　　）万元。

A. 1.5　　B. 2.25　　C. 3　　D. 3.75

【答案】 C

【解析】 应纳企业所得税额＝(35－20)×5％＝0.75(万元)

（四）国家重点扶持的高新技术企业，适用税率 15%

详见本项目任务 5.5 企业所得税的税收优惠。

任务 5.2 企业所得税应纳税所得额的计算

企业所得税的计税依据是企业的年度应纳税所得额，正确计算应纳税所得额直接关系到国家财政收入和企业的税收负担。应纳税所得额的计算以权责发生制为原则，按照《中华人民共和国企业所得税法》的规定，应纳税所得额是指企业每一纳税年度的收入总额，减除不征税收入、免税收入、各项扣除以及允许弥补的以前年度亏损后的余额。

正确地计算企业所得税的应纳税所得额是所得税计算中的最重要的内容。应纳税所得额的计算可以选择采用直接计算法或间接计算法。

直接计算法，是将应计入所得额的收入扣除准予扣除项目的金额，从而求得应纳税所得额，即：

应纳税所得额＝收入总额－不征税收入－免税收入－各项扣除金额－以前年度补亏额

间接计算法，跟会计利润密切联系，将会计利润加上税前调整增加额减去税前调整减少额，从而求得应纳税所得额，即：

应纳税所得额＝会计利润＋税前调整增加额－税前调整减少额

具体采用何种方法计算，要根据企业的实际情况确定，大多数会计核算健全的企业往往采用间接计算法。

一、收入总额的确定

企业的收入总额包括以货币形式和非货币形式从各种来源取得的收入，具体包括：销售货物收入、提供劳务收入、转让财产收入、股息红利等权益性投资收益、利息收入、租金收入、特许权使用费收入、接受捐赠收入、其他收入。

企业取得收入的货币形式包括：现金、存款、应收账款、应收票据、准备持有至到期的债券投资以及债务的豁免等；企业取得收入的非货币形式包括：固定资产、生物资产、无形资产、股权投资、存货、不准备持有至到期的债券投资、劳务以及有关权益等，这些非货币资产按照公允价值，即市场价格确定其价值。

（一）一般收入的确认

1. 销售货物收入，是指企业销售商品、产品、原材料、包装物、低值易耗品以及其他存货取得的收入。

除法律法规另有规定者外，销售货物收入的确认必须遵循权责发生制和实质重于形式原则。企业销售商品，同时满足下列条件的，应确认收入的实现：

(1) 货物销售合同已经签订，企业已经将与货物所有权相关的主要风险和报酬转移给购买方；

(2) 企业对已售出的货物既没有保留通常与所有权相联系的继续管理权，也没有实施有效控制；

(3) 收入的金额能够可靠计量；

(4) 已发生或将发生的销售方的成本能够可靠地核算。

2. 提供劳务收入，是指企业从事建筑安装、修理修配、交通运输、仓储租赁、金融保险、邮电通信、咨询经纪、文化体育、科学研究、技术服务、教育培训、餐饮住宿、中介代理、卫生保健、社区服务、旅游、娱乐、加工以及其他劳务服务活动取得的收入。

企业在各个纳税期末，提供劳务交易的结果能够可靠估计的，应采用完工进度（完工百分比）法确认提供劳务收入。提供劳务交易的结果能够可靠估计，是指同时满足下列条件：

(1) 收入的金额能够可靠地计量；

(2) 交易的完工进度能够可靠地确定；

(3) 交易中已发生和将发生的成本能够可靠地核算。

3. 转让财产收入，是指企业转让固定资产、生物资产、无形资产、股权、债权等财产取得的收入。

企业转让股权收入，应于转让协议生效且完成股权变更手续时确认收入的实现。转让股权收入扣除为取得该股权所发生的成本后，为股权转让所得。企业在计算股权转让所得时，不得扣除被投资企业未分配利润等股东留存收益中按该项股权可能分配的金额。

【思考】 转让财产收入是指转让财产的所有权还是使用权？其会计处理和税务处理是怎样的？

4. 股息、红利等权益性投资收益，是指企业因权益性投资从被投资方取得的收入。除国务院财政、税务主管部门另有规定外，股息、红利等权益性投资收益按照被投资方做出利润分配决定的日期确认收入的实现。

5. 利息收入，是指企业将资金提供他人使用但不构成权益性投资，或者因他人占用本企业资金取得的收入，包括存款利息、贷款利息、债券利息、欠款利息等收入。利息收入按照合同约定的债务人应付利息的日期确认收入的实现。

【思考】 利息收入会计上是如何处理的？

6. 租金收入，是指企业提供固定资产、包装物或者其他有形资产的使用权取得的收入。租金收入按照合同约定的承租人应付租金的日期确认收入的实现。其中，如果交易合同或协议中规定租赁期限跨年度，且租金提前一次性支付的，根据相关法律法规规定的收入与费用配比原则，出租人可对该确认的收入在租赁期内分期均匀计入相关年度收入。

7. 特许权使用费收入，是指企业提供专利权、非专利技术、商标权、著作权以及其他特许权的使用权取得的收入。特许权使用费收入按照合同约定的特许权使用人应付特许权使用费的日期确认收入的实现。

【思考】 特许权使用费收入与转让财产收入有何不同？会计上是如何处理的？

8. 接受捐赠收入，是指企业接受来自其他企业、组织或者个人无偿给予的货币性资产、非货币性资产取得的收入。接受捐赠收入按照实际收到捐赠资产的日期确认收入的实现。

【思考】 接受捐赠收入会计上是如何处理的？

9. 其他收入，是指企业取得的除以上收入外的其他收入，包括企业资产溢余收入、逾期未退包装物押金收入、确实无法偿付的应付款项、已作坏账损失处理后又收回的应收款项、债务重组收入、补贴收入、违约金收入、汇兑收益等。企业发生债务重组应在债务重组合同或协议生效时确认收入的实现。

【做中学 5-5】 下列收入中，属于企业生产经营日常活动产生的销售（营业）收入的是（　　）。

A. 销售货物收入　　B. 提供劳务收入　　C. 转让财产收入

D. 股息、红利等权益性投资收益　　E. 利息收入　　F. 租金收入

G. 特许权使用费收入　　H. 接受捐赠收入　　I. 违约金收入

J. 债务重组收入　　K. 其他收入

【答案】 ABFG

（二）特殊收入的确认

企业收入与费用的确认采取权责发生制。下列生产经营业务可以分期确认收入的实现：

1. 以分期收款方式销售货物的，按照合同约定的收款日期确认收入的实现。

2. 企业受托加工制造大型机械设备、船舶、飞机，以及从事建筑、安装、装配工程作业或者提供其他劳务等，持续时间超过 12 个月的，按照纳税年度内完工进度或者完成的工作量确认收入的实现。

3. 采取产品分成方式取得收入的，按照企业分得产品的日期确认收入的实现，其收入额按照产品的公允价值确定。

4. 企业发生非货币性资产交换，以及将货物、财产、劳务用于捐赠、偿债、赞助、集资、广告、样品、职工福利或者利润分配等用途的，应当视同销售货物、转让财产或者提供劳务，但国务院财政、税务主管部门另有规定的除外。

（三）相关收入实现的确认

1. 符合收入确认条件，且采取下列商品销售方式的，应按以下规定确认收入实现时间：

（1）销售商品采用托收承付方式的，在办妥托收手续时确认收入。

（2）销售商品采取预收款方式的，在发出商品时确认收入。

(3) 销售商品需要安装和检验的，在购买方接受商品以及安装和检验完毕时确认收入；如果安装程序比较简单，可在发出商品时确认收入。

(4) 销售商品采用支付手续费方式委托代销的，在收到代销清单时确认收入。

2. 采用售后回购方式销售商品的，销售的商品按售价确认收入，回购的商品作为购进商品处理。有证据表明不符合销售收入确认条件的，如以销售商品方式进行融资，收到的款项应确认为负债。回购价格大于原售价的，差额应在回购期间确认为利息费用。

3. 销售商品以旧换新的，销售商品应当按照销售商品收入确认条件确认收入，回收的商品作为购进商品处理。

4. 企业为促进商品销售而在商品价格上给予的价格扣除属于商业折扣。商品销售涉及商业折扣的，应当按照扣除商业折扣后的金额确定收入金额。

5. 债权人为鼓励债务人在规定的期限内付款而向债务人提供的债务扣除属于现金折扣。销售商品涉及现金折扣的，应当按扣除现金折扣前的金额确定收入金额，现金折扣在实际发生时作为财务费用扣除。

6. 企业因售出商品的质量不合格等原因而在售价上给予的减让属于销售折让；企业因售出商品质量、品种不符合要求等原因而发生的退货属于销货退回。企业已经确认收入的售出商品发生销售折让或销货退回的，应当在发生当期冲减当期销售商品收入。

7. 企业以买一赠一等方式组合销售本企业商品的，不属于捐赠，应将总的销售金额按各项商品的公允价值的比例来分摊确认各项的销售收入。

8. 企业取得财产（包括各类资产、股权、债权等）转让收入、债务重组收入、接受捐赠收入、无法偿付的应付款收入等，不论是以货币形式、还是非货币形式体现，除另有规定外，均应一次性计入确认收入的年度计算缴纳企业所得税。

二、不征税收入

国家为了扶持和鼓励某些特殊的纳税人和特定的项目，对企业取得的某些收入予以不征税或免税的特殊政策，促进经济的协调发展。

不征税收入是指从性质和根源上不属于企业营利性活动带来的经济利益、不负有纳税义务且不作为应纳税所得额组成部分的收入。非经营活动或非营利活动所带来的经济收益从应税收入总额中排除。收入总额中的下列收入为不征税收入。

（一）财政拨款

财政拨款是指各级人民政府对纳入预算管理的事业单位、社会团体等组织拨付的财政资金，但国务院和国务院财政、税务主管部门另有规定的除外。

（二）依法收取并纳入财政管理的行政事业性收费、政府性基金

行政事业性收费是指依照法律法规等有关规定，按照国务院规定程序批准，在实施

社会公共管理，以及在向公民、法人或者其他组织提供特定公共服务过程中，向特定对象收取并纳入财政管理的费用。政府性基金是指企业依照法律、行政法规等有关规定，代政府收取的具有专项用途的财政资金。

（三）国务院规定的其他不征税收入

国务院规定的其他不征税收入是指企业取得的，由国务院财政、税务主管部门规定专项用途并经国务院批准的财政性资金。

【做中学 5-6】 下列各项中，不应计入应纳税所得额的是（　　）。

A. 股权转让收入

B. 因债权人缘故确实无法支付的应付款项

C. 接受捐赠收入

D. 依法收取并纳入财政管理的行政事业性收费

【答案】 D

三、免税收入

不征税收入不同于免税收入，从根源和性质说，不征税收入不属于营利性活动带来的经济收益，是专门从事特定目的的收入，理论上不应列为征收范围；免税收入是纳税人的应税收入总额的组成部分，只是国家为了实现某些经济和社会目标，在特定时期或者对特定项目取得的经济利益给予的税收优惠，而在一定时期又有可能恢复征税的收入范围。免税收入包括以下四项。

（一）国债利息收入

为鼓励纳税人积极购买国债，支援国家建设，税法规定，企业因购买国债所得的利息收入免征企业所得税。

（二）符合条件的居民企业之间的股息、红利等权益性投资收益

该收益是指居民企业直接投资于其他居民企业取得的投资收益。

（三）在中国境内设立机构场所的非居民企业从居民企业取得的与该机构场所有实际联系的股息、红利等权益性投资收益

该收益不包括连续持有居民企业公开发行并上市流通的股票不足 12 个月时取得的投资收益。

（四）符合条件的非营利组织的收入

符合条件的非营利组织的下列收入为免税收入：

1. 接受其他单位或者个人捐赠的收入；

2. 除《中华人民共和国企业所得税法》第七条规定的财政拨款以外的其他政府补助收入，但不包括因政府购买服务取得的收入；

3. 按照省级以上民政、财政部门规定收取的会费；

4. 不征税收入和免税收入孳生的银行存款利息收入；

5. 财政部、国家税务总局规定的其他收入。

【做中学5-7】 下列各项中，不计入应纳税所得额的是（　　）。

A. 股权转让收入

B. 因债权人原因确实无法支付的应付款收入

C. 接受捐赠收入

D. 依法收取并纳入财政管理的行政事业性收费

【答案】 D

【做中学5-8】 下列各项中，属于免税收入的是（　　）。

A. 股权转让收入　　B. 国债利息收入

C. 行政事业性收费　　D. 政府性基金

【答案】 B

【解析】 行政事业性收费、政府性基金属于不征税收入，不计入所得额；股权转让收入属于财产转让收入，应计入所得额征税。

四、准予扣除项目的确定

（一）税前扣除的原则

企业申报的扣除项目和金额要真实、合法。真实是指能提供有关支出确属已经实际发生的证明。合法是指符合国家税法的规定，若其他法规规定与税收法规规定不一致，应以税法的规定为标准。除税法另有规定外，税前扣除一般应遵循以下原则：

1. 权责发生制原则

权责发生制原则是指企业费用应在发生的所属期扣除，而不是实际支付时确认扣除。

2. 配比原则

配比原则是指企业发生的费用应当与收入配比扣除。除有特殊规定外，企业发生的费用不得提前或滞后申报扣除。

3. 相关性原则

相关性原则是指企业可扣除的费用从性质和根源上必须与取得应税收入直接相关。

4. 确定性原则

确定性原则是指企业可扣除的费用不论何时支付，其金额必须是确定的。

5. 合理性原则

合理性原则是指扣除的费用符合生产经营活动常规，应当计入当期损益或者有关资产成本的必要和正常的支出。相关性和合理性是企业所得税税前扣除的基本要求和重要条件。

《中华人民共和国企业所得税法》规定了允许税前据实扣除的一般扣除项目，也规定了允许税前按标准扣除的特殊扣除项目，同时还明确规定了不得税前扣除的禁止扣除项目。

（二）一般扣除项目

一般扣除项目是指准予在计算应纳税所得额时据实扣除的项目。《中华人民共和国企业所得税法》规定，企业实际发生的与取得收入有关的、合理的支出，包括成本、费用、税金、损失和其他支出，准予在计算应纳税所得额时扣除。相关支出必须符合相关性和合理性原则。一般扣除项目包括以下几种。

1. 成本

成本是指企业在生产经营活动中发生的销售成本、销货成本、业务支出以及其他耗费。即企业销售商品（产品、材料、下脚料、废料、废旧物资等）、提供劳务、转让固定资产、无形资产（包括技术转让）的成本。

成本分为直接成本和间接成本。直接成本是指可直接计入有关成本计算对象或劳务的经营成本中的直接材料、直接人工等。间接成本是指多个部门为同一成本对象提供服务的共同成本，或者同一种可以制造、提供两种或两种以上的产品或劳务的技术产生的联合成本。

2. 费用

费用包括企业每一个纳税年度为生产、经营商品和提供劳务等所发生的销售（经营）费用、管理费用和财务费用。已经计入成本的有关费用除外。

销售费用是指应由企业负担的为销售商品而发生的费用，包括广告费、运输费、装卸费、包装费、展览费、保险费、销售佣金（能直接认定的进口佣金调整商品进口成本）、代销手续费、经营性租赁费及销售部门发生的差旅费、工资、福利费等费用。

管理费用是指企业的行政管理部门为管理组织经营活动提供各项支援性服务而发生的费用。

财务费用是指企业筹集经营性资金而发生的费用，包括利息净支出、汇兑净损失、金融机构手续费以及其他非资本化支出。

3. 税金

税金是指企业发生的除企业所得税和允许抵扣的增值税以外的各种税金及其附加。即企业按规定缴纳的消费税、城市维护建设税、关税、资源税、土地增值税、房产税、车船税、土地使用税、印花税、教育费附加等产品销售税金及附加。这些已纳税金准予在税前扣除，准许扣除的方式有两种：一是在发生当期扣除；二是在发生当期计入相关资产的成本，在以后各期分摊扣除。

【做中学 5-9】 根据企业所得税法律制度的规定，企业缴纳的下列税金，不得在计算应纳税所得额时扣除的是（　　）。

A. 增值税　　B. 消费税

C. 城市维护建设税　　D. 房产税

【答案】 A

【解析】 增值税属于价外税，不在扣除之列。

4. 损失

损失是指企业在生产经营活动中发生的固定资产和存货的盘亏、毁损、报废损失，转让财产损失，呆账损失，坏账损失，自然灾害等不可抗力因素造成的损失以及其他损失。

企业发生的损失减除责任人赔偿和保险赔款后的余额，依照国务院财政、税务主管部门的规定扣除。企业已经作为损失处理的资产，在以后纳税年度又全部收回或者部分收回时，应当计入当期收入。

【做中学 5-10】 某企业 2023 年毁损一批库存材料，账面成本 10 000 元（含运费 1 000 元，有增值税专用发票），该企业的损失已经得到税务机关的审核和确认。该企业计算企业所得税时，在税前可以扣除的损失金额是（　　）元。

A. 1 260　　B. 11 260　　C. 1 170　　D. 11 170

【答案】 B

【解析】 不得抵扣的进项税额＝9 000×13%＋1 000×9%＝1 260（元），应作“进项税额转出”处理。故计算企业所得税时，税前可以扣除的损失为 11 260 元。

5. 其他支出

其他支出是指除成本、费用、税金、损失外，企业在生产经营活动中发生的与生产经营活动有关的、合理的支出。

（三）特殊扣除项目及其标准

在计算应纳税所得额时，下列项目可按照实际发生额或规定的标准扣除。

1. 工资薪金支出

企业发生的合理的工资薪金支出准予据实扣除。工资薪金是指企业每一纳税年度支付给在本企业任职或者受雇的员工的所有现金形式或者非现金形式的劳动报酬，包括基本工资、奖金、津贴、补贴、年终加薪、加班工资，以及与员工任职或者受雇有关的其他支出。属于国有性质的企业，其工资薪金不得超过政府有关部门给予的限定数额；超过部分不得计入企业工资薪金总额，也不得在计算企业应纳税所得额时扣除。

合理的工资、薪金是指企业按照股东大会、董事会、薪酬委员会或相关管理机构制定的工资薪金制度规定实际发放给员工的工资、薪金。税务机关在对工资薪金进行合理性确认时，可依据以下原则：

（1）企业制定了较为规范的员工工资、薪金制度。

（2）企业所制定的工资、薪金制度符合行业及地区水平。

（3）企业在一定时期发放的工资薪金是相对固定的，工资薪金的调整是有序进行的。

（4）企业对实际发放的工资薪金，已依法履行了代扣代缴个人所得税义务。

（5）有关工资薪金的安排，不得以减少或逃避税款为目的。

【做中学 5-11】 根据企业所得税法律制度的规定，纳税人在计算应纳税所得额时，发生的下列支出项目中，可以作为工资薪金支出的有（　　）。

A. 地区补贴　　B. 独生子女补贴

C. 物价补贴　　D. 误餐补贴

【答案】 ACD

【解析】 选项 B 属于福利费。

2. 职工福利费、工会经费、职工教育经费

企业发生的职工福利费、工会经费、职工教育经费按标准扣除，未超过标准的按实际数扣除，超过标准的当年只能按标准扣除。除职工教育经费外，超出标准的部分不得扣除，也不得在以后年度结转扣除。具体扣除标准如下：

（1）企业发生的职工福利费支出，不超过工资、薪金总额 14%的部分，准予扣除。企业的职工福利费包括以下内容：

① 尚未实行分离办社会职能的企业，其内设福利部门所发生的设备、设施和人员费用；

② 为职工卫生保健、生活、住房、交通等所发放的各项补贴和非货币性福利；

③ 按照其他规定发生的其他职工福利费。

企业发生的职工福利费，应该单独设置账册进行准确核算。没有单独设置账册准确核算的，税务机关应责令企业在规定的期限内进行改正。逾期仍未改正的，税务机关可对企业发生的职工福利费进行合理的核定。

（2）企业拨缴的工会经费，不超过工资、薪金总额 2%的部分准予扣除。

（3）除国务院财政、税务主管部门另有规定外，企业发生的职工教育经费支出，自 2018 年 1 月 1 日起不超过工资、薪金总额 8%的部分，准予在计算企业所得税应纳税所得额时扣除；超过部分准予在以后纳税年度结转扣除。

软件生产企业发生的职工教育经费中的职工培训费用，可以全额在企业所得税税前扣除。软件生产企业应准确划分职工教育经费中的职工培训费支出；对于不能准确划分的，以及准确划分后职工教育经费中扣除职工培训费用的余额，一律按照工资、薪金总额 8%的比例扣除。

核力发电企业为培养核电厂操纵员发生的培养费用，可作为企业的发电成本在税前扣除。企业应将核电厂操纵员培养费与员工的职工教育经费严格区分，单独核算。员工实际发生的职工教育经费支出不得计入核电厂操纵员培养费直接扣除。

计算职工福利费、工会经费、职工教育经费的工资、薪金总额，是指企业按照规定实际发放的工资、薪金总和，不包括企业的“三费”以及“五险一金”。

【做中学 5-12】 某企业为居民企业，2023 年计入成本、费用中的实发工资总额为

300万元，拨缴职工工会经费6万元，提取职工福利费46万元、职工教育经费26万元。计算该企业本年度实际应扣除的三项经费。

【答案】

1. 工会经费的扣除限额＝300×2%＝6(万元)，实际拨缴6万元，应扣除6万元，无须调整。

2. 职工福利费扣除限额＝300×14%＝42(万元)，实际发生46万元，应扣除42万元，调增所得额4万元。

3. 职工教育经费的扣除限额＝300×8%＝24(万元)，实际发生26万元，本年度应扣除24万元，应调增所得额2万元，超标2万元结转下年抵扣。

4. 三项经费本年度共计应扣除72万元，总共调增所得额6万元。

3. 社会保险费

(1) 企业依照国务院有关主管部门或者省级人民政府规定的范围和标准为职工缴纳的基本养老保险费、基本医疗保险费、失业保险费、工伤保险费、生育保险费等基本社会保险费和住房公积金，即“五险一金”，准予扣除。

(2) 企业为投资者或者职工支付的补充养老保险费、补充医疗保险费，在国务院财政、税务主管部门规定的范围和标准内，准予扣除。自2008年1月1日起，企业为在本企业任职或者受雇的全体员工支付的补充养老保险费、补充医疗保险费，分别在不超过职工工资总额5%标准内的部分，在计算应纳税所得额时准予扣除；超过部分，不得扣除。

社会保险

(3) 企业依照国家有关规定为特殊工种职工支付的人身安全保险费和符合国务院财政、税务主管部门规定可以扣除的商业保险费，准予扣除。

(4) 企业参加财产保险，按照规定缴纳的保险费，准予扣除；企业为投资者或者职工支付的商业保险费，不得扣除。

4. 借款费用

(1) 企业在生产经营活动中发生的合理的、不需要资本化的借款费用，准予扣除。

(2) 企业为购置、建造固定资产、无形资产和经过12个月以上的建造才能达到预定可销售状态的存货发生借款的，在有关资产购置、建造期间发生的合理的借款费用，应予以资本化，作为资本性支出计入有关资产的成本；有关资产交付使用后发生的借款利息，可在发生当期扣除。

(3) 企业通过发行债券、取得贷款、吸收保户储金等方式融资而发生的合理的费用支出，符合资本化条件的，应计入相关资产的成本；不符合资本化条件的，应作为财务费用，准予在企业所得税税前据实扣除。

5. 利息费用

(1) 非金融企业向金融企业借款的利息支出、金融企业的各项存款利息支出和同业拆借利息支出、企业经批准发行债券的利息支出，可据实扣除。

(2) 非金融企业向非金融企业借款的利息支出，不超过按照金融企业同期同类贷款利率计算的数额的部分准予扣除，超过部分不得扣除。

【做中学 5-13】 某企业为居民企业，2023 年 1 月 1 日向一家非金融机构借入款项 300 万元，年利率 8%，期限一年，同期金融机构同类贷款利率为 6%。计算该企业该笔借款 2023 年税前应扣除的借款利息。

【答案】 2023 年税前应扣除的借款利息＝300×6%＝18(万元)，企业财务会计列支利息 24 万元，计算所得额时应调增会计利润 6 万元。

【做中学 5-14】 某服装厂某纳税年度实现利润总额为 23 万元。其中，本年度发生两笔借款业务：一是向银行借入流动资金 200 万元，借款期限 6 个月，支付利息费用 4.5 万元；二是经批准向其他企业借入流动资金 50 万元，借期 9 个月，支付利息费用 2.6 万元。该企业无其他纳税事项，计算其应纳税所得额。

【答案】

1. 利息费用允许扣除＝4.5＋50×(4.5÷200÷6)×9＝6.19(万元)

2. 实际扣除＝4.5＋2.6＝7.1(万元)，超标7.1－6.19＝0.91(万元)，应调减财务费用 0.91 万元

3. 应纳税所得额＝23＋0.91＝23.91(万元)

6. 汇兑损失

企业在货币交易中，以及纳税年度终了时将人民币以外的货币性资产、负债按照期末即期人民币汇率中间价折算为人民币时产生的汇兑损失，除已经计入有关资产成本，以及与向所有者进行利润分配相关的部分外，准予扣除。

7. 财产保险费

企业参加财产保险，按照有关规定缴纳的保险费，准予扣除。

8. 环境保护专项资金

企业依照法律、行政法规有关规定提取的用于环境保护、生态恢复等方面的专项资金，准予扣除。上述专项资金提取后改变用途的，不得扣除。

9. 劳保费

企业发生的合理的劳动保护支出，准予扣除。

10. 佣金手续费

企业发生与生产经营有关的手续费及佣金支出，不超过以下规定计算限额以内的部分，准予扣除；超过部分不得扣除。限额规定如下：

(1) 保险企业，自 2019 年 1 月 1 日起，发生与其经营活动有关的手续费及佣金支出，不超过当年全部保费收入扣除退保金等后余额的 18%（含本数，下同）的部分，在计算应纳税所得额时准予扣除；超过部分，允许结转以后年度扣除。

(2) 其他企业按与具有合法经营资格的中介服务机构或个人（不含交易双方及其雇员、代理人和代表人等）所签订服务协议或合同确认的收入金额的 5%计算限额。企业应与具有合法经营资格中介服务企业或个人签订代办协议或合同，并按规定支付手续费及佣金。企业应当如实向当地主管税务机关提供当年手续费及佣金计算分配表和其他相关

资料，并依法取得合法真实凭证。

11. 业务招待费

（1）企业发生的与生产经营活动有关的业务招待费支出，按照实际发生额的 60%扣除，但最高不得超过当年销售（营业）收入的 5‰。

企业在计算业务招待费、广告费和业务宣传费等费用扣除限额时，其销售（营业）收入额应包括企业发生非货币性资产交换，以及将货物、财产、劳务用于捐赠、偿债、赞助、集资、广告、样品、职工福利或者利润分配等用途等的应当视同销售（营业）的收入额。企业在计算业务招待费、广告费和业务宣传费等费用扣除限额时，其销售（营业）收入额基数应包括主营业务收入、其他业务收入、视同销售（营业）收入额。

（2）企业在筹建期间发生的与筹办活动有关的业务招待费，可按实际发生额的 60%计入企业筹办费，并按有关规定在税前扣除。

【做中学 5-15】 某企业 2023 年度销售收入净额为 2 000 万元，全年发生业务招待费 25 万元，且能提供有效凭证。该企业在计算企业所得税应纳税所得额时，准予扣除的业务招待费是多少？

【答案】 准予扣除的业务招待费的计算步骤：

1. 业务招待费实际发生额的 60%=25×60%=15(万元)

2. 当年销售营业收入的 5‰=2 000×5‰=10(万元)

3. 15 万元>10 万元，故准予扣除的业务招待费=10 万元。

【做中学 5-16】 某企业 2023 年度销售收入净额为 2 000 万元，出租资产收入 100 万元，转让固定资产取得收入 20 万元，取得国债利息收入 15 万元，转让一项专利权的使用权取得收入 500 万元，全年发生业务招待费 25 万元，且能提供有效凭证。该企业在计算企业所得税应纳税所得额时，准予扣除的业务招待费是多少？

【答案】 准予扣除的业务招待费的计算步骤：

1. 业务招待费实际发生额的 60%=25×60%=15(万元)

2. 当年销售营业收入的 5‰=(2 000+100+500)×5‰=13(万元)

3. 15 万元>13 万元，故准予扣除的业务招待费=13 万元。

【思考】【做中学 5-16】中超标的业务招待费是多少？应如何调整应纳税所得额？

12. 广告费和业务宣传费

（1）企业发生的符合条件的广告费和业务宣传费支出，除国务院财政、税务主管部门另有规定外，不超过当年销售（营业）收入 15%的部分，准予扣除；超过部分，准予结转以后纳税年度扣除。销售（营业）收入额应包括视同销售（营业）收入额。

（2）企业筹办期间发生的广告费和业务宣传费，可按实际发生额计入企业筹办费，并按有关规定在税前扣除。

（3）自 2021 年 1 月 1 日起至 2025 年 12 月 31 日止，对化妆品制造或销售、医药制造和饮料制造（不含酒类制造）企业发生的广告费和业务宣传费支出，不超过当年销售（营业）收入 30%的部分，准予扣除；超过部分，准予在以后纳税年度结转扣除。

(4) 烟草企业的烟草广告费和业务宣传费支出，一律不得在计算应纳税所得额时扣除。

【做中学 5-17】 某设备生产企业 2023 年度销售收入净额为 1 500 万元，全年发生广告费 52 万元，2022 年超标广告费 90 万元。计算该企业 2023 年税前准予扣除的广告费。

【答案】 准予扣除的广告费的计算步骤：

1. 广告费扣除限额＝当年销售营业收入×15%＝1 500×15%＝225(万元)

2. 实际支出广告费＋上年超标结转＝52＋90＝142(万元)＜225万元，故准予扣除的广告费为142万元。

【做中学 5-18】 某生产企业 2023 年度销售收入净额为 2 000 万元，出租资产收入 100 万，转让固定资产取得收入 20 万元，取得国债利息收入 15 万，转让一项专利权的使用权取得收入 500 万元，全年发生广告费 52 万元，且能提供有效凭证。2022 年超标广告费 90 万元。计算该企业 2023 年税前准予扣除的广告费。

【答案】 准予扣除的广告费的计算步骤：

1. 2023 年广告费税前扣除限额＝当年销售营业收入×15%＝(2 000＋100＋500)×15%＝390(万元)

2. 实际支出广告费＋上年超标结转＝52＋90＝142(万元)＜390万元，故2023年准予扣除的广告费为142万元。

13. 租赁费

企业根据生产经营活动的需要租入固定资产支付的租赁费，应按照以下方法扣除：

(1) 以经营租赁方式租入固定资产发生的租赁费支出，按照租赁期限均匀扣除。

(2) 以融资租赁方式租入固定资产发生的租赁费支出，按照规定构成融资租入固定资产价值的部分应当提取折旧费用分期扣除。

【做中学 5-19】 某企业 2023 年 3 月以经营租赁方式租入机器设备一台，租期一年，一次性支付租赁费 12 万元。计算 2023 年该企业应扣除的租赁费。

【答案】 2023 年应扣除的租赁费＝12÷12×10＝10(万元)

14. 总机构分摊的费用

非居民企业在中国境内设立的机构、场所，就其中国境外总机构发生的与该机构、场所生产经营有关的费用，能够提供总机构出具的费用汇集范围、定额、分配依据和方法等证明文件，并合理分摊的，准予扣除。

15. 公益性捐赠

公益性捐赠，是指企业通过公益性社会团体或者县级以上人民政府及其部门，用于《中华人民共和国公益事业捐赠法》规定的向公益事业的捐赠支出。具体范围包括：

(1) 救助灾害、救济贫困、扶助残疾人等困难的社会群众和个人的活动；

(2) 教育、科学、文化、卫生、体育事业；

(3) 环境保护、社会公共设施建设；

(4) 促进社会发展和进步的其他社会公共和福利事业。

企业发生的公益性捐赠支出，在年度利润总额12%以内的部分准予在计算应纳税所得额时扣除；超过部分，自2017年1月1日起准予在以后三年内在计算应纳税所得额时结转扣除。

【提示】 公益性捐赠扣除时应注意以下事项：

1. 年度利润总额是指企业按照国家统一会计制度的规定计算的年度会计利润。

2. 公益性捐赠是指通过公益性社会团体或县级以上人民政府及其部门用于公益事业的捐赠。非公益救济性捐赠不得扣除。

3. 超标的部分准予结转扣除的结转年限，自捐赠发生年度次年起计算，最长不超过三年。

4. 当年发生及以前年度结转的公益性捐赠支出，准予税前扣除的部分不超过当年年度利润总额的12%。

5. 公益性社会团体和县级以上人民政府及其组成部门和直属机构在接受捐赠时，捐赠资产的价值按以下原则确认：接受捐赠的货币性资产，应当按照实际收到的金额计算；接受捐赠的非货币性资产，应当以其公允价值计算。

为支持脱贫攻坚，2019年4月，财政部、税务总局、国家乡村振兴局联合发布了《关于企业扶贫捐赠所得税税前扣除政策的公告》（财税2019年第49号公告），规定自2019年1月1日至2022年12月31日，企业通过公益性社会组织或者县级（含县级）以上人民政府及其组成部门和直属机构，用于目标脱贫地区的扶贫捐赠支出，准予在计算企业所得税应纳税所得额时据实扣除。

2021年5月，为实现巩固拓展脱贫攻坚成果同乡村振兴有效衔接，财政部、税务总局、人力资源社会保障部、国家乡村振兴局联合发布2021年第18号公告，规定财税2019年第49号公告规定的税收优惠政策，执行期限延长至2025年12月31日。

【做中学5-20】 某企业2023年开具增值税专用发票取得收入3 270万元，同时企业为销售货物提供了运输服务，运费收取标准为销售货物收入的10%，并开具增值税普通发票。收入对应的销售成本和运输成本为2 780万元，期间费用为360万元，营业外支出200万元（其中180万元为公益性捐赠支出），上年度企业自行计算亏损80万元，经税务机关核定的亏损为60万元。计算企业税前准予扣除的公益性捐赠支出。

【答案】 企业在所得税前可以扣除的公益性捐赠支出的计算步骤：

1. 运费收入＝3 270×10%÷(1＋9%)＝300(万元)

2. 年度利润总额＝3 270＋300－2 780－360－200－60＝170(万元)

3. 本年度公益性捐赠扣除限额＝170×12% ＝20.4(万元)

4. 企业发生的公益性捐赠允许税前扣除20.4万元，超标的159.6万元准予结转到以后3年税前扣除。

【案例实训5-1】

甲公司2023年经营业务如下：取得主营业务收入4 500万元，其他业务收入1 000万元，视同销售收入500万元，营业成本3 200万元；发生销售费用1 340万元（其中广告费 1 000 万元)，管理费用 960 万元（其中业务招待费 30 万元)，财务费用 120 万元；营业税及教育费附加 80 万元，营业外收入 140 万元，营业外支出 100 万元（其中通过公益性社会团体向灾区捐款 60 万元，支付税收滞纳金 12 万元)。计入成本、费用中的实发工资总额 300 万元，拨缴职工工会活动经费 6 万元，提取职工福利费 46 万元、职工教育经费 10 万元。

计算甲公司 2023 年应缴纳的企业所得税额。

【答案】

1. 年度利润总额＝4 500＋1 000＋500＋140－3 200－1 340－960－120－80－100＝340(万元)

2. 营业收入＝4 500＋1 000＋500＝6 000(万元)

3. 广告费扣除限额＝6 000×15％＝900(万元)

广告费纳税调整增加额＝1 000－900＝100(万元)

4. 业务招待费实际发生额×60％＝30×60％＝18(万元)

销售（营业）收入×5‰＝6 000×5‰＝30(万元)

业务招待费扣除限额为 18 万元，纳税调整增加额 12 万元。

5. 捐赠支出扣除限额＝340×12％＝40.80(万元)＜60 万元，应扣除 40.8 万元，应调增所得额＝60－340×12％＝19.2(万元)，超标的 19.2 万元准予在以后三年内扣除。

6. 工会经费扣除限额＝300×2％＝6(万元)，实际拨款 6 万元，无须进行纳税调整。

7. 职工福利费扣除限额＝300×14％＝42 万元，实际发生 46 万元，纳税调整增加额 4 万元。

8. 职工教育经费扣除限额＝300×8％＝24 万元，实际发生 10 万元，无须调整。

9. 税收滞纳金不能在税前扣除，纳税调整增加额为 12 万元。

10. 2023 年应纳税所得额＝340＋100＋12＋19.2＋4＋12＝487.2(万元)

11. 2023 年应纳所得税额＝487.2×25％＝121.8(万元)

五、不得扣除项目

税法规定，在计算应纳税所得额时，下列支出不得扣除：

1. 向投资者支付的股息、红利等权益性投资收益款项。

2. 企业所得税税款。

3. 税收滞纳金。

4. 罚金、罚款和被没收财物的损失。不包括纳税人按照经济合同规定支付的违约金（包括银行罚息)、罚款和诉讼费。

5. 超过规定标准的捐赠支出。

6. 赞助支出，指企业发生的与生产经营活动无关的各种非广告性支出。

7. 未经核定的准备金支出，指不符合国务院财政部门、税务主管部门规定的各项资产减值准备、风险准备等准备金支出。除财政部和国家税务总局核准计提的准备金可以税前扣除外，其他行业、企业计提的各项资产减值准备、风险准备等准备金均不得税前扣除。

8. 企业之间支付的管理费、企业内营业机构之间支付的租金和特许权使用费，以及非银行企业内营业机构之间支付的利息，不得扣除。

9. 与取得收入无关的其他支出。

六、亏损弥补

亏损是指企业依照《中华人民共和国企业所得税法》及其实施条例的规定，将每一纳税年度的收入总额减除不征税收入、免税收入和各项扣除后小于零的数额。税法规定，企业某一纳税年度发生的亏损可以用下一年度的所得弥补，下一年度的所得不足以弥补的，可以逐年延续弥补，但最长不得超过 5 年。企业在汇总计算缴纳企业所得税时，其境外营业机构的亏损不得抵减境内营业机构的盈利。

注意：亏损弥补期限是自亏损年度报告的下一个年度起连续 5 年不间断地计算。5 年内不论是盈利或亏损，都作为实际弥补期限计算。

自 2018 年 1 月 1 日起，当年具备高新技术企业或科技型中小企业资格的企业，其具备资格年度之前 5 个年度发生的尚未弥补完的亏损，准予结转以后年度弥补，最长结转年限由 5 年延长至 10 年。

企业筹办期间不计算为亏损年度，企业开始生产经营的年度为开始计算企业损益的年度。企业从事生产经营之前进行筹办活动期间发生的筹办费用支出不得计算为当期的亏损，企业可以在开始经营之日的当年一次性扣除，也可以按照税法有关长期待摊费用的处理规定处理，但一经选定，不得改变。

【做中学 5-21】 某居民企业 2018 年度发生的亏损，根据《中华人民共和国企业所得税法》规定，该亏损额可以用以后纳税年度的所得逐年弥补，但延续弥补不得晚于（　　）。

A. 2020 年　　B. 2021 年　　C. 2022 年　　D. 2023 年

【答案】 D

任务 5.3　资产的税务处理

企业所得税法关于资产的税务处理的规定与新会计准则的规定基本相同。企业所得税法规定了纳税人资产的税务处理，目的是通过对资产的分类，区别资本性支出与收益性支出，确定准予扣除和不得扣除项目，正确计算应纳税所得额。企业的各项资产以取得时的历史成本为计税基础。企业持有各项资产期间资产增值或者减值，除国务院财政、税务主管部门规定可以确认损益外，不得调整该资产的计税基础。

一、固定资产的税务处理

（一）固定资产折旧的范围

在计算应纳税所得额时，企业按照规定计提的固定资产折旧，准予扣除。下列固定资产不得计提折旧扣除：

1. 房屋、建筑物以外未投入使用的固定资产；
2. 以经营租赁方式租入的固定资产；
3. 以融资租赁方式租出的固定资产；
4. 已足额计提折旧后仍继续使用的固定资产；
5. 与经营活动无关的固定资产；
6. 单独估价作为固定资产入账的土地；
7. 其他不得计算折旧扣除的固定资产。

（二）固定资产的计税基础

固定资产按照以下方法确定计税基础：

1. 外购的固定资产，以购买价款和支付的相关税费以及直接归属于使该资产达到预定用途发生的其他支出为计税基础。

2. 自行建造的固定资产，以竣工结算前发生的支出为计税基础。

3. 融资租入的固定资产，以租赁合同约定的付款总额和承租人在签订租赁合同过程中发生的相关费用为计税基础；租赁合同未约定付款总额的，以该资产的公允价值和承租人在签订租赁合同过程中发生的相关费用为计税基础。

4. 盘盈的固定资产，以同类固定资产的重置完全价值为计税基础。

5. 通过捐赠、投资、非货币性资产交换、债务重组等方式取得的固定资产，以该资产的公允价值和支付的相关税费为计税基础。

6. 改建的固定资产，除已足额计提折旧的固定资产和租入的固定资产以外的其他固定资产，以改建过程中发生的改建支出增加计税基础。

（三）固定资产折旧的计提方法

固定资产按照直线法计算的折旧准予扣除。企业应当自固定资产投入使用月份的次月起计算折旧；停止使用的固定资产，应当自停止使用月份的次月起停止计提折旧。企业应当根据固定资产的性质和使用情况，合理确定固定资产的预计净残值。固定资产的预计净残值一经确定，不得变更。

引导企业加大设备、器具投资力度

（四）固定资产折旧的计提年限

除国务院财政、税务主管部门另有规定的外，固定资产计算折旧的最低年限如下：

1. 房屋、建筑物为 20 年；
2. 飞机、火车、轮船、机器、机械和其他生产设备为 10 年；
3. 与生产经营活动有关的器具、工具、家具等为 5 年；
4. 飞机、火车、轮船以外的运输工具为 4 年；
5. 电子设备为 3 年。

（五）固定资产折旧的企业所得税处理

1. 企业固定资产会计折旧年限如果短于税法规定的最低折旧年限，其按会计折旧年限计提的折旧高于按税法规定的最低折旧年限计提的折旧部分，应调增当期应纳税所得额；企业固定资产会计折旧年限已期满且会计折旧已提足，但税法规定的最低折旧年限尚未到期，且税收折旧尚未足额扣除的，其未足额扣除的部分准予在剩余的税收折旧年限继续按规定扣除。

2. 企业固定资产会计折旧年限如果长于税法规定的最低折旧年限，其折旧应按会计折旧年限计算扣除，税法另有规定除外。

3. 企业按会计规定提取的固定资产减值准备不得税前扣除，其折旧仍按税法确定的固定资产计税基础计算扣除。

4. 企业按税法规定实行加速折旧的，其按加速折旧办法计算的折旧额可全额在税前扣除。

5. 石油天然气开采企业在计提油气资产折耗（折旧）时，由于会计与税法规定计算方法不同导致的折耗（折旧）差异，应按税法规定进行纳税调整。

【做中学 5-22】 根据《中华人民共和国企业所得税法》的规定，飞机、火车、轮船以外的运输工具计算折旧的最低年限为（　　）。

A. 3 年　　B. 4 年　　C. 5 年　　D. 10 年

【答案】 B

【做中学 5-23】 根据《中华人民共和国企业所得税法》的规定，不得提取折旧的固定资产是（　　）。

A. 房屋、建筑物　　B. 以经营租赁方式出租的固定资产

C. 已提足折旧仍继续使用的固定资产　　D. 季节性停用的机器设备

【答案】 C

二、生产性生物资产的税务处理

生物资产分为消耗性生物资产、生产性生物资产和公益性生物资产。消耗性生物资产是指生长中的农田作物、用材林、存栏待售的牲畜等。生产性生物资产是指企业以生

产农产品、提供劳务或者出租等目的而持有的生物资产，包括经济林、薪炭林、产畜和役畜等。公益性生物资产是指以防护、环境保护为主要目的的生物资产，包括防风固沙林、水土保持林和水源涵养林等。

(一) 生产性生物资产的计税基础

生产性生物资产按照以下方法确定计税基础：

1. 外购的生产性生物资产，以购买价款和支付的相关税费为计税基础。

2. 通过捐赠、投资、非货币性资产交换、债务重组等方式取得的生产性生物资产，以该资产的公允价值和支付的相关税费为计税基础。

(二) 生产性生物资产的折旧方法和折旧年限

生产性生物资产按照直线法计算的折旧准予扣除。投入使用的生产性生物资产，应当自投入使用月份的次月起计算折旧；停止使用的生产性生物资产，应当自停止使用月份的次月起停止计算折旧。企业应当根据生产性生物资产的性质和使用情况合理确定生产性生物资产的预计净残值。生产性生物资产的预计净残值一经确定，不得变更。

生产性生物资产计算折旧的最低年限如下：

1. 林木类生产性生物资产为 10 年；

2. 畜类生产性生物资产为 3 年。

【做中学 5-24】 下列各项中，依据企业所得税法规定可计提折旧的生物资产是（　　）。

A. 经济林　　B. 防风固沙林　　C. 用材林　　D. 存栏待售的牲畜

【答案】 A

三、无形资产的税务处理

无形资产是指企业为生产产品、提供劳务、出租或者经营管理而持有的、没有实物形态的非货币性长期资产，包括专利权、商标权、著作权、土地使用权、非专利技术、商誉等。

(一) 无形资产的计税基础

无形资产按照以下方法确定计税基础：

1. 外购的无形资产，以购买价款和支付的相关税费以及直接归属于使该资产达到预定用途发生的其他支出为计税基础。

2. 自行开发的无形资产，以开发过程中该资产符合资本化条件后至达到预定用途前发生的支出为计税基础。

3. 通过捐赠、投资、非货币性资产交换、债务重组等方式取得的无形资产，以该资产的公允价值和支付的相关税费为计税基础。

（二）无形资产的摊销范围

在计算应纳税所得额时，企业按照规定计算的无形资产摊销费用准予扣除。下列无形资产不得计算摊销费用扣除：

1. 自行开发的支出已在计算应纳税所得额时扣除的无形资产；
2. 自创商誉；
3. 与经营活动无关的无形资产；
4. 其他不得计算摊销费用扣除的无形资产。

（三）无形资产的摊销方法及年限

无形资产按照直线法计算摊销费用，摊销年限不得低于 10 年。作为投资或者受让的无形资产，有关法律规定或者合同约定了使用年限的，可以按照规定或者约定的使用年限分期摊销。外购商誉的支出，在企业整体转让或者清算时准予扣除。

根据财税〔2008〕1 号文件的规定，企事业单位购进软件，凡符合固定资产或无形资产确认条件的，可以按照固定资产或无形资产进行核算，经主管税务机关批准，其折旧或摊销年限可以适当缩短，最短可为 2 年。

四、长期待摊费用的税务处理

在计算应纳税所得额时，企业发生的下列支出作为长期待摊费用按照规定摊销的，准予扣除：

1. 已足额计提折旧的固定资产的改建支出，按照固定资产预计尚可使用年限分期摊销。

2. 租入固定资产的改建支出，按照合同约定的剩余租赁期限分期摊销；改建的固定资产延长使用年限的，除前述规定外，应当适当延长折旧年限。

3. 固定资产的大修理支出，按照固定资产尚可使用年限分期摊销。固定资产的大修理支出是指同时符合下列条件的支出：

（1）修理支出达到取得固定资产时的计税基础 50%以上；

（2）修理后固定资产的使用年限延长 2 年以上。

4. 其他应当作为长期待摊费用的支出，自支出发生月份的次月起分期摊销，摊销年限不得低于 3 年。

五、投资资产的税务处理

（一）投资资产

投资资产是指企业对外进行权益性投资和债权性投资形成的资产。企业对外投资期间，投资资产的成本在计算应纳税所得额时不得扣除；企业在转让或者处置投资资产时，投资资产的成本准予扣除。投资资产按照以下方法确定成本：

1. 通过支付现金方式取得的投资资产，以购买价款为成本。

2. 通过支付现金以外的方式取得的投资资产，以该资产的公允价值和支付的相关税费为成本。

六、存货的税务处理

（一）存货

企业使用或者销售存货，按照规定计算的存货成本，准予在计算应纳税所得额时扣除。存货按照以下方法确定成本：

1. 通过支付现金方式取得的存货，以购买价款和支付的相关税费为成本。

2. 通过支付现金以外的方式取得的存货，以该存货的公允价值和支付的相关税费为成本。

3. 生产性生物资产收获的农产品，以产出或者采收过程中发生的材料费、人工费和分摊的间接费用等必要支出为成本。

企业使用或者销售的存货的成本计算方法，可以在先进先出法、加权平均法、个别计价法中选用一种。计价方法一经选用，不得随意变更。

任务 5.4　企业所得税的税收优惠

税收优惠是国家对某一部分特定企业和课税对象给予减轻或免除税收负担的一种措施。例如，国家对重点扶持和鼓励发展的产业和项目，给予企业所得税优惠。税法规定的企业所得税的税收优惠方式包括免税、减税、加计扣除、加速折旧、减计收入、税额抵免等。

一、免征与减征优惠

企业的下列所得可以免征、减征企业所得税。企业如果从事国家限制和禁止发展的项目，不得享受企业所得税优惠。

（一）从事农、林、牧、渔业项目的所得

为扶持农、林、牧、渔业发展，对从事农、林、牧、渔业项目的所得免征或减半征收企业所得税。

1. 企业从事下列农、林、牧、渔业项目的所得，免征企业所得税

（1）蔬菜、谷物、薯类、油料、豆类、棉花、麻类、糖料、水果、坚果的种植；

（2）农作物新品种的选育；

（3）中药材的种植；

（4）林木的培育和种植；

（5）牲畜、家禽的饲养；

（6）林产品的采集；

（7）灌溉、农产品初加工、兽医、农技推广、农机作业和维修等农、林、牧、渔服务业项目；

（8）远洋捕捞。

2. 企业从事下列项目的所得，减半征收企业所得税

（1）花卉、茶以及其他饮料作物和香料作物的种植；

（2）海水养殖、内陆养殖。

（二）从事国家重点扶持的公共基础设施项目投资经营的所得

国家重点扶持的公共基础设施项目，是指《公共基础设施项目企业所得税优惠目录》规定的港口码头、机场、铁路、公路、城市公共交通、电力、水利等项目。

企业从事国家重点扶持的公共基础设施项目的投资经营的所得，自项目取得第一笔生产经营收入所属纳税年度起，第 1 年至第 3 年免征企业所得税，第 4 年至第 6 年减半征收企业所得税，即“三免三减半”。

企业承包经营、承包建设和内部自建自用规定的重点扶持项目，不得享受规定的企业所得税优惠。

（三）从事符合条件的环境保护、节能节水项目的所得

企业从事规定的符合条件的环境保护、节能节水项目的所得，自项目取得第一笔生产经营收入所属纳税年度起，第 1 年至第 3 年免征企业所得税，第 4 年至第 6 年减半征收企业所得税，即享受“三免三减半”税收优惠。

符合条件的环境保护、节能节水项目，包括公共污水处理、公共垃圾处理、沼气综合开发利用、节能减排技术改造、海水淡化等。项目的具体条件和范围由国务院财政、税务主管部门商国务院有关部门制定，报国务院批准后公布施行。

依照规定享受减（免）税优惠的项目在减（免）税期限内转让的，受让方自受让之日起，可以在剩余期限内享受规定的减（免）税优惠；减（免）税期限届满后转让的，受让方不得就该项目重复享受减（免）税优惠。

绿色环保、节能节水、保护自然、人类命运共同体

（四）符合条件的技术转让所得

《中华人民共和国企业所得税法》所称符合条件的技术转让所得免征、减征企业所得税，是指一个纳税年度内，居民企业转让技术所有权所得不超过 500 万元的部分免征企业所得税；超过 500 万元的部分减半征收企业所得税。

技术转让中所称技术的范围，包括居民企业转让专利技术、计算机软件著作权、集成电路布图设计权、植物新品种、生物医药新品种、5 年（含）以上非独占许可使用权，以及财政部和国家税务总局确定的其他技术。

符合条件的技术转让所得的计算方法如下：

$$技术转让所得=技术转让收入-技术转让成本-相关税费$$

或：

$$\begin{matrix}技术转让\\所得\end{matrix}=\begin{matrix}技术转让\\收入\end{matrix}-\begin{matrix}无形资产\\摊销费用\end{matrix}-相关税费-\begin{matrix}应分摊\\期间费用\end{matrix}$$

其中，技术转让收入是指当事人履行技术转让合同后获得的价款，不包括销售或转让设备、仪器、零部件、原材料等非技术性收入。不属于与技术转让项目密不可分的技术咨询、技术服务、技术培训等收入不得计入技术转让收入。

技术转让成本是指转让的无形资产的净值，即该无形资产的计税基础减除在资产使用期间按照规定计算的摊销扣除额后的余额。

相关税费是指在技术转让过程中实际发生的有关税费，包括除企业所得税和允许抵扣的增值税以外的各项税金及其附加、合同签订费用、律师费等相关费用及其他支出。

享受技术转让所得减免企业所得税优惠的企业，应单独计算技术转让所得，并合理分摊企业的期间费用；没有单独计算的，不得享受技术转让所得企业所得税优惠。享受减免企业所得税优惠的技术转让应符合以下条件：

1. 享受优惠的技术转让主体是《中华人民共和国企业所得税法》规定的居民企业；
2. 技术转让属于财政部、国家税务总局规定的范围；
3. 境内技术转让须经省级以上科技部门认定；
4. 向境外转让技术须经省级以上商务部门认定；
5. 国务院税务主管部门规定的其他条件。

二、高新技术企业优惠、技术先进型服务企业优惠

（一）高新技术企业按优惠税率 15%征收企业所得税

国家需要重点扶持的高新技术企业减按 15%的税率征收企业所得税。国家需要重点扶持的高新技术企业，是指拥有核心自主知识产权，并同时符合下列条件的企业：

1. 企业申请认定时须注册成立一年以上。

2. 企业通过自主研发、受让、受赠、并购等方式，获得对其主要产品（服务）在技术上发挥核心支持作用的知识产权的所有权。

3. 对企业主要产品（服务）发挥核心支持作用的技术属于《国家重点支持的高新技术领域》规定的范围。

4. 企业从事研发和相关技术创新活动的科技人员占企业当年职工总数的比例不低

于 10%。

5. 企业在中国境内发生的研究开发费用总额占全部研发费用总额的比例不低于60%，且近三年（实际经营期不满三年的按实际经营期计算）的研究开发费用总额占同期销售收入总额的比例符合如下要求：

（1）最近一年销售收入小于 5 000 万元（含）的企业，比例不低于 5%；

（2）最近一年销售收入在 5 000 万元至 2 亿元（含）的企业，比例不低于 4%；

（3）最近一年销售收入在 2 亿元以上的企业，比例不低于 3%。

6. 近一年高新技术产品（服务）收入占企业同期总收入的比例不低于 60%。

7. 企业创新能力评价应达到相应要求。

8. 企业申请认定前一年内未发生重大安全、重大质量事故或严重环境违法行为。

（二）经济特区和上海浦东新区新设立高新技术企业过渡性税收优惠

经济特区和上海浦东新区新设立高新技术企业。经济特区和上海浦东新区内，在 2008 年 1 月 1 日（含）之后完成登记注册的国家需要重点扶持的高新技术企业，在经济特区和上海浦东新区内取得的所得，自取得第一笔生产经营收入所属纳税年度起，第 1 年至第 2 年免征企业所得税，第 3 年至第 5 年按照法定税率 25%减半征收企业所得税，即“免二减三”。

经济特区和上海浦东新区内新设高新技术企业同时在经济特区和上海浦东新区以外的地区从事生产经营的，应当单独计算其在经济特区和上海浦东新区内取得的所得，并合理分摊企业的期间费用；没有单独计算的，不得享受企业所得税优惠。

知识链接

“免二减三”也适用于动漫企业。经认定的动漫企业自主开发、生产动漫产品，自获利年度起，第 1 年至第 2 年免征企业所得税，第 3 年至第 5 年按照 25%的法定税率减半征收企业所得税。

（三）技术先进型服务企业按优惠税率 15%征收企业所得税

自 2017 年 1 月 1 日起，在全国范围内对经认定的技术先进型服务企业，减按 15%的税率征收所得税。享受优惠政策的技术先进型服务企业必须同时符合以下条件：

1. 在中国境内（不包括港、澳、台地区）注册的法人企业；

2. 从事《技术先进型服务业务认定范围（试行）》中的一种或多种技术先进型服务业务，采用先进技术或具备较强的研发能力；

3. 具有大专以上学历的员工占企业职工总数的 50%以上；

4. 从事《技术先进型服务业务认定范围（试行）》中的技术先进型服务业务取得的

收入占企业当年总收入的50%以上；

5. 从事离岸服务外包业务取得的收入不低于企业当年总收入的35%。

三、小微企业的企业所得税优惠

（一）小型微利企业的认定

《关于实施小微企业普惠性税收减免政策的通知》（财税〔2019〕13号）文件规定了小型微利企业的最新认定标准：小型微利企业是指从事国家非限制和禁止行业，且同时符合年度应纳税所得额不超过300万元、从业人数不超过300人、资产总额不超过5 000万元三个条件的企业。

从业人数包括与企业建立劳动关系的职工人数和企业接受的劳务派遣用工人数。从业人数和资产总额指标应按企业全年的季度平均值确定。具体计算公式如下：

季度平均值＝(季初值＋季末值)÷2

全年季度平均值＝全年各季度平均值之和÷4

年度中间开业或终止经营活动的，以其实际经营期作为一个纳税年度确定上述相关指标。

（二）小型微利企业所得税优惠

小微企业所得税优惠标准变化历程

为进一步支持小微企业发展，财政部、国家税务总局2019年1月17日发布了《关于实施小微企业普惠性税收减免政策的通知（财税〔2019〕13号）》，规定：自2019年1月1日至2021年12月31日，对小型微利企业年应纳税所得额不超过100万元的部分，减按25%计入应纳税所得额，按20%的税率缴纳企业所得税；对年应纳税所得额超过100万元但不超过300万元的部分，减按50%计入应纳税所得额，按20%的税率缴纳企业所得税。

上述小型微利企业是指从事国家非限制和禁止行业，且同时符合年度应纳税所得额不超过300万元、从业人数不超过300人、资产总额不超过5 000万元等三个条件的企业。

财税2021第12号公告规定：自2021年1月1日至2022年12月31日，对小型微利企业年应纳税所得额不超过100万元的部分，在财税〔2019〕13号文件规定的优惠政策基础上再减半，即减按12.5%计入应纳税所得额，按20%的税率缴纳企业所得税。

为进一步支持小微企业发展，财税2022第13号《关于进一步实施小微企业所得税优惠政策的公告》规定：自2022年1月1日至2024年12月31日，对小型微利企业年应纳税所得额超过100万元但不超过300万元的部分，减按25%计入应纳税所得额，按20%的税率缴纳企业所得税。

财税 2023 年 6 号《关于小微企业和个体工商户所得税优惠政策的公告》规定：为支持小微企业和个体工商户发展，自 2023 年 1 月 1 日至 2024 年 12 月 31 日，对小型微利企业年应纳税所得额不超过 100 万元的部分，减按 25%计入应纳税所得额，按 20%的税率缴纳企业所得税。对个体工商户年应纳税所得额不超过 100 万元的部分，在现行优惠政策基础上，减半征收个人所得税。

2023 年 12 月《支持小微企业和个体工商户发展税费优惠政策指引（2.0）》规定：对小型微利企业减按 25%计算应纳税所得额，按 20%的税率缴纳企业所得税，该项政策延续执行至 2027 年 12 月 31 日。小微企业优惠执行情况如图 5-1 所示。

年应纳税所得额不超过100万元的部分	减按25%计入应纳税所得额	减按12.5%计入应纳税所得额	减按12.5%计入应纳税所得额	减按25%计入应纳税所得额
年应纳税所得额超过100万元但不超过300万元的部分	减按50%计入应纳税所得额	减按50%计入应纳税所得额	减按25%计入应纳税所得额	减按25%计入应纳税所得额

2019年1月1日　2021年1月1日　2022年1月1日　2023年1月1日　2027年12月31日

图 5-1　小微企业所得税优惠执行路线图

值得注意的是，自 2023 年 1 月 1 日起，企业设立不具有法人资格分支机构的，应当汇总计算总机构及其各分支机构的从业人数、资产总额、年度应纳税所得额，依据合计数判断是否符合小型微利企业条件。

知识链接

小微企业税收优惠知多少？

国家为进一步鼓励支持小微企业发展，支持小微企业抗击疫情冲击，助企纾困，制定了诸多适用于小微企业的税收优惠政策。假定一家小微企业每年的年应税所得额为 300 万元，则该小微企业 2019 至 2027 年度的企业所得税税收优惠比较见下表：

某小微企业近年企业所得税计算表

税收优惠执行时间	年应纳税所得额不超过 100 万元的部分	年应纳税所得额超过 100 万元但不超过 300 万元的部分	300 万元所得合计税额
2019 年 1 月 1 日—2020 年 12 月 31 日	税额＝100 万元×25%×20%＝5 万元	税额＝200 万元×50%×20%＝20 万元	25 万元
2021 年 1 月 1 日—2021 年 12 月 31 日	税额＝100 万元×12.5%×20%＝2.5 万元	税额＝200 万元×50%×20%＝20 万元	22.5 万元
2022 年 1 月 1 日—2022 年 12 月 31 日	税额＝100 万元×12.5%×20%＝2.5 万元	税额＝200 万元×25%×20%＝10 万元	12.5 万元
2023 年 1 月 1 日—2027 年 12 月 31 日	税额＝100 万元×25%×20%＝5 万元	税额＝200 万元×25%×20%＝10 万元	15 万元

从计算结果可知，国家对小微企业的企业所得税税收优惠很明显促进了小微企业的发展。

四、加计扣除优惠

加计扣除是指在计算应纳税所得额时，对企业支出项目按实际发生数额扣除的基础上，再按规定的比例给予追加扣除的一种税收优惠措施。加计扣除优惠包括以下内容。

（一）开发新技术、新产品、新工艺发生的研究开发费用

企业所得税法规定，开发新技术、新产品、新工艺发生的研究开发费用，可以在计算应纳税所得额时加计扣除。

1. 一般企业研究开发费的加计扣除

企业为开发新技术、新产品、新工艺发生的研究开发费用，自2018年1月1日至2022年9月30日，未形成无形资产计入当期损益的，在按照规定据实扣除的基础上，再按照本年度研究开发费用实际发生额的75%加计扣除；形成无形资产的，按照无形资产成本的175%摊销。自2022年10月1日至2022年12月31日期间，税前加计扣除比例提高到100%。

一般企业，是指除制造业以外的企业，且不属于烟草制造业、住宿和餐饮业、批发和零售业、房地产业、租赁和商务服务业、娱乐业。烟草制造业、住宿和餐饮业、批发和零售业、房地产业、租赁和商务服务业、娱乐业、财政部和国家税务总局规定的其他行业，不适用税前加计扣除政策。

自2023年1月1日起，企业开展研发活动中实际发生的研发费用，未形成无形资产计入当期损益的，在按规定据实扣除的基础上，再按照实际发生额的100%在税前加计扣除；形成无形资产的，自2023年1月1日起，按照无形资产成本的200%在税前摊销。上述政策作为制度性安排长期实施。

2. 制造业企业研究开发费的加计扣除

为进一步激励企业加大研发投入，支持科技创新，自2021年1月1日起，对制造业企业开展研发活动中实际发生的研发费用，未形成无形资产计入当期损益的，在按规定据实扣除的基础上，再按照实际发生额的100%在税前加计扣除；形成无形资产的，自2021年1月1日起，按照无形资产成本的200%在税前摊销。制造业企业是指以当年制造业主营业务收入占收入总额的比例达到50%以上的企业。

3. 研究开发费用的范围

研发费用包括：

（1）人员人工费用，指直接从事研发活动人员的工资薪金、五险一金，以及外聘研发人员的劳务费用。

（2）直接投入费用，指研发活动直接消耗的材料、燃料和动力费用；用于中间试验和产品试制的模具、工艺装备开发及制造费，不构成固定资产的样品、样机及一般测试手段购置费，试制产品的检验费；用于研发活动的仪器、设备的运行维护、调整、检验、

维修等费用，以及通过经营租赁方式租入的用于研发活动的仪器、设备租赁费。

（3）折旧费用，指用于研发活动的仪器、设备的折旧费。

（4）无形资产摊销费用，指用于研发活动的软件、专利权、非专利技术（包括许可证、专有技术、设计和计算方法等）的摊销费用。

（5）新产品设计费、新工艺规程制定费、新药研制的临床试验费、勘探开发技术的现场试验费，指企业在新产品设计、新工艺规程制定、新药研制的临床试验、勘探开发技术的现场试验过程中发生的与开展该项活动有关的各类费用。

（6）其他相关费用，指与研发活动直接相关的其他费用，如技术图书资料费、资料翻译费、专家咨询费、高新科技研发保险费，研发成果的检索、分析、评议、论证、鉴定、评审、评估、验收费用，知识产权的申请费、注册费、代理费，差旅费、会议费，职工福利费、补充养老保险费、补充医疗保险费。此类费用总额不得超过可加计扣除研发费用总额的10%。

【做中学5-25】 某制造业企业2022年利润总额为200万元，当年开发新产品研发费用实际支出为20万元，已知税法规定研发费用可实行加计扣除政策。

【解析】 该企业2022年可以税前扣除的研发费用=20×200%=40(万元)。

（二）科技型中小企业的研究开发费用加计扣除

为进一步激励中小企业加大研发投入，支持科技创新，在2017年1月1日至2021年12月31日期间，科技型中小企业开展研发活动中实际发生的研发费用，未形成无形资产计入当期损益的，在按规定据实扣除的基础上再按照实际发生额的75%在税前加计扣除；形成无形资产的，在上述期间按照无形资产成本的175%在税前摊销。

为进一步支持科技创新，鼓励科技型中小企业加大研发投入，对科技型中小企业开展研发活动中实际发生的研发费用，未形成无形资产计入当期损益的，在按规定据实扣除的基础上，自2022年1月1日起，再按照实际发生额的100%在税前加计扣除；形成无形资产的，自2022年1月1日起，按照无形资产成本的200%在税前摊销。

（三）企业委托境外研究开发费用加计扣除

为进一步激励企业加大研发投入，加强创新能力开放合作，根据《关于企业委托境外研究开发费用税前加计扣除有关政策问题的通知》(财税〔2018〕64号）的规定，企业委托境外进行研发活动所发生的费用，按照费用实际发生额的80%计入委托方的委托境外研发费用，不超过境内符合条件的研发费用三分之二的部分，可以按规定在企业所得税前加计扣除。

（四）安置残疾人员所支付的工资加计扣除

企业安置残疾人员所支付的工资的加计扣除，是指企业安置残疾人员的，在按照支付给残疾职工工资据实扣除的基础上，可以在计算应纳税所得额时按照支付给残疾职工工资的100%加计扣除。加计扣除办法由国务院另行规定。

企业享受安置残疾职工工资100%加计扣除应同时具备如下条件：

1. 依法与安置的每位残疾人签订了1年以上（含1年）的劳动合同或服务协议，并且安置的每位残疾人在企业实际上岗工作。

2. 为安置的每位残疾人按月足额缴纳了企业所在区县人民政府根据国家政策规定的基本养老保险、基本医疗保险、失业保险和工伤保险等社会保险。

3. 定期通过银行等金融机构向安置的每位残疾人实际支付了不低于企业所在区县适用的经省级人民政府批准的最低工资标准的工资。

4. 具备安置残疾人上岗工作的基本设施。

【做中学5-26】 甲企业属于科技型中小居民企业，2022年发生新技术研究开发费200万元，其中形成无形资产的部分为120万元，计入当期损益的部分为80万元，该无形资产2022年7月开发完成并投入使用，摊销期限为10年。计算该企业2022年计算应纳税所得额时可以扣除的研发费用。

【答案】 未形成无形资产的部分应扣除研发费金额＝80＋80×100%＝160(万元)

形成无形资产的部分应扣除的摊销额＝120×(1＋100%)÷(10×12)×6＝12(万元)

企业2022年计算应纳税所得额时可以扣除的研发费用＝160＋12＝172(万元)

五、创投企业抵扣应纳税所得额优惠

创业投资企业是指在中国境内设立的、专门从事创业投资活动的企业或其他经济组织。创业投资企业从事国家需要重点扶持和鼓励的创业投资，可以按投资额的一定比例抵扣应纳税所得额。

抵扣应纳税所得额是指创业投资企业采取股权投资方式投资于未上市的中小高新技术企业两年以上的，可以按照其投资额的70%在股权持有满两年的当年抵扣该创业投资企业的应纳税所得额；当年不足抵扣的，可以在以后纳税年度结转抵扣。

六、加速折旧优惠

（一）一般性加速折旧

企业的固定资产由于技术进步等原因确需加速折旧的，可以缩短折旧年限或者采取加速折旧的方法。可以采取以上折旧方法的固定资产包括：

1. 由于技术进步，产品更新换代较快的固定资产；

2. 常年处于强震动、高腐蚀状态的固定资产。

采取缩短折旧年限方法的，最低折旧年限不得低于法定折旧年限的60%；采取加速折旧方法的，可以采取双倍余额递减法或者年数总和法。

（二）一次性税前扣除的固定资产

财税〔2018〕54号文件规定：为引导企业加大设备、器具投资力度，企业在2018年1月1日至2020年12月31日期间新购进的设备、器具，单位价值不超过500万元的，允许一次性计入当期成本费用在计算应纳税所得额时扣除，不再分年度计算折旧；单位价值超过500万元的，仍按原规定执行。设备、器具是指除房屋、建筑物以外的固定资产。《财政部　税务总局关于延长部分税收优惠政策执行期限的公告》和《支持小微企业和个体工商户发展税费优惠政策指引（2.0）》规定，财税〔2018〕54号文件的税收优惠政策执行期限延长至2027年12月31日。

所有行业持有的单位价值不超过5 000元的固定资产，允许一次性计入当期成本费用在计算应纳税所得额时扣除，不再分年度计算折旧。

知识链接

助企纾困，促进技术进步，加快设备更新换代

受经济下行压力加大和新冠肺炎疫情的持续影响，中小微企业面临一定生产经营困难，为进一步促进中小微企业技术更新和设备改造，增强“造血”功能，提高技术含量和增长后劲，同时拉动机器设备等投资，适当对冲“需求收缩、供给冲击、预期转弱”三重压力，财政部、税务总局制发了《关于中小微企业设备器具所得税税前扣除有关政策的公告》(2022年第12号公告)，明确中小微企业在2022年1月1日至2022年12月31日期间新购置的单位价值500万元以上的设备器具，可按一定比例一次性税前扣除：对法定最低折旧年限为3年的设备器具，单位价值的100%可在当年一次性税前扣除；对法定最低折旧年限为4年、5年、10年的设备器具，单位价值的50%可在当年一次性税前扣除，其余50%按规定在剩余年度计算折旧进行税前扣除。

高新技术企业在2022年10月1日至2022年12月31日期间新购置的设备、器具，允许当年一次性全额在计算应纳税所得额时扣除，并允许在税前实行100%加计扣除。

七、减计收入优惠

企业综合利用资源，生产符合国家产业政策规定的产品所取得的收入，可以在计算应纳税所得额时减计收入。减计收入是指企业以《资源综合利用企业所得税优惠目录》规定的资源作为主要原材料，生产国家非限制和禁止并符合国家和行业相关标准的产品取得的收入，减按90%计入收入总额。前述所称原材料占生产产品材料的比例不得低于前述优惠目录规定的标准。

2027 年 12 月 31 日前，对金融机构农户小额贷款的利息收入、小额贷款公司取得的农户小额贷款利息收入、保险公司为种植业养殖业提供保险业务取得的保费收入，在计算应纳税所得额时减按 90%计入收入总额。

自 2019 年 6 月 1 日起至 2025 年 12 月 31 日，提供社区养老、托育、家政服务取得的收入，在计算应纳税所得额时减按 90%计入收入总额。

八、税额抵免优惠

企业购置用于环境保护、节能节水、安全生产等专用设备的投资额，可以按一定比例实行税额抵免。

税额抵免是指企业购置并实际使用《环境保护专用设备企业所得税优惠目录》《节能节水专用设备企业所得税优惠目录》和《安全生产专用设备企业所得税优惠目录》规定的环境保护、节能节水、安全生产等专用设备的，该专用设备的投资额的 10%可以从企业当年的应纳税额中抵免；当年不足抵免的，可以在以后 5 个纳税年度结转抵免。

享受上述规定的企业所得税优惠的企业，应当实际购置并自身实际投入使用上述规定的专用设备；企业购置上述专用设备在 5 年内转让、出租的，应当停止享受企业所得税优惠，并补缴已经抵免的企业所得税税款。

【做中学 5-27】 2023 年 3 月某机械厂购进一台安全生产设备，取得增值税专用发票，注明设备价款为 1 000 万元、进项税额 130 万元。若该厂 2023 年度应纳税所得额为 800 万元。不考虑其他因素，该企业 2023 年度应缴纳的企业所得税是多少？

【答案】 本年度可抵免的企业所得税额＝1 000×10%＝100(万元)；

本年度企业实际应缴纳的企业所得税额＝800×25%－100＝100(万元)。

绿色发展、绿水青山就是金山银山

九、非居民企业优惠

在中国境内未设立机构、场所的，或者虽设立机构、场所但取得的所得与其所设机构、场所没有实际联系的非居民企业，其取得的源于中国境内的所得减按 10%的税率征收企业所得税。

此类非居民企业取得的下列所得可以免征企业所得税：

1. 外国政府向中国政府提供贷款取得的利息所得；
2. 国际金融组织向中国政府和居民企业提供优惠贷款取得的利息所得；
3. 经国务院批准的其他所得。

十、民族自治地方的减免税优惠

民族自治地方的自治机关对本民族自治地方的企业应缴纳的企业所得税中属于地方分享的部分，可以决定减征或者免征。自治州、自治县决定减征或者免征的，须报省、自治区、直辖市人民政府批准。对民族自治地方内国家限制和禁止行业的企业，不得减征或者免征企业所得税。

除上述优惠以外，企业所得税法还规定了特殊行业优惠、海南自贸区优惠、西部大开发优惠等税收优惠政策，在此不再赘述。

任务 5.5　企业所得税的应纳税额计算

一、居民企业应纳税额的计算

应纳税额是企业按照税法规定应向国家缴纳的税款，实行查账征收的居民企业应缴纳的企业所得税额等于应纳税所得额乘以适用税率。基本计算公式为：

应纳税额＝应纳税所得额×适用税率－减免税额－抵免税额

根据计算公式可以看出，应纳税额的多少取决于应纳税所得额和适用税率两个因素。在实际工作中，计算企业所得税的应纳税所得额可以采用直接计算法和间接计算法两种办法。

（一）直接计算法

在直接计算法下，企业每一纳税年度的收入总额减除不征税收入、免税收入、各项扣除以及允许弥补的以前年度亏损后的余额为应纳税所得额。计算公式为：

应纳税所得额＝收入总额－不征税收入－免税收入－各项扣除金额－以前年度补亏

（二）间接计算法

在间接计算法下，在会计利润总额的基础上加或减按照税法规定调整的项目金额后，即为应纳税所得额。现行企业所得税年度纳税申报表采用该方法。计算公式为：

应纳税所得额＝会计利润±纳税调整项目金额

纳税调整项目金额包括两方面内容：一是企业财务会计制度规定的项目范围与税法规定的项目范围不一致应予以调整的金额；二是企业财务会计制度规定的扣除标准与税法规定的扣除标准不一致应予以调整的金额。

会计与税法规定不一致造成了税会差异：永久性差异和时间性差异。

【做中学 5-28】 某居民企业 2023 年主要业务如下：

1. 取得产品销售收入总额 1 000 万元，已扣除折扣销售 20 万元，销售额与折扣额在同一张发票上注明。

2. 准予扣除的产品销售成本为 640 万元。

3. 发生销售费用 80 万元，其中广告费 25 万元；管理费用 120 万元，其中业务招待费 10 万元；不需要资本化的借款利息 40 万元，其中 20 万元为向非金融机构借款发生的利息，年利率 5.5%，同期金融机构贷款利率为 5%。

4. 应缴纳的增值税额为 30 万元，其他销售税费 80 万元。

5. 营业外支出 14 万元，其中通过县政府向山区农村义务教育捐款 5 万元，直接向遭受自然灾害的学校捐款 2 万元，缴纳税收滞纳金 4 万元。

计算该企业应缴纳的所得税额。

【答案】

1. 年度会计利润＝1 000－640－80－120－40－80－14＝26(万元)

2. 广告费扣除限额＝1 000×15%＝150(万元)，实际发生额 25 万元，未超标，无须调整。

3. 业务招待费实际发生额的 60%＝10×60%＝6(万元)

业务招待费扣除限额＝1 000×5‰＝5(万元)

应扣除业务招待费 5 万元，须调增利润＝10－5＝5(万元)

4. 利息费用扣除限额＝20÷5.5%×5%＝18.18(万元)

应调增利润＝20－18.18＝1.82(万元)

5. 公益性捐赠扣除限额＝26×12%＝3.12(万元)，实际发生 5 万元，超标 1.88 万元，应结转以后年度扣除；直接捐赠给小学 2 万元和税收滞纳金 4 万元不得扣除。

营业外支出应调增利润＝1.88＋2＋4＝7.88(万元)

6. 应纳税额＝26＋5＋1.82＋7.88＝40.7(万元)

应纳税额＝40.7×25%＝10.18(万元)

【做中学 5-29】 某居民企业 2023 年经营业务如下：取得销售收入 5 000 万元，销售成本 2 200 万元，发生销售费用 1 340 万元（其中广告费 900 万元），管理费用 960 万元（其中业务招待费 30 万元），财务费用 120 万元，营业税金及附加 80 万元，营业外收入 140 万元，营业外支出 100 万元（含通过公益性社会团体向贫困山区捐款 60 万元，支付税收滞纳金 12 万元）。计入成本、费用中的实发工资总额 300 万元，拨缴职工工会经费 6 万元，提取职工福利费 46 万元、职工教育经费 10 万元。本年度已经预缴所得税 100 万元。计算该企业应缴纳的企业所得税额。

【答案】

1. 年度利润总额＝5 000＋140－2 200－1 340－960－120－80－100＝340(万元)

2. 广告费调增所得额＝900－5 000×15%＝900－750＝150(万元)

3. 业务招待费支出的扣除限额＝5 000×5‰＝25(万元)＞30×60%＝18(万元)＜30 万

元，应扣除 18 万元；

业务招待费调增所得额＝30－30×60％＝30－18＝12(万元)

4. 捐赠支出扣除限额＝340×12％＝40.8(万元)＜60 万元，应扣除 40.8 万元；

应调增所得额＝60－340×12％＝19.2(万元)，超标的 19.2 万元准予在以后三年内扣除。

5. 工会经费的扣除限额＝300×2％＝6(万元)，实际拨缴 6 万元，无须调整；

职工福利费扣除限额＝300×14％＝42(万元)，实际发生 46 万元，应调增 46－42＝4(万元)；

职工教育经费的扣除限额＝300×8％＝24(万元)，实际发生 10 万元，无须调整；

三项经费总共调增 4 万元。

6. 税收滞纳金不得在企业所得税税前扣除，应计入应纳税所得额，调增 12 万元。

7. 应纳税所得额＝340＋150＋12＋19.2＋4＋12＝537.2(万元)

8. 2023 年应缴企业所得税额＝537.2×25％＝134.3(万元)

2023 年应补缴所得税额＝134.3－100＝34.3(万元)

二、境外所得应纳税额的抵免

居民企业应就其取得的源于境内、境外的所得缴纳企业所得税。自 2008 年 1 月 1 日起，居民企业以及非居民企业在中国境内设立的机构、场所依照《中华人民共和国企业所得税法》第二十三条、第二十四条的有关规定，应在其应纳税额中抵免在境外缴纳的所得税额。

企业应按照《中华人民共和国企业所得税法》及其《实施条例》，以及相关规定，准确计算下列当期与抵免境外所得税有关的项目后，确定当期实际可抵免分国（地区）别的境外所得税税额和抵免限额：

1. 境内所得的应纳税所得额和分国（地区）别的境外所得的应纳税所得额；
2. 分国（地区）别的可抵免境外所得税额；
3. 分国（地区）别的境外所得税的抵免限额。

企业不能准确计算上述项目的，在相应国家（地区）缴纳的税收均不得在该企业当期应纳税额中抵免，也不得结转以后年度抵免。

（一）可抵免境外所得税税额

可抵免境外所得税税额是指企业源于中国境外的所得依照中国境外税收法律以及相关规定应当缴纳并已实际缴纳的企业所得税性质的税款。居民企业从与我国政府订立税收协定（或安排）的国家（地区）取得的所得，按照该国（地区）税收法律享受了免税或减税待遇，且该免税或减税的数额按照税收协定规定应视同已缴税额在中国的应纳税额中抵免的，该免税或减税数额可作为企业实际缴纳的境外所得税额用于办理税收抵免。

(二) 境外应纳税所得额

居民企业在境外投资设立不具有独立纳税地位的分支机构，其源于境外的所得，以境外收入总额扣除与取得境外收入有关的各项合理支出后的余额为应纳税所得额。各项收入、支出按企业所得税法及实施条例的有关规定确定。居民企业在境外设立不具有独立纳税地位的分支机构取得的各项境外所得，无论是否汇回中国境内，均应计入该企业所属纳税年度的境外应纳税所得额。

(三) 境外所得抵免限额

企业已在境外缴纳的所得税额，可以从其当期应纳税额中抵免。企业源于中国境外的所得，应按照企业所得税法及其实施条例的规定分国（地区）别计算境外税额的抵免限额。除国务院财政、税务主管部门另有规定外，该抵免限额应当分国（地区）不分项计算，计算公式如下：

$$\text{某国(地区)所得税抵免限额} = \text{中国境内、境外所得的应纳税总额} \times \frac{\text{源于某国(地区)的应纳税所得额}}{\text{中国境内、境外的应纳税所得总额}}$$

据以计算上述公式中“中国境内、境外所得的应纳税总额”的税率，除国务院财政、税务主管部门另有规定外，应为法定税率25%。即：境外所得税抵免限额＝源于某国（地区）的应纳税所得额×法定税率25%。

自2017年1月1日起，企业可以选择按国（地区）别分别计算（即“分国不分项”），或者不按国（地区）别汇总计算（即“不分国不分项”）其源于境外的应纳税所得额，分别计算其可抵免境外所得税额和抵免限额。上述方式一经选择，5年内不得改变。

企业当期境内、境外应纳税所得总额小于零的，应以零计算当期境内、境外应纳税所得总额，其当期境外所得税的抵免限额也为零。

(四) 确定实际抵免的境外已缴纳的所得税税额

在计算实际应抵免的境外已缴纳的所得税税额时，企业在境外一国（地区）当年缴纳的所得税税额低于所计算的该国（地区）抵免限额的，应以该项税额作为境外所得税抵免额从企业应纳税总额中据实抵免；超过抵免限额的，当年应以抵免限额作为境外所得税抵免额进行抵免，超过抵免限额的余额允许从次年起在连续5个纳税年度内，用每年度抵免限额抵免当年应抵税额后的余额进行抵补。

(五) 计算企业实际应纳所得税额

企业抵免境外所得税额后，实际应纳所得税额的计算公式为：

居民企业实际应纳所得税额＝企业境内外所得应纳税总额－企业所得税减免、抵免优惠税额－境外所得税抵免额

注意：企业境外业务之间（企业境外业务在同一国家）的盈亏可以互相弥补，但企业境内外之间的盈亏不得相互弥补。

【做中学5-30】 长力集团本年度国内所得额为2 000万元，源于A国的所得为人民币300万元，A国所得税税率为30%。计算长力集团本年度应纳所得税额。

【答案】 源于A国的所得扣除限额＝2 300×25%×300÷2 300＝75(万元)

长力集团在A国实际缴纳所得税额＝300×30%＝90(万元)

境内缴纳所得税允许扣除75万元

汇总应纳所得税额＝2 300×25%－75＝500(万元)

【做中学5-31】 某企业2023年度境内应纳税所得额为280万元，适用25%的企业所得税税率。另外，该企业分别在A、B两国设有分支机构（我国与A、B两国已经缔结避免双重征税协定），在A国分支机构的应纳税所得额为50万元，A国税率为20%；在B国的分支机构的应纳税所得额为30万元，B国税率为30%。该企业计算境外所得抵免时采用“分国不分项”的方式，企业在A、B两国所得按我国税法计算的应纳税所得额和按A、B两国税法计算的应纳税所得额一致，两个分支机构在A、B两国分别缴纳了10万元和9万元的企业所得税。计算该企业2023年度汇总时在我国应缴纳的企业所得税税额。

【答案】

1. 该企业按我国税法计算的境内、境外所得的应纳税额＝(280＋50＋30)×25%＝90(万元)

2. A、B两国的扣除限额：

A国扣除限额＝90×[50÷(280＋50＋30)]＝12.5(万元)

B国扣除限额＝90×[30÷(280＋50＋30)]＝7.5(万元)

在A国缴纳的所得税为10万元，低于扣除限额12.5万元，允许全额扣除10万元；

在B国缴纳的所得税为9万元，高于扣除限额7.5万元，允许扣除7.5万元，超过扣除限额的1.5万元当年不能扣除。

3. 汇总时在我国应缴纳的企业所得税＝90－10－7.5＝72.5(万元)

三、居民企业核定征收企业所得税的计算

为了加强企业所得税征收管理，规范核定征收企业所得税工作，保障国家税款及时足额入库，维护纳税人合法权益，根据《中华人民共和国企业所得税法》及其《实施条例》《中华人民共和国税收征管法》及其实施细则的有关规定，国家税务总局制定了《企业所得税核定征收办法（试行）》。

（一）核定征收企业所得税的范围

核定征收办法适用于居民企业纳税人，纳税人具有下列情形之一的，核定征收企业所得税：

1. 依照法律、行政法规的规定可以不设置账簿的。

2. 依照法律、行政法规的规定应当设置但未设置账簿的。

3. 擅自销毁账簿或者拒不提供纳税资料的。

4. 虽设置账簿，但账目混乱或成本资料、收入凭证、费用凭证残缺不全，难以查账的。

5. 发生纳税义务，未按照规定的期限办理纳税申报，经税务机关责令限期申报逾期仍不申报的。

6. 申报的计税依据明显偏低，又无正当理由的。

特殊行业、特殊类型的纳税人和一定规模以上的纳税人不适用该办法。

（二）核定征收的办法

税务机关应根据纳税人具体情况，对核定征收企业所得税的纳税人核定应税所得率或者核定应纳所得税额。具有下列情形之一的，核定其应税所得率：

1. 能正确核算（查实）收入总额，但不能正确核算（查实）成本费用总额的。

2. 能正确核算（查实）成本费用总额，但不能正确核算（查实）收入总额的。

3. 通过合理方法，能计算和推定纳税人收入总额或成本费用总额的。

纳税人不属于上述情形的，核定其应纳所得税额。

税务机关采用下列方法核定征收企业所得税：

1. 参照当地同类行业或者类似行业中经营规模和收入水平相近的纳税人的税负水平核定。

2. 按照应税收入额或成本费用支出额定率核定。

3. 按照耗用的原材料、燃料、动力等推算或测算核定。

4. 按照其他合理方法核定。

采用前款所列一种方法不足以正确核定应纳税所得税额或应纳税额的，可以同时采用两种以上的方法核定；采用两种以上方法测算的应纳税额不一致时，可按测算的应纳税额从高核定。

采用应税所得率方式核定征收企业所得税的，应纳所得税额计算公式如下：

应纳税所得额＝应税收入额×应税所得率

或：应纳税所得额＝成本（费用）支出额÷（1－应税所得率）×应税所得率

应纳所得税额＝应纳税所得额×适用税率

实行应税所得率方式核定征收企业所得税的纳税人经营多业的，无论其经营项目是否单独核算，均由税务机关根据其主营项目确定适用的应税所得率。主营项目应为纳税人所有经营项目中收入总额或者成本（费用）支出额或者耗用原材料、燃料、动力数量所占比重最大的项目。

应税所得率按表 5-2 规定的幅度标准确定。

表 5-2　应税所得率的确定标准

行业	应税所得率%	行业	应税所得率%
农、林、牧、渔业	3～10	建筑业	8～20
制造业	5～15	饮食业	8～25
批发和零售贸易业	4～15	娱乐业	15～30
交通运输业	7～15	其他行业	10～30

纳税人的生产经营范围、主营业务发生重大变化，或者应纳税所得额或应纳税额增减变化达到 20%的，应及时向税务机关申报调整已确定的应纳税额或应税所得率。主管税务机关应及时向纳税人送达《企业所得税核定征收鉴定表》，及时完成对其核定征收企业所得税的鉴定工作。纳税人实行核定应税所得率或核定应纳所得税额方式的，分别按对应的规定申报纳税。

【做中学 5-32】 某食品加工厂雇佣职工 10 人，资产总额 200 万元，税务机关对其 2023 年经营业务进行检查时发现食品销售收入为 400 万元、转让国债收入 10 万元、国债利息收入 1 万元，但无法查实成本费用。经税务机关核定，其应税所得率为 15%。2023 年该食品加工厂应缴纳企业所得税为（　　）万元。

A. 1.5　　B. 1.54　　C. 1.88　　D. 3.08

【答案】 D

【解析】 该企业成本费用无法核实，核定计税。国债利息收入免征企业所得税。根据核定所得额、员工人数、资产总额测定企业属于小微企业。

应纳所得税额＝（400＋10）×15%×25%×20%＝3.08（万元）

四、非居民企业预提所得税应纳税额的计算

非居民企业在中国境内未设立机构、场所，而有取得的来自中国境内的股息、红利、利息、租金、特许权使用费和其他所得，或者虽设立机构、场所但上述所得与其所设机构、场所没有实际联系的，应当就其来源于中国境内的所得缴纳 20%的企业所得税，实际减按 10%征收。这种征税方式称为“预提所得税”。预提所得税计算公式如下：

应纳预提所得税额＝应纳税所得额×适用税率

上述股息、红利、利息、租金、特许权使用费所得，以收入全额为应纳税所得额，不得扣除税法规定之外的税费支出；转让财产所得以收入全额减除财产净值后的余额为

应纳税所得额；其他所得参照前两项规定计算。

【案例实训 5-1】

甲企业为生产销售某制造业产品的居民企业，2023 年经营业务如下：

1. 全年取得产品销售业务收入 2 500 万元，取得国债利息收入 50 万元。

2. 发生产品销售成本 1 100 万元。

3. 发生销售费用 670 万元，其中广告费 450 万元；管理费用 480 万元，其中业务招待费 15 万元、新技术研究开发费 40 万元；财务费用 60 万元。

4. 销售税金 160 万元（含增值税 120 万元）。

5. 营业外收入 70 万元；发生营业外支出 50 万元，含公益捐赠 42.24 万元、支付税收滞纳金 6 万元。

6. 连续 12 个月以上的权益性投资 34 万元（已在投资方所在地按 15%的税率缴纳了所得税）。

7. 计入成本、费用中的实发工资总额 150 万元，拨缴职工工会经费 3 万元，提取职工福利费 23 万元、职工教育经费 6 万元。

甲公司已预缴企业所得税 40 万元。

在 A、B 两国设分支机构，A 国税后所得 28 万元，税率 30%；B 国税后所得 24 万元，税率 20%。甲公司在 A、B 两国分别缴纳所得税 12 万元、6 万元，采用“不分国不分项”的方式抵免境外所得税。

计算该企业 2023 年应缴纳的企业所得税额。

【答案】

1. 年度利润总额＝2 500＋50－1 100－670－480－60－40＋70－50＋34＋28＋24＝306(万元)

2. 国债利息收入免税，调减所得额 50 万元。

3. 广告费扣除限额＝2 500×15%＝375(万元)

广告费纳税调整增加额＝450－375＝75(万元)

4. 业务招待费实际发生额×60%—15×60%—9(万元)

销售（营业）收入×5‰＝2 500×5‰＝12.5(万元)

业务招待费应扣除 9 万元，纳税调整增加额＝15－9＝6(万元)。

5. 研究开发费应调减所得额＝40×100%＝40(万元)

6. 公益性捐赠支出扣除限额＝306×12%＝36.72(万元)

实际发生额 42.24 万，应扣除 36.72 万元，纳税调整增加额＝42.24－36.72＝5.52(万元)。

7. 税收滞纳金调增所得额＝6(万元)

8. 权益性投资收益 34 万元属于免税收入，应调减所得额 34 万元。

9. 工会经费扣除限额＝150×2%＝3(万元)，实际拨款 3 万元，无须调整；

职工福利费扣除限额＝150×14%＝21(万元)，实际发生 23 万元，纳税调增 2 万元；

职工教育经费扣除限＝150×8%＝12(万元)，实际发生 6 万元，无须调整。

10. 境外所得调减＝28＋24＝52(万元)

11. 2023年应纳税所得额＝306－50＋75＋6－40＋5.52＋6－34＋2－52＝224.52(万元)

2023年境内所得税额＝224.52×25%＝56.13(万元)

境外所得限额17.5万元，实际18万元，无须补税。

2023年企业应纳税额＝56.13－40＝16.13(万元)

【案例实训5-2】

某企业为居民企业，2023年经营业务如下：

1. 全年取得产品销售业务收入5 600万元。

2. 发生产品销售成本4 000万元。

3. 其他业务收入800万元，其他业务成本660万元。

4. 取得购买国债的利息收入40万元。

5. 缴纳非增值税销售税金及附加300万元。

6. 发生管理费用760万元，其中新技术研究开发费60万元，业务招待费70万元；发生财务费用200万元。

7. 取得直接投资于其他居民企业的权益性收益30万元（已在投资方所在地按15%的税率缴纳了所得税）。

8. 取得营业外收入100万元，发生营业外支出250万元（含公益捐赠38万元）。

计算该企业2023年应缴纳的企业所得税税额。

【答案】

1. 年度利润总额＝5 600＋800＋40＋30＋100－4 000－660－300－760－200－250＝400(万元)

2. 国债利息收入免征所得税，应纳税调整减少40万元。

3. 研究开发费应调减所得额＝60×100%＝60(万元)

4. 业务招待费实际发生额×60%＝70×60%＝42(万元)

销售（营业）收入×5‰＝6 400×5‰＝32(万元)

业务招待费应扣除32万元，纳税调整增加额＝70－32＝38(万元)

5. 取得直接投资于其他居民企业的权益性收益30万元属于免税收入，应调减所得额30万元。

6. 捐赠支出扣除限额＝400×12%＝48(万元)＞实际发生额38万元，应扣除38万元，无须调整。

7. 2023年应纳税所得额＝400－40－60＋38－30＝308(万元)

2023年应纳所得税额＝308×25%＝77(万元)

任务 5.6 企业所得税的征收管理与纳税申报

企业所得税的纳税人应按企业所得税法的规定及时办理纳税申报，并如实填写企业所得税纳税申报表及相关附表，在规定申报期限内向主管税务机关办理企业所得税有关纳税事项及应缴税款的业务。

一、企业所得税的纳税期限

企业所得税按年计征，分月或者分季预缴，年终汇算清缴，多退少补。

（一）汇算清缴

企业所得税按纳税年度计征，纳税年度自公历 1 月 1 日起至 12 月 31 日止。企业在一个纳税年度中间开业或者终止经营活动，使该纳税年度的实际经营期不足 12 个月的，应当以其实际经营期为 1 个纳税年度。企业依法清算时，应当以清算期间作为 1 个纳税年度。

企业应当自年度终了之日起 5 个月内，向税务机关报送年度企业所得税纳税申报表，并汇算清缴，结清应缴应退税款。

企业在年度中间终止经营活动的，应当自实际经营终止之日起 60 日内向税务机关办理当期企业所得税汇算清缴。企业应当在办理注销前，就其清算所得向税务机关办理申报并依法缴纳企业所得税。

（二）预缴

企业所得税分月或者分季预缴，由税务机关具体核定。企业应当自月份或者季度终了之日起 15 日内，向税务机关报送预缴企业所得税纳税申报表，预缴税款。企业分月或者分季预缴企业所得税时，应当按照月度或者季度的实际利润额预缴；按照月度或者季度的实际利润额预缴有困难的，可以按照上一纳税年度应纳税所得额的月度或者季度平均额预缴，或者按照经税务机关认可的其他方法预缴。预缴方法一经确定，该纳税年度内不得随意变更。

企业在纳税年度内无论盈利或者亏损，都应当依照规定期限向税务机关报送预缴企业所得税纳税申报表、年度企业所得税纳税申报表、财务会计报告和税务机关规定应当报送的其他有关资料。

企业办理所得税年度申报时，应当如实填写和报送年度企业所得税纳税申报表及其附表，年度财务会计报告，以及税务机关规定应当报送的其他有关资料。

企业因特殊原因不能在规定期限内办理年度所得税申报的，应当在年度终了之日起 5 个月内向主管税务机关提出延期申报申请。主管税务机关批准后，可以适当延长申报期限。

二、企业所得税的纳税地点

（一）居民企业的纳税地点

除税收法律、行政法规另有规定外，居民企业以企业登记注册地为纳税地点；但登记注册地在境外的，以实际管理机构所在地为纳税地点。企业登记注册地是指企业依照国家有关规定登记注册的住所地。居民企业在中国境内设立不具有法人资格的营业机构的，应当汇总计算缴纳企业所得税。

（二）非居民企业的纳税地点

在中国境内设立机构、场所的非居民企业取得的源于中国境内的所得，以及发生在中国境外但与其所设机构、场所有实际联系的所得，以机构、场所所在地为纳税地点；非居民企业在中国境内设立两个或两个以上机构、场所的，经税务机关审核批准，可以选择由其主要机构、场所汇总缴纳企业所得税。企业汇总计算并缴纳企业所得税时，应当统一核算应纳税所得额。非居民企业经批准汇总缴纳企业所得税后需要增设、合并、迁移、关闭机构、场所或停止机构、场所业务的，应事先由负责汇总缴纳企业所得税的主要机构、场所向其所在地税务机关报告；需要变更汇总缴纳企业所得税的主要机构、场所的，依照规定办理。

在中国境内未设立机构、场所的非居民企业源于中国境内的所得，或虽设立机构、场所但取得的源于中国境内的与其所设机构、场所没有实际联系的所得，以扣缴义务人所在地为纳税地点。

除国务院另有规定外，企业之间不得合并缴纳企业所得税。

三、企业所得税的源泉扣缴

在中国境内未设立机构、场所的，或者虽设立机构、场所但取得的所得与其所设机构、场所没有实际联系的非居民企业，就其取得的源于中国境内的所得应缴纳的所得税，实行源泉扣缴，以支付人为扣缴义务人。对非居民企业在中国境内取得工程作业和劳务所得应缴纳的所得税，税务机关可以指定工程价款或者劳务费的支付人为扣缴义务人。

扣缴义务人应当自合同签订之日起30日内向其主管税务机关申报办理扣缴税款登记。扣缴义务人在每次向非居民企业支付或者到期应支付上述所得时，应从支付或者到期应支付的款项中扣缴企业所得税。应纳税额计算公式如下：

扣缴企业所得税应纳税额＝应纳税所得额×实际征收率

依照《中华人民共和国企业所得税法》规定应当扣缴的所得税，扣缴义务人未依法扣缴或者无法履行扣缴义务的，由企业在所得发生地缴纳。企业未依法缴纳的，税务机关可以从该纳税人在中国境内其他收入项目的支付人应付的款项中追缴该企业的应纳税款。该纳税人在中国境内有其他收入是指该纳税人在中国境内取得的其他各种来源的收入。税务机关在追缴该纳税人应纳税款时，应当将追缴理由、追缴数额、缴纳期限和缴纳方式等告知该纳税人。

扣缴义务人每次代扣的税款，应当自代扣之日起 7 日内缴入国库，并向所在地的税务机关报送扣缴企业所得税报告表。

跨境电商企业所得税核定征收

【案例实训 5-3】

根据本项目案例导入资料，计算莱雅公司 2023 年应缴纳的企业所得税额。

【答案】

1. 年度利润总额＝6 500＋800＋40＋30＋100＋28＋24－4 000－660－300－670－760－200－250＝682(万元)

2. 国债利息收入免征所得税，应调减所得额 40 万元。

3. 广告费扣除限额＝(6 500＋800)×15%＝1 095(万元)，广告费实际发生 450 万元，无须调整。

4. 制造业企业研究开发费加计扣除 100%，应调减所得额＝60×100%＝60(万元)。

5. 业务招待费实际发生额×60%＝70×60%＝42(万元)

销售（营业）收入×5‰＝7 300×5‰＝36.5(万元)

业务招待费应扣除 36.5 万元，应调增所得额＝70－36.5＝33.5(万元)。

6. 向非金融机构借款发生的利息费用扣除限额＝20÷5.5%×5%＝18.18(万元)

应调增所得额＝20－18.18＝1.82(万元)

7. 取得直接投资于其他居民企业的权益性收益 30 万元属于免税收入，应调减所得额 30 万元。

8. 捐赠支出扣除限额＝682×12%＝81.84(万元)，实际发生额 38 万元，应扣除 38 万元，无须调整；

税收滞纳金 6 万元和直接向农民捐款 2 万元不得扣除，应调增所得额 8 万元。

9. 工会经费扣除限额＝1 500×2%＝30(万元)，实际拨款 30 万元，无须调整；

职工福利费扣除限额＝1 500×14%＝210(万元)，实际发生 230 万元，纳税调增 20 万元；

职工教育经费扣除限额＝1 500×8%＝120(万元)，实际发生 60 万元，无须调整。

10. 购入安全生产专用设备，投资额为 200 万元。

直接抵免所得税额＝200×10%＝20(万元)

11. 境外所得调减所得额＝28＋24＝52(万元)

源于 A 国的所得额＝28÷(1－30%)＝40(万元)

源于 B 国的所得额＝24÷(1－20%)＝30(万元)

境外所得抵免限额＝(40＋30)×25%＝17.5(万元)，境外已缴纳税额 18 万元，应抵扣 17.5 万元，回国纳税时无须补交税款。

12. 2023 年应纳税所得额＝682－40－60＋33.5＋1.82－30＋8＋20－52＝563.32(万元)

2023 年应补纳所得税额＝563.32×25％－20－50＝70.83（万元）

四、企业所得税的纳税申报

根据【案例实训 5-3】的资料进行企业所得税纳税申报。

任务实施步骤：

1. 填写利润总额

按会计核算反映的金额填写 A101010 一般企业收入明细表、A102010 一般企业成本支出明细表、A104000 期间费用明细表后，主表的会计利润总额相关数据自动生成。

2. 填写纳税调整项目

会计利润总额与税法应纳税所得额不一致将产生税会差异，差异调整需填写纳税调整类附表，包括：A105000 纳税调整项目明细表和 A105010、105020、105030、105040、105050（职工薪酬必填）、105060、105070、105080（必填）、105090、105100、105110、105120 共 12 张二级纳税调整明细表。

3. 填写税收优惠项目

包括：表 A107010、107011、107012、107020、107030、107040、107041、107042、107050。

4. 填写税额抵免及汇总纳税

包括：表 A108000、109000。

5. 填列表 5-5 至表 5-28，具体内容如下：

（1）将国债利息收入调减所得额 40 万元填入表 5-19 A107010；

（2）将广告费调整项目填入表 5-14 A105060；

（3）将研究开发费加计扣除 60 万元填入表 5-21 A107012，生成 A107010；

（4）将业务招待费调增所得额 33.5 万元直接填入 5-9 A105000；

（5）将利息费用扣除限额调增所得额 1.82 万元填入表 5-9 A105000；

（6）将权益性收益调减所得额 30 万元填入表 5-12 A105030 以及表 5-20 A107011，生成 A107010；

（7）将捐赠支出、税收滞纳金、直接捐款调增所得额填入表 5-15 A105070；

（8）将工会经费、职工福利费调增 20 万元、职工教育经费填入表 5-13 A105050；

（9）将购入安全生产专用设备抵免税额 20 万元填入表 5-25 A107050；

（10）将境外所得调减所得额 52 万元填入表 5-26 A108000、表 5-27 A108010 和 A108030（略）。

（一）年度纳税申报表的填制

企业所得税年度纳税申报表须填报表单共 37 张。《企业所得税年度纳税申报表填报表单》列示了申报表全部表单名称及编号，纳税人根据企业的涉税业务选择“是否填报”，选择“填报”，打“√”并完成该表单填报；未选择表单无须报送。具体见表 5-3。

表 5-3　企业所得税年度纳税申报表填报表单

项目	填列选项	说明
A000000 企业所得税年度纳税申报基础信息表	必填	整体情况
A100000 中华人民共和国企业所得税年度纳税申报表（A 类）	主表，必填	
A101010 一般企业收入明细表	一般企业必填	会计核算
A101020 金融企业收入明细表	仅适用于金融企业	
A102010 一般企业成本支出明细表	一般企业必填	
A102020 金融企业支出明细表	仅适用于金融企业	
A103000 事业单位、民间非营利组织收入、支出明细表	事业、非营利组织填	
A104000 期间费用明细表	一般企业必填	
A105000 纳税调整项目明细表	税会不一致时填写	纳税调整
A105010 视同销售和房地产开发企业特定业务纳税调整明细表	税会不一致时选填	
A105020 未按权责发生制确认收入纳税调整明细表		
A105030 投资收益纳税调整明细表		
A105040 专项用途财政性资金纳税调整明细表		
A105050 职工薪酬支出及纳税调整明细表	税会不一致时必填	
A105060 广告费和业务宣传费等跨年度纳税调整明细表	税会不一致时选填	
A105070 捐赠支出及纳税调整明细表		
A105080 资产折旧、摊销情况及纳税调整明细表	税会不一致时必填	
A105090 资产损失税前扣除及纳税调整明细表	税会不一致时选填	
A105100 企业重组及递延纳税事项纳税调整明细表		
A105110 政策性搬迁纳税调整明细表		
A105120 贷款损失准备金及纳税调整明细表		
A106000 企业所得税弥补亏损明细表	根据情况填写	亏损弥补
A107010 免税、减计收入及加计扣除优惠明细表	根据优惠情况填写	税收优惠
A107011 符合条件的居民企业之间的股息、红利等权益性投资收益优惠明细表		
A107012 研发费用加计扣除优惠明细表		
A107020 所得减免优惠明细表		
A107030 抵扣应纳税所得额明细表		
A107040 减免所得税优惠明细表		
A107041 高新技术企业优惠情况及明细表		
A107042 软件、集成电路企业优惠情况及明细表		
A107050 税额抵免优惠明细表		
A108000 境外所得税收抵免明细表	有境外所得时填写	境外所得抵免
A108010 境外所得纳税调整后所得明细表		
A108020 境外分支机构弥补亏损明细表		
A108030 跨年度结转抵免境外所得税明细表		
A109000 跨地区经营汇总纳税企业年度分摊企业所得税明细表	汇总纳税填写	汇总纳税
A109010 企业所得税汇总纳税分支机构所得税分配表		
说明：企业应当根据实际情况选择需要填报的表单。		

表 5-4　A000000 企业所得税年度纳税申报基础信息表

<table>
<tr><th colspan="4">基本经营情况（必填项目）</th></tr>
<tr><td>101 纳税申报企业类型（填写代码）</td><td></td><td>102 分支机构就地纳税比例（%）</td><td></td></tr>
<tr><td>103 资产总额（填写平均值，单位：万元）</td><td></td><td>104 从业人数（填写平均值，单位：人）</td><td></td></tr>
<tr><td>105 所属国民经济行业（填写代码）</td><td></td><td>106 从事国家限制或禁止行业</td><td>是 否</td></tr>
<tr><td>107 适用会计准则或会计制度（填写代码）</td><td></td><td>108 采用一般企业财务报表格式（2019 年版）</td><td>是 否</td></tr>
<tr><td>109 小型微利企业</td><td>是 否</td><td>110 上市公司</td><td>是（境内 境外）否</td></tr>
<tr><th colspan="4">有关涉税事项情况（存在或者发生下列事项时必填）</th></tr>
<tr><td>201 从事股权投资业务</td><td>是</td><td>202 存在境外关联交易</td><td>是</td></tr>
<tr><td rowspan="2">203 选择采用的境外所得抵免方式</td><td>203-1 选择采用的境外所得抵免方式</td><td colspan="2">不分国不分项 分国不分项 否</td></tr>
<tr><td>203-2 新增境外直接投资信息</td><td colspan="2">是（产业类别： 旅游业 现代服务业 高新技术产业 ）</td></tr>
<tr><td>204 有限合伙制创业投资企业的法人合伙人</td><td>是</td><td>205 创业投资企业</td><td>是</td></tr>
<tr><td>206 技术先进型服务企业类型（填写代码）</td><td></td><td>207 非营利组织</td><td>是</td></tr>
<tr><td>208 软件、集成电路企业类型（填写代码）</td><td></td><td>209 集成电路生产项目类型</td><td>130 纳米 65 纳米 28 纳米</td></tr>
<tr><td rowspan="2">210 科技型中小企业</td><td>210-1 年（申报所属期年度）入库编号 1</td><td>210-2 入库时间 1</td><td></td></tr>
<tr><td>210-3 年（申报所属期年度）入库编号 2</td><td>210-4 入库时间 2</td><td></td></tr>
<tr><td rowspan="2">211 高新技术企业申报所属期年度有效的高新技术企业证书</td><td>211-1 证书编号 1</td><td>211-2 发证时间 1</td><td></td></tr>
<tr><td>211-3 证书编号 2</td><td>211-4 发证时间 2</td><td></td></tr>
<tr><td>212 重组事项税务处理方式</td><td>一般性 特殊性</td><td>213 重组交易类型（填写代码）</td><td></td></tr>
<tr><td>214 重组当事方类型（填写代码）</td><td></td><td>215 政策性搬迁开始时间(YYYY-MM)</td><td></td></tr>
<tr><td>216 发生政策性搬迁且停止生产经营无所得年度</td><td>是</td><td>217 政策性搬迁损失分期扣除年度</td><td>是</td></tr>
<tr><td>218 发生非货币性资产对外投资递延纳税事项</td><td>是</td><td>219 非货币性资产对外投资转让所得递延纳税年度</td><td>是</td></tr>
<tr><td>220 发生技术成果投资入股递延纳税事项</td><td>是</td><td>221 技术成果投资入股递延纳税年度</td><td>是</td></tr>
<tr><td>222 发生资产（股权）划转特殊性税务处理事项</td><td>是</td><td>223 债务重组所得递延纳税年度</td><td>是</td></tr>
<tr><td colspan="2">224 研发支出辅助账样式</td><td colspan="2">2015 版 2021 版 自行设计</td></tr>
</table>

<table>
<tr><th colspan="6">主要股东及分红情况（必填项目）</th></tr>
<tr><td>股东名称</td><td>证件种类</td><td>证件号码</td><td>投资比例</td><td>当年（决议日）分配的股息、红利等权益性投资收益金额</td><td>国籍（注册地址）</td></tr>
<tr><td></td><td></td><td></td><td></td><td></td><td></td></tr>
<tr><td>其余股东合计</td><td>—</td><td>—</td><td></td><td></td><td>—</td></tr>
</table>

根据【案例实训 5-3】莱雅公司案例资料填写企业所得税年度纳税申报表。注意先填附表再填主表，详见表 5-5 至表 5-28。

表 5-5　A100000 中华人民共和国企业所得税年度纳税申报表（A 类）

纳税人识别号：9113053NR366Y7638X　　纳税人名称：莱雅公司
所属税期：20230101 至 20231231　　填表日期：20240415　　金额单位：元（列至角分）

行次	类别	项目	金额
1	利润总额计算	一、营业收入(填写 A101010\101020\103000)	73 000 000
2		减：营业成本(填写 A102010\102020\103000)	46 600 000
3		减：税金及附加	3 000 000
4		减：销售费用(填写 A104000)	6 700 000
5		减：管理费用(填写 A104000)	7 600 000
6		减：财务费用(填写 A104000)	1 600 000
7		减：资产减值损失	
8		加：公允价值变动收益	
9		加：投资收益	820 000
10		二、营业利润(1-2-3-4-5-6-7+8+9)	8 320 000
11		加：营业外收入(填写 A101010\101020\103000)	1 000 000
12		减：营业外支出(填写 A102010\102020\103000)	2 500 000
13		三、利润总额（10+11-12）	6 820 000
14	应纳税所得额计算	减：境外所得（填写 A108010）	520 000
15		加：纳税调整增加额（填写 A105000）	633 200
16		减：纳税调整减少额（填写 A105000）	
17		减：免税、减计收入及加计扣除（填写 A107010）	1 300 000
18		加：境外应税所得抵减境内亏损（填写 A108000）	
19		四、纳税调整后所得（13-14+15-16-17+18）	5 633 200
20		减：所得减免（填写 A107020）	
21		减：弥补以前年度亏损（填写 A106000）	
22		减：抵扣应纳税所得额（填写 A107030）	
23		五、应纳税所得额（19-20-21-22）	5 633 200
24	应纳税额计算	税率（25%）	25%
25		六、应纳所得税额（23×24）	1 408 300
26		减：减免所得税额（填写 A107040）	
27		减：抵免所得税额（填写 A107050）	200 000
28		七、应纳税额（25-26-27）	1 208 300
29		加：境外所得应纳所得税额（填写 A108000）	175 000
30		减：境外所得抵免所得税额（填写 A108000）	175 000
31		八、实际应纳所得税额（28+29-30）	1 208 300
32		减：本年累计实际已缴纳的所得税额	500 000
33		九、本年应补（退）所得税额（31-32）	708 300
34		其中：总机构分摊本年应补（退）所得税额(填写 A109000)	
35		财政集中分配本年应补（退）所得税额(填写 A109000)	
36		总机构主体生产经营部门分摊本年应补（退）所得税额(填写 A109000)	

填报说明

一、适用范围

本表适用于实行查账征收企业所得税的居民纳税人（以下简称纳税人）填报。

二、有关项目填报说明

1. 第 1 行“营业收入”：填报纳税人主要经营业务和其他经营业务取得的收入总额。本行根据“主营业务收入”和“其他业务收入”的数额填报。一般企业纳税人根据《一般企业收入明细表》（A101010）填报；金融企业纳税人根据表 A101020 填报；事业单位、社会团体、民办非企业单位、非营利组织等纳税人根据 A103000 填报。

2. 第 2 行“营业成本”：填报纳税人主要经营业务和其他经营业务发生的成本总额。本行根据“主营业务成本”和“其他业务成本”的数额填报。一般企业纳税人根据《一般企业成本支出明细表》（A102010）填报；金融企业纳税人根据 A102020 填报；事业单位、社会团体、民办非企业单位、非营利组织等纳税人根据 A103000 填报。

3. 第 3 行“税金及附加”：填报纳税人经营活动发生的消费税、城市维护建设税、资源税、土地增值税和教育费附加等相关税费。根据纳税人相关会计科目填报。

4. 第 4 行“销售费用”：根据《期间费用明细表》（A104000）中的“销售费用”填报。

5. 第 5 行“管理费用”：根据《期间费用明细表》（A104000）中“管理费用”填报。

6. 第 6 行“财务费用”：根据 A104000 中对应的“财务费用”填报。

7. 第 7 行“资产减值损失”：填报纳税人计提各项资产准备发生的减值损失，根据企业“资产减值损失”科目上的数额填报。实行其他会计制度的比照填报。

8. 第 8 行“公允价值变动收益”：根据企业“公允价值变动损益”科目的数额填报，损失以“－”号填列。

9. 第 9 行“投资收益”：填报纳税人以各种方式对外投资所取得的收益或发生的损失。根据企业“投资收益”科目的数额计算填报。

10. 第 10 行“营业利润”：填报纳税人当期的营业利润。根据《利润表》对应项目填列。

11. 第 11 行“营业外收入”：一般企业纳税人根据 A101010 填报。

12. 第 12 行“营业外支出”：一般企业纳税人根据 A102010 填报。

13. 第 13 行“利润总额”：填报纳税人当期的利润总额。根据上述项目计算填报。

14. 第 14 行“境外所得”：填报已计入利润总额以及按照税法相关规定已在《纳税调整项目明细表》（A105000）进行纳税调整的境外所得金额。根据《境外所得纳税调整后所得明细表》（A108010）填报。

15. 第 15 行“纳税调整增加额”：填报纳税人会计处理与税收规定不一致，进行纳税调整增加的金额。本行根据《纳税调整项目明细表》（A105000）“调增金额”列填报。

16. 第 16 行“纳税调整减少额”：填报纳税人会计处理与税收规定不一致，进行纳税调整减少的金额。本行根据《纳税调整项目明细表》（A105000）“调减金额”列填报。

17. 第 17 行“免税、减计收入及加计扣除”：填报属于税收规定免税收入、减计收入、加计扣除金额。本行根据《免税、减计收入及加计扣除优惠明细表》（A107010）填报。

18. 第 18 行“境外应税所得抵减境内亏损”：当纳税人选择不用境外所得抵减境内亏损时，填报 0；当纳税人选择用境外所得抵减境内亏损时，填报境外所得抵减当年度境内亏损的金额。用境外所得弥补以前年度境内亏损的，还需填报《企业所得税弥补亏损明细表》（A106000）和《境外所得税收抵免明细表》（A108000）。

19. 第 19 行“纳税调整后所得”：填报纳税人经过纳税调整、税收优惠、境外所得计算后的所得额。

20. 第 20 行“所得减免”：根据《所得减免优惠明细表》（A107020）填报。

21. 第 21 行“弥补以前年度亏损”：填报纳税人按照税收规定可在税前弥补的以前年度亏损数额。本行根据《企业所得税弥补亏损明细表》（A106000）填报。

22. 第 22 行“抵扣应纳税所得额”：填报根据税收规定应抵扣的应纳税所得额。根据《抵扣应纳税所得额明细表》（A107030）填报。

23. 第 23 行“应纳税所得额”：填报第 19－20－21－22 行金额。

24. 第 24 行“税率”：填报税收规定的税率 25%。

25. 第 25 行“应纳所得税额”：填报第 23×24 行金额。

26. 第 26 行“减免所得税额”：填报纳税人按税收规定实际减免的企业所得税额。根据《减免所得税优惠明细表》（A107040）填报。

27. 第 27 行“抵免所得税额”：填报企业当年的应纳所得税额中抵免的金额。本行根据《税额抵免优惠明细表》（A107050）填报。

28. 第 28 行“应纳税额”：填报第 25－26－27 行金额。

29. 第 29 行“境外所得应纳所得税额”：填报纳税人来源于中国境外的所得，按照我国税收规定计算的应纳所得税额。根据《境外所得税收抵免明细表》（A108000）填报。

30. 第 30 行“境外所得抵免所得税额”：根据 A108000 填报。

31. 第 31 行“实际应纳所得税额”：填报第 28＋29－30 行金额。其中，跨地区经营企业类型为“分支机构（须进行完整年度申报并按比例纳税）”的纳税人，填报（第 28＋29－30 行）×“分支机构就地纳税比例”金额。

32. 第 32 行“本年累计实际已缴纳的所得税额”：填报纳税人按照税收规定本纳税年度已在月（季）度累计预缴的所得税额。

33. 第 33 行“本年应补（退）的所得税额”：填报第 31－32 行金额。

34. 第 34 行“总机构分摊本年应补（退）所得税额”：根据《跨地区经营汇总纳税企业年度分摊企业所得税明细表》（A109000）填报。

35. 第 35 行“财政集中分配本年应补（退）所得税额”：根据 A109000 填报。

36. 第 36 行“总机构主体生产经营部门分摊本年应补（退）所得税额”：根据 A109000 填报。

表 5-6　A101010 一般企业收入明细表

金额单位：元（列至角分）

行次	项目	金额
1	一、营业收入（2+9）	73 000 000
2	（一）主营业务收入（3+5+6+7+8）	65 000 000
3	1. 销售商品收入	65 000 000
4	其中：非货币性资产交换收入	
5	2. 提供劳务收入	
6	3. 建造合同收入	
7	4. 让渡资产使用权收入	
8	5. 其他	
9	（二）其他业务收入（10+12+13+14+15）	8 000 000
10	1. 销售材料收入	5 000 000
11	其中：非货币性资产交换收入	
12	2. 出租固定资产收入	3 000 000
13	3. 出租无形资产收入	
14	4. 出租包装物和商品收入	
15	5. 其他	
16	二、营业外收入（17+18+19+20+21+22+23+24+25+26）	1 000 000
17	（一）非流动资产处置利得	600 000
18	（二）非货币性资产交换利得	
19	（三）债务重组利得	
20	（四）政府补助利得	
21	（五）盘盈利得	400 000
22	（六）捐赠利得	
23	（七）罚没利得	
24	（八）确实无法偿付的应付款项	
25	（九）汇兑收益	
26	（十）其他	

表 5-7　A102010 一般企业成本支出明细表

金额单位：元（列至角分）

行次	项目	金额
1	一、营业成本（2+9）	46 600 000
2	（一）主营业务成本（3+5+6+7+8）	40 000 000
3	1. 销售商品成本	40 000 000
4	其中：非货币性资产交换成本	
5	2. 提供劳务成本	
6	3. 建造合同成本	
7	4. 让渡资产使用权成本	
8	5. 其他	
9	（二）其他业务成本（10+12+13+14+15）	6 600 000
10	1. 销售材料成本	600 000
11	其中：非货币性资产交换成本	
12	2. 出租固定资产成本	3 000 000
13	3. 出租无形资产成本	3 000 000
14	4. 包装物出租成本	
15	5. 其他	
16	二、营业外支出（17+18+19+20+21+22+23+24+25+26）	2 500 000
17	（一）非流动资产处置损失	2 000 000
18	（二）非货币性资产交换损失	40 000
19	（三）债务重组损失	
20	（四）非常损失	
21	（五）捐赠支出	400 000
22	（六）赞助支出	
23	（七）罚没支出	60 000
24	（八）坏账损失	
25	（九）无法收回的债券股权投资损失	
26	（十）其他	

表 5-8　A104000 期间费用明细表

金额单位：元（列至角分）

行次	项目	销售费用	其中：境外支付	管理费用	其中：境外支付	财务费用	其中：境外支付
		1	2	3	4	5	6
1	一、职工薪酬	1 000 000	*	1 000 000	*	*	*
2	二、劳务费			200 000		*	*
3	三、咨询顾问费	200 000		600 000		*	*
4	四、业务招待费		*	700 000	*	*	*
5	五、广告费和业务宣传费	4 500 000	*		*	*	*
6	六、佣金和手续费						
7	七、资产折旧摊销费		*	900 000	*	*	*
8	八、财产损耗、盘亏及毁损损失		*		*	*	*
9	九、办公费		*	100 000	*	*	*
10	十、董事会费		*	2 000 000	*	*	*
11	十一、租赁费	400 000				*	*
12	十二、诉讼费		*		*	*	*
13	十三、差旅费		*	1 500 000	*	*	*
14	十四、保险费		*		*	*	*
15	十五、运输、仓储费	500 000				*	*
16	十六、修理费					*	*
17	十七、包装费	100 000	*		*	*	*
18	十八、技术转让费					*	*
19	十九、研究费用			600 000		*	*
20	二十、各项税费		*		*	*	*
21	二十一、利息收支	*	*	*	*	1 800 000	
22	二十二、汇兑差额	*	*	*	*		
23	二十三、现金折扣	*	*	*	*	200 000	*
24	二十四、党组织工作经费	*	*		*	*	*
25	二十五、其他						
26	合计(1+2+3+…25)	6 700 000		7 600 000		2 000 000	16 300 000

表 5-9　A105000 纳税调整项目明细表

金额单位：元（列至角分）

行次	项目	账载金额	税收金额	调增金额	调减金额
		1	2	3	4
1	一、收入类调整项目（2+3+…8+10+11）	*	*		
2	（一）视同销售收入（填写 A105010）	*			*
3	（二）未按权责发生制原则确认的收入（填写 A105020）				
4	（三）投资收益（填写 A105030）	300 000	0		300 000
5	（四）按权益法核算长期股权投资对初始投资成本调整确认收益	*	*	*	
6	（五）交易性金融资产初始投资调整	*	*		*
7	（六）公允价值变动净损益		*		
8	（七）不征税收入	*	*		
9	其中：专项用途财政性资金（填写 A105040）	*	*		
10	（八）销售折扣、折让和退回				
11	（九）其他				
12	二、扣除类调整项目（13-14+…24+26+27+28+29+30）	*	*		
13	（一）视同销售成本（填写 A105010）	*		*	
14	（二）职工薪酬（填写 A105050）	18 200 000	18 000 000	200 000	
15	（三）业务招待费支出	700 000	365 000	335 000	*
16	（四）广告费和业务宣传费支出（填写 A105060）	*	*	0	
17	（五）捐赠支出（填写 A105070）	400 000	380 000	20 000	
18	（六）利息支出	2 000 000	1 981 800	18 200	
19	（七）罚金、罚款和被没收财物的损失		*		*
20	（八）税收滞纳金、加收利息	60 000	*	60 000	*
21	（九）赞助支出		*		*
22	（十）与未实现融资收益相关在当期确认的财务费用				
23	（十一）佣金和手续费支出（保险企业填 A105060）				*
24	（十二）不征税收入用于支出所形成的费用	*	*		*
25	其中：专项用途财政性资金用于支出所形成的费用（填写 A105040）	*	*		*

（续表）

26	（十三）跨期扣除项目				
27	（十四）与取得收入无关的支出		*		*
28	（十五）境外所得分摊的共同支出	*	*		*
29	（十六）党组织工作经费				
30	（十七）其他				
31	三、资产类调整项目（32+33+34+35）	*	*		
32	（一）资产折旧、摊销（填写 A105080）				
33	（二）资产减值准备金		*		
34	（三）资产损失（填写 A105090）				
35	（四）其他				
36	四、特殊事项调整项目（37+38+…+43）	*	*		
37	（一）企业重组及递延纳税事项（填写 A105100）				
38	（二）政策性搬迁（填写 A105110）	*	*		
39	（三）特殊行业准备金（39.1+39.2+39.4+39.5+39.6+39.7）	*	*		
39.1	1.保险公司保险保障基金				
39.2	2.保险公司准备金				
39.3	其中：已发生未报案未决赔款准备金				
39.4	3.证券行业准备金				
39.5	4.期货行业准备金				
39.6	5.中小企业融资（信用）担保机构准备金				
39.7	6.金融企业、小额贷款公司准备金（填写 A105120）	*	*		
40	（四）房地产开发企业特定业务计算的纳税调整额(填写 A105010)	*			
41	（五）合伙企业法人合伙人应分得的应纳税所得额				
42	（六）发行永续债利息支出				
43	（七）其他	*	*		
44	五、特别纳税调整应税所得	*	*		
45	六、其他	*	*		
46	合计（1+12+31+36+44+45）	*	*	633 200	300 000

表 5-10　A105010 视同销售和房地产开发企业特定业务纳税调整明细表

金额单位：元（列至角分）

行次	项目	税收金额	纳税调整金额
		1	2
1	一、视同销售（营业）收入（2+3+4+5+6+7+8+9+10）		
2	（一）非货币性资产交换视同销售收入		
3	（二）用于市场推广或销售视同销售收入		
4	（三）用于交际应酬视同销售收入		
5	（四）用于职工奖励或福利视同销售收入		
6	（五）用于股息分配视同销售收入		
7	（六）用于对外捐赠视同销售收入		
8	（七）用于对外投资项目视同销售收入		
9	（八）提供劳务视同销售收入		
10	（九）其他		
11	二、视同销售（营业）成本（12+13+14+15+16+17+18+19+20）		
12	（一）非货币性资产交换视同销售成本		
13	（二）用于市场推广或销售视同销售成本		
14	（三）用于交际应酬视同销售成本		
15	（四）用于职工奖励或福利视同销售成本		
16	（五）用于股息分配视同销售成本		
17	（六）用于对外捐赠视同销售成本		
18	（七）用于对外投资项目视同销售成本		
19	（八）提供劳务视同销售成本		
20	（九）其他		
21	三、房地产开发企业特定业务计算的纳税调整额（22-26）		
22	（一）房地产企业销售未完工开发产品特定业务计算的纳税调整额（24-25）		
23	1. 销售未完工产品的收入		*
24	2. 销售未完工产品预计毛利额		
25	3. 实际发生的税金及附加、土地增值税		
26	（二）房地产企业销售的未完工产品转完工产品特定业务计算的纳税调整额（28-29）		
27	1. 销售未完工产品转完工产品确认的销售收入		*
28	2. 转回的销售未完工产品预计毛利额		
29	3. 转回实际发生的税金及附加、土地增值税		

表 5-11　A105020 未按权责发生制确认收入纳税调整明细表

金额单位：元（列至角分）

行次	项目	合同金额（交易金额）	账载金额		税收金额		纳税调整金额
			本年	累计	本年	累计	
		1	2	3	4	5	6（4-2）
1	一、跨期收取的租金、利息、特许权使用费收入（2+3+4）						
2	（一）租金						
3	（二）利息						
4	（三）特许权使用费						
5	二、分期确认收入（6+7+8）						
6	（一）分期收款方式销售货物收入						
7	（二）持续时间超过 12 个月的建造合同收入						
8	（三）其他分期确认收入						
9	三、政府补助递延收入（10+11+12）						
10	（一）与收益相关的政府补助						
11	（二）与资产相关的政府补助						
12	（三）其他						
13	四、其他未按权责发生制确认收入						
14	合计（1+5+9+13）						

表 5-12　A105030 投资收益纳税调整明细表

金额单位：元（列至角分）

行次	项目	持有收益			处置收益							纳税调整金额
		账载金额	税收金额	纳税调整金额	会计确认的处置收入	税收计算的处置收入	处置投资的账面价值	处置投资的计税基础	会计确认的处置所得或损失	税收计算的处置所得	纳税调整金额	
		1	2	3(2−1)	4	5	6	7	8(4−6)	9(5−7)	10(9−8)	11(8+10)
1	一、交易性金融资产											
2	二、可供出售金融资产											
3	三、持有至到期投资	300 000	0	300 000								300 000
4	四、衍生工具											
5	五、交易性金融负债											
6	六、长期股权投资											
7	七、短期投资											
8	八、长期债券投资											
9	九、其他											
10	合计(1+2+3+4+5+6+7+8+9)	300 000	0	300 000								300 000

表 5-13　A105050 职工薪酬支出及纳税调整明细表

金额单位：元（列至角分）

行次	项目	账载金额	实际发生额	税收规定扣除率	以前年度累计结转扣除额	税收金额	纳税调整金额	累计结转以后年度扣除额
		1	2	3	4	5	6(1–5)	7(1+4–5)
1	一、工资薪金支出	15 000 000	15 000 000	*	*	15 000 000	0	*
2	其中：股权激励			*	*			*
3	二、职工福利费支出	2 300 000	2 300 000		*	2 100 000	200 000	*
4	三、职工教育经费支出	600 000	600 000	*	0	600 000	0	600 000
5	其中：按税收规定比例扣除的职工教育经费	600 000	600 000	8%	0	600 000	0	600 000
6	按税收规定全额扣除的职工培训费用				*			*
7	四、工会经费支出	300 000	300 000		*	300 000	0	*
8	五、各类基本社会保障性缴款			*	*			*
9	六、住房公积金			*	*			*
10	七、补充养老保险				*			*
11	八、补充医疗保险				*			*
12	九、其他			*	*			*
13	合计（1+3+4+7+8+9+10+11+12）	18 200 000	18 200 000	*	0	18 000 000	200 000	600 000

表 5-14　A105060 广告费和业务宣传费跨年度纳税调整明细表

金额单位：元（列至角分）

行次	项目	广告和业务宣传费	保险企业手续费及佣金支出
		1	2
1	一、本年支出	4 500 000	
2	减：不允许扣除的支出	0	
3	二、本年符合条件的支出（1-2）	4 500 000	
4	三、本年计算扣除限额的基数	73 000 000	
5	乘：税收规定扣除率	15%	
6	四、本企业计算的扣除限额（4×5）	10 950 000	
7	五、本年结转以后年度扣除额（3>6，本行=3-6；3≤6，本行=0）	0	
8	加：以前年度累计结转扣除额	0	
9	减：本年扣除的以前年度结转额[3>6，本行=0；3≤6，本行=8 与（6-3）孰小值]	0	
10	六、按照分摊协议归集至其他关联方的金额（10≤3 与 6 孰小值）	0	*
11	按照分摊协议从其他关联方归集至本企业的金额	0	*
12	七、本年支出纳税调整金额（3>6，本行=2+3-6+10-11；3≤6，本行=2+10-11-9）	0	
13	八、累计结转以后年度扣除额（7+8-9）	0	

表 5-15　A105070 捐赠支出及纳税调整明细表

金额单位：元（列至角分）

行次	项目	账载金额	以前年度结转可扣除的捐赠额	按税收规定计算的扣除限额	税收金额	纳税调增金额	纳税调减金额	可结转以后年度扣除的捐赠额
		1	2	3	4	5	6	7
1	一、非公益性捐赠	20 000	*	*	*	20 000	*	*
2	二、限额扣除的公益性捐赠(3+4+5+6)	380 000	0	818 400	380 000	0		0
3	前三年度（　　　年）	*		*	*	*		*
4	前二年度（　　　年）	*		*	*	*		
5	前一年度（　　　年）	*		*	*	*		
6	本　年（ 2023　年）	380 000	*	818 400	380 000	0	*	
7	三、全额扣除的公益性捐赠		*	*		*	*	*
8	1.		*	*		*	*	*
9	2.		*	*		*	*	*
10	3.		*	*		*	*	*
11	合计（1+2+7）	400 000	0	818 400	380 000	20 000		0
附列资料	2015 年度至本年发生的公益性扶贫捐赠合计金额		*	*		*	*	*

表 5-16 A105080 资产折旧、摊销及纳税调整明细表

金额单位：元（列至角分）

行次	项目		账载金额			税收金额					
			资产原值	本年折旧、摊销额	累计折旧、摊销额	资产计税基础	税收折旧、摊销额	享受加速折旧政策的资产按税收一般规定计算的折旧、摊销额	加速折旧、摊销统计额	累计折旧、摊销额	纳税调整金额
			1	2	3	4	5	6	7=5-6	8	9(2-5)
1	一、固定资产（2+3+4+5+6+7）							*	*		
2	所有固定资产	（一）房屋、建筑物						*	*		
3		（二）飞机、火车、轮船、机器、机械和其他生产设备						*	*		
4		（三）与生产经营活动有关的器具、工具、家具等						*	*		
5		（四）飞机、火车、轮船以外的运输工具						*	*		
6		（五）电子设备						*	*		
7		（六）其他						*	*		
8	其中：享受固定资产加速折旧及一次性扣除政策的资产加速折旧额大于一般折旧额的部分	（一）重要行业固定资产加速折旧（不含一次性扣除）									*
9		（二）其他行业研发设备加速折旧									*
10		（三）特定地区企业固定资产加速折旧（10.1+10.2）									*
10.1		1. 海南自由贸易港企业固定资产加速折旧									*
10.2		2. 其他特定地区企业固定资产加速折旧									*
11		（四）500 万元以下设备器具一次性扣除									*
12		（五）疫情防控重点保障物资生产企业单价 500 万元以上设备一次性扣除									*
13		（六）特定地区企业固定资产一次性扣除（13.1+13.2）									*
13.1		1. 海南自由贸易港企业固定资产一次性扣除									*
13.2		2. 其他特定地区企业固定资产一次性扣除									*
14		（七）技术进步、更新换代固定资产加速折旧									*
15		（八）常年强震动、高腐蚀固定资产加速折旧									*
16		（九）外购软件加速折旧									*
17		（十）集成电路企业生产设备加速折旧									*
18	二、生产性生物资产（19+20）							*	*		
19	（一）林木类							*	*		

（续表）

20	（二）畜类							*	*		
21	三、无形资产（22+23+24+25+26+27+28+29）							*	*		
22	所有无形资产	（一）专利权						*	*		
23		（二）商标权						*	*		
24		（三）著作权						*	*		
25		（四）土地使用权						*	*		
26		（五）非专利技术						*	*		
27		（六）特许权使用费						*	*		
28		（七）软件						*	*		
29		（八）其他						*	*		
30	其中：享受无形资产加速摊销及一次性摊销政策的资产加速摊销额大于一般摊销额的部分	（一）企业外购软件加速摊销									*
31		（二）特定地区企业无形资产加速摊销（31.1+31.2）									*
31.1		1.海南自由贸易港企业无形资产加速摊销									*
31.2		2.其他特定地区企业无形资产加速摊销									*
32		（三）特定地区企业无形资产一次性摊销（32.1+32.2）									*
32.1		1.海南自由贸易港企业无形资产一次性摊销									*
32.2		2.其他特定地区企业无形资产一次性摊销									*
33	四、长期待摊费用（34+35+36+37+38）							*	*		
34	（一）已足额提取折旧的固定资产的改建支出							*	*		
35	（二）租入固定资产的改建支出							*	*		
36	（三）固定资产的大修理支出							*	*		
37	（四）开办费							*	*		
38	（五）其他							*	*		
39	五、油气勘探投资							*	*		
40	六、油气开发投资							*	*		
41	合计（1+18+21+33+39+40）										
附列资料	全民所有制企业公司制改制资产评估增值政策资产							*	*		

表 5-17 A105090 资产损失税前扣除及纳税调整明细表

金额单位：元（列至角分）

行次	项目	资产损失直接计入本年损益金额	资产损失准备金核销金额	资产处置收入	赔偿收入	资产计税基础	资产损失的税收金额	纳税调整金额
		1	2	3	4	5	6（5-3-4）	7
1	一、现金及银行存款损失		*					
2	二、应收及预付款项坏账损失							
3	其中：逾期三年以上的应收款项损失							
4	逾期一年以上的小额应收款项损失							
5	三、存货损失							
6	其中：存货盘亏、报废、损毁、变质或被盗损失							
7	四、固定资产损失							
8	其中：固定资产盘亏、丢失、报废、损毁或被盗损失							
9	五、无形资产损失							
10	其中：无形资产转让损失							
11	无形资产被替代或超过法律保护期限形成的损失							
12	六、在建工程损失		*					
13	其中：在建工程停建、报废损失		*					
14	七、生产性生物资产损失							
15	其中：生产性生物资产盘亏、非正常死亡、被盗、丢失等产生的损失							
16	八、债权性投资损失(17+23)							
17	（一）金融企业债权性投资损失（18+22）							
18	1. 贷款损失							
19	其中：符合条件的涉农和中小企业贷款损失							
20	其中：单户贷款余额 300 万（含）以下的贷款损失							
21	单户贷款余额 300 万元至 1000 万元（含）的贷款损失							
22	2. 其他债权性投资损失							
23	（二）非金融企业债权性投资损失							
24	九、股权（权益）性投资损失							
25	其中：股权转让损失							
26	十、通过各种交易场所、市场买卖债券、股票、期货、基金以及金融衍生产品等发生的损失							
27	十一、打包出售资产损失							
28	十二、其他资产损失							
29	合计（1+2+5+7+9+12+14+16+24+26+27+28）							
30	其中：分支机构留存备查的资产损失							

表 5-18　A106000 企业所得税弥补亏损明细表

金额单位：元（列至角分）

行次	项目	年度	当年境内所得额	分立转出的亏损额	合并、分立转入的亏损额			弥补亏损企业类型	当年亏损额	当年待弥补的亏损额	用本年度所得额弥补的以前年度亏损额		当年可结转以后年度弥补的亏损额
					可弥补年限5年	可弥补年限8年	可弥补年限10年				使用境内所得弥补	使用境外所得弥补	
		1	2	3	4	5	6	7	8	9	10	11	12
1	前十年度												*
2	前九年度												
3	前八年度												
4	前七年度								*				
5	前六年度								*	*	*		
6	前五年度								*	*	*		
7	前四年度												
8	前三年度												
9	前二年度												
10	前一年度												
11	本年度												
12	可结转以后年度弥补的亏损额合计												

表 5-19　A107010 免税、减计收入及加计扣除优惠明细表

金额单位：元（列至角分）

行次	项目	金额
1	一、免税收入（2+3+6+7+…+16）	700 000
2	（一）国债利息收入免征企业所得税	400 000
3	（二）符合条件的居民企业之间的股息、红利等权益性投资收益免征企业所得税（填写 A107011）	300 000
4	其中：内地居民企业通过沪港通投资且连续持有 H 股满 12 个月取得的股息红利所得免征企业所得税（填写 A107011）	200 000
5	内地居民企业通过深港通投资且连续持有 H 股满 12 个月取得的股息红利所得免征企业所得税（填写 A107011）	100 000
6	（三）符合条件的非营利组织的收入免征企业所得税	
7	（四）符合条件的非营利组织（科技企业孵化器）的收入免征企业所得税	
8	（五）符合条件的非营利组织（国家大学科技园）的收入免征企业所得税	
9	（六）中国清洁发展机制基金取得的收入免征企业所得税	
10	（七）投资者从证券投资基金分配中取得的收入免征企业所得税	
11	（八）取得的地方政府债券利息收入免征企业所得税	
12	（九）中国保险保障基金有限责任公司取得的保险保障基金等收入免征企业所得税	
13	（十）中央电视台的广告费和有线电视费收入免征企业所得税	
14	（十一）中国奥委会取得北京冬奥组委支付的收入免征企业所得税	
15	（十二）中国残奥委会取得北京冬奥组委分期支付的收入免征企业所得税	
16	（十三）其他	
17	二、减计收入（18+19+23+24）	
18	（一）综合利用资源生产产品取得的收入在计算应纳税所得额时减计收入	
19	（二）金融、保险等机构取得的涉农利息、保费减计收入（20+21+22）	
20	1. 金融机构取得的涉农贷款利息收入在计算应纳税所得额时减计收入	
21	2. 保险机构取得的涉农保费收入在计算应纳税所得额时减计收入	
22	3. 小额贷款公司取得的农户小额贷款利息收入在计算应纳税所得额时减计收入	
23	（三）取得铁路债券利息收入减半征收企业所得税	
24	（四）其他	
25	三、加计扣除（26+27+28+29+30）	600 000
26	（一）开发新技术、新产品、新工艺发生的研究开发费用加计扣除（填写 A107012）	600 000
27	（二）科技型中小企业开发新技术、新产品、新工艺发生的研究开发费用加计扣除（填写 A107012）	
28	（三）企业为获得创新性、创意性、突破性的产品进行创意设计活动而发生的相关费用加计扣除	
29	（四）安置残疾人员所支付的工资加计扣除	
30	（五）其他	
31	合计（1+17+25）	1 300 000

表 5-20　A107011 符合条件的居民企业之间的股息、红利等权益性投资收益优惠明细表

金额单位：元（列至角分）

行次	被投资企业	被投资企业统一社会信用代码（纳税人识别号）	投资性质	投资成本	投资比例	被投资企业利润分配确认金额		被投资企业清算确认金额			撤回或减少投资确认金额						合计
						被投资企业做出利润分配或转股决定时间	依决定归属于本公司的股息、红利等权益性投资收益金额	分得的被投资企业清算剩余资产	被清算企业累计未分配利润和累计盈余公积应享有部分	应确认的股息所得	从被投资企业撤回或减少投资取得的资产	减少投资比例	收回初始投资成本	取得资产中超过收回初始投资成本部分	撤回或减少投资应享有被投资企业累计未分配利润和累计盈余公积	应确认的股息所得	
	1	2	3	4	5	6	7	8	9	10（8与9孰小）	11	12	13（4×12）	14（11–13）	15	16（14与15孰小）	17（7+10+16
1				3 000 000	10%	4月30日	300 000										300 000
8	合计																300 000
9	其中：股票投资—沪港通H股																
10	股票投资—深港通H股																

表 5-21　A107012 研发费用加计扣除优惠明细表

金额单位：元（列至角分）

基本信息			
1	☑ 一般企业　　☐科技型中小企业	科技型中小企业登记编号	
2	本年可享受研发费用加计扣除项目数量		
研发活动费用明细			
3	一、自主研发、合作研发、集中研发（4+8+17+20+24+35）		580 000
4	（一）人员人工费用（5+6+7）		200 000
5	1. 直接从事研发活动人员工资薪金		150 000
6	2. 直接从事研发活动人员五险一金		50 000
7	3. 外聘研发人员的劳务费用		
8	（二）直接投入费用（9+10+…+16）		188 000
9	1. 研发活动直接消耗材料		80 000
10	2. 研发活动直接消耗燃料		
11	3. 研发活动直接消耗动力费用		60 000
12	4. 用于中间试验和产品试制的模具、工艺装备开发及制造费		40 000
13	5. 用于不构成固定资产的样品、样机及一般测试手段购置费		
14	6. 用于试制产品的检验费		3 000
15	7. 用于研发活动的仪器、设备的运行维护、调整、检验、维修等费用		5 000
16	8. 通过经营租赁方式租入的用于研发活动的仪器、设备租赁费		
17	（三）折旧费用（18+19）		7 000
18	1. 用于研发活动的仪器的折旧费		2 000
19	2. 用于研发活动的设备的折旧费		5 000
20	（四）无形资产摊销（21+22+23）		5 000
21	1. 用于研发活动的软件的摊销费用		3 000
22	2. 用于研发活动的专利权的摊销费用		2 000
23	3. 用于研发活动的非专利技术（包括许可证、专有技术、设计和计算方法等）的摊销费用		
24	（五）新产品设计费等（25+26+27+28）		130 000
25	1. 新产品设计费		80 000
26	2. 新工艺规程制定费		20 000
27	3. 新药研制的临床试验费		30 000
28	4. 勘探开发技术的现场试验费		
29	（六）其他相关费用(30+31+32+33+34)		50 000
30	1. 技术图书资料费、资料翻译费、专家咨询费、高新科技研发保险费		40 000
31	2. 研发成果的检索、分析、评议、论证、鉴定、评审、评估、验收费用		
32	3. 知识产权的申请费、注册费、代理费		
33	4. 职工福利费、补充养老保险费、补充医疗保险费		
34	5. 差旅费、会议费		10 000
35	（七）经限额调整后的其他相关费用		
36	二、委托研发[(37-38)×80%]		20 000
37	委托外部机构或个人进行研发活动所发生的费用		25 000
38	其中：委托境外进行研发活动所发生的费用		
39	三、年度研发费用小计(3+36)		600 000
40	（一）本年费用化金额		600 000
41	（二）本年资本化金额		
42	四、本年形成无形资产摊销额		
43	五、以前年度形成无形资产本年摊销额		
44	六、允许扣除的研发费用合计（40+42+43）		600 000
45	减：特殊收入部分		
46	七、允许扣除的研发费用抵减特殊收入后的金额(44-45)		600 000
47	减：当年销售研发活动直接形成产品（包括组成部分）对应的材料部分		
48	减：以前年度销售研发活动直接形成产品（包括组成部分）对应材料部分结转金额		
49	八、加计扣除比例		100%
50	九、本年研发费用加计扣除总额（46-47-48）×49		600 000
51	十、销售研发活动直接形成产品（包括组成部分）对应材料部分结转以后年度扣减金额（当 46-47-48≥0，本行=0；当 46-47-48<0，本行=46-47-48 的绝对值）		

金额单位：元（列至角分）

行次	减免项目	项目名称	优惠事项名称	优惠方式	项目收入	项目成本	相关税费	应分摊期间费用	纳税调整额	项目所得额		减免所得额
										免税项目	减半项目	
		1	2	3	4	5	6	7	8	9	10	11(9+10×50%)
1	一、农、林、牧、渔业项目											
2												
3		小计	*	*								
4	二、国家重点扶持的公共基础设施项目											
5												
6		小计	*	*								
7	三、符合条件的环境保护、节能节水项目											
8												
9		小计	*	*								
10	四、符合条件的技术转让项目		*	*						*	*	*
11			*	*						*	*	*
12		小计		*								
13	五、清洁发展机制项目		*									
14			*									
15		小计	*	*								
16	六、符合条件的节能服务公司实施合同能源管理项目		*									
17			*									
18		小计	*	*								
19	七、线宽小于 130 纳米（含）的集成电路生产项目		*									
20			*									
21		小计	*	*								
22	八、线宽小于 65 纳米（含）或投资额超过 150 亿元的集成电路生产项目											
23												
24		小计	*	*								
25	九、线宽小于 28 纳米（含）的集成电路生产项目		*									
26			*									
27		小计	*	*								
28	十、其他											
29												
30		小计	*	*								
31	合计	*	*	*								

表 5-23　A107030 抵扣应纳税所得额明细表

金额单位：元（列至角分）

行次	项目	合计金额	投资于未上市中小高新技术企业	投资于种子期、初创期科技型企业
		1=2+3	2	3
一、创业投资企业直接投资按投资额一定比例抵扣应纳税所得额				
1	本年新增的符合条件的股权投资额			
2	税收规定的抵扣率	70%	70%	70%
3	本年新增的可抵扣的股权投资额（1×2）			
4	以前年度结转的尚未抵扣的股权投资余额		*	*
5	本年可抵扣的股权投资额（3+4）		*	*
6	本年可用于抵扣的应纳税所得额		*	*
7	本年实际抵扣应纳税所得额			
8	结转以后年度抵扣的股权投资余额		*	*
二、通过有限合伙制创业投资企业投资按一定比例抵扣分得的应纳税所得额				
9	本年从有限合伙创投企业应分得的应纳税所得额			
10	本年新增的可抵扣投资额			
11	以前年度结转的可抵扣投资额余额		*	*
12	本年可抵扣投资额（10+11）		*	*
13	本年实际抵扣应分得的应纳税所得额			
14	结转以后年度抵扣的投资额余额		*	*
三、抵扣应纳税所得额合计				
15	合计（7+13）			

表 5-24 A107040 减免所得税优惠明细表

金额单位：元（列至角分）

行次	项目	金额
1	一、符合条件的小型微利企业减免企业所得税	
2	二、国家需要重点扶持的高新技术企业减按 15%的税率征收企业所得税（填写 A107041）	
3	三、经济特区和上海浦东新区新设立的高新技术企业在区内取得的所得定期减免企业所得税（填写 A107041）	
4	四、受灾地区农村信用社免征企业所得税	*
5	五、动漫企业自主开发、生产动漫产品定期减免企业所得税	
6	六、线宽小于 0.8 微米（含）的集成电路生产企业减免企业所得税（填写 A107042）	
7	七、线宽小于 0.25 微米的集成电路生产企业减按 15%税率征收企业所得税（填写 A107042）	*
8	八、投资额超过 80 亿元的集成电路生产企业减按 15%税率征收企业所得税（填写 A107042）	*
9	九、线宽小于 0.25 微米的集成电路生产企业减免企业所得税（填写 A107042）	
10	十、投资额超过 80 亿元的集成电路生产企业减免企业所得税（填写 A107042）	
11	十一、新办集成电路设计企业减免企业所得税（填写 A107042）	
12	十二、国家规划布局内集成电路设计企业可减按 10%的税率征收企业所得税（填写 A107042）	*
13	十三、符合条件的软件企业减免企业所得税（填写 A107042）	
14	十四、国家规划布局内重点软件企业可减按 10%的税率征收企业所得税（填写 A107042）	*
15	十五、符合条件的集成电路封装测试企业定期减免企业所得税（填写 A107042）	
16	十六、符合条件的集成电路关键专用材料生产企业、集成电路专用设备生产企业定期减免企业所得税（填写 A107042）	
17	十七、经营性文化事业单位转制为企业的免征企业所得税	
18	十八、符合条件的生产和装配伤残人员专门用品企业免征企业所得税	
19	十九、技术先进型服务企业（服务外包类）减按 15%的税率征收企业所得税	
20	二十、技术先进型服务企业（服务贸易类）减按 15%的税率征收企业所得税	
21	二十一、设在西部地区的鼓励类产业企业减按 15%的税率征收企业所得税（主营业务收入占比____%）	
22	二十二、新疆困难地区新办企业定期减免企业所得税	
23	二十三、新疆喀什、霍尔果斯特殊经济开发区新办企业定期免征企业所得税	
24	二十四、广东横琴、福建平潭、深圳前海等地区的鼓励类产业企业减按 15%税率征收企业所得税	
25	二十五、北京冬奥组委、北京冬奥会测试赛赛事组委会免征企业所得税	
26	二十六、线宽小于 130 纳米（含）的集成电路生产企业减免企业所得税（原政策，填写 A107042）	
27	二十七、线宽小于 65 纳米（含）或投资额超过 150 亿元的集成电路生产企业减免企业所得税（原政策，填写 A107042）	
28	二十八、其他（28.1+28.2+28.3+28.4+28.5+28.6）	
28.1	（一）从事污染防治的第三方企业减按 15%的税率征收企业所得税	
28.2	（二）上海自贸试验区临港新片区的重点产业企业减按 15%的税率征收企业所得税	
28.3	（三）海南自由贸易港鼓励类企业减按 15%税率征收企业所得税	
28.4	（四）国家鼓励的集成电路和软件企业减免企业所得税政策（28.4.1+…+28.4.10）	
28.4.1	1.线宽小于 28 纳米（含）集成电路生产企业减免企业所得税（填写 A107042）	
28.4.2	2.线宽小于 65 纳米（含）集成电路生产企业减免企业所得税（填写 A107042）	
28.4.3	3.线宽小于 130 纳米（含）集成电路生产企业减免企业所得税（填写 A107042）	
28.4.4	4.集成电路设计业减免企业所得税（填写 A107042）	
28.4.5	5.重点集成电路设计企业减免企业所得税（填写 A107042）	
28.4.6	6.集成电路装备企业减免企业所得税（填写 A107042）	
28.4.7	7.集成电路材料企业减免企业所得税（填写 A107042）	
28.4.8	8.集成电路封装、测试企业减免企业所得税（填写 A107042）	
28.4.9	9.软件企业减免企业所得税（填写 A107042）	
28.4.10	10.重点软件企业减免企业所得税（填写 A107042）	
28.5	（五）其他 1	
28.6	（六）其他 2	
29	二十九、减：项目所得额按法定税率减半征收企业所得税叠加享受减免税优惠	
30	三十、支持和促进重点群体创业就业企业限额减征企业所得税（30.1+30.2）	
30.1	（一）下岗失业人员再就业	
30.2	（二）高校毕业生就业	
31	三十一、扶持自主就业退役士兵创业就业企业限额减征企业所得税	
32	三十二、符合条件的公司型创投企业按照企业年末个人股东持股比例减免企业所得税（个人股东持股比例____%）	
33	三十三、民族自治地方的自治机关对本民族自治地方的企业应缴纳的企业所得税中属于地方分享的部分减征或免征（□免征 □减征：减征幅度____% ）	
34	合计（1+2+…+28-29+30+31+32+33）	

表 5-25　A107050 税额抵免优惠明细表

金额单位：元（列至角分）

行次	项目	年度	本年抵免前应纳税额	本年允许抵免的专用设备投资额	本年可抵免税额	以前年度已抵免额						本年实际抵免的各年度税额	可结转以后年度抵免的税额
						前五年度	前四年度	前三年度	前二年度	前一年度	小计		
		1	2	3	4（3×10%）	5	6	7	8	9	10（5+…+9）	11	12（4-10-11）
1	前五年度												*
2	前四年度					*							
3	前三年度					*	*						
4	前二年度					*	*	*					
5	前一年度					*	*	*	*				
6	本年度	2023	1 408 300	2 000 000	200 000	*	*	*	*	*	*	200 000	0
7	本年实际抵免税额合计											200 000	*
8	可结转以后年度抵免的税额合计												0
9	专用设备投资情况	本年允许抵免的环境保护专用设备投资额											
10		本年允许抵免节能节水的专用设备投资额									2 000 000		
11		本年允许抵免的安全生产专用设备投资额											

表 5-26　A108000 境外所得税收抵免明细表

金额单位：元（列至角分）

行次	国家（地区）	境外税前所得	境外所得纳税调整后所得	弥补境外以前年度亏损	境外应纳税所得额	抵减境内亏损	抵减境内亏损后的境外应纳税所得额	税率	境外所得应纳税额	境外所得可抵免税额	境外所得抵免限额	本年可抵免境外所得税额	未超过境外所得税抵免限额的余额	本年可抵免以前年度未抵免境外所得税额	按简易办法计算				境外所得抵免所得税额合计
															按低于12.5%的实际税率计算的抵免额	按12.5%计算的抵免额	按25%计算的抵免额	小计	
	1	2	3	4	5（3-4）	6	7（5-6）	8	9（7×8）	10	11	12	13（11-12）	14	15	16	17	18（15+16+17）	19（12+14+18）
1	A国	400 000	400 000		400 000		400 000	25%	100 000	120 000	100 000	100 000	0						100 000
2	B国	300 000	300 000		300 000		300 000	25%	75 000	60 000	75 000	75 000	0						75 000
3																			
4																			
5																			
6																			
7																			
8																			
9																			
10	合计	700 000	700 000		700 000		700 000	25%	175 000	180 000	175 000	175 000	0						175 000

表 5-27　A108010 境外所得纳税调整后所得明细表

金额单位：元（列至角分）

行次	国家（地区）	境外税后所得								境外所得可抵免的所得税额				境外税前所得	境外分支机构收入与支出纳税调整额	境外分支机构调整分摊扣除的有关成本费用	境外所得对应调整的相关成本费用支出	境外所得纳税调整后所得	其中：海南自由贸易港企业新增境外直接投资所得							
																			新设境外分支机构所得					新增境外直接投资相对应的股息所得		境外享受免税政策的所得小计
		分支机构营业利润所得	股息、红利等权益性投资所得	利息所得	租金所得	特许权使用费所得	财产转让所得	其他所得	小计	直接缴纳的所得税额	间接负担的所得税额	享受税收饶让抵免税额	小计						营业利润	调整分摊扣除的有关成本费用	纳税调整额	纳税调整后所得	境外所得税额	对应的股息所得	对应的股息境外所得税额	
	1	2	3	4	5	6	7	8	9(2+…+8)	10	11	12	13(10+11+12)	14(9+10+11)	15	16	17	18(14+15-16-17)	19	20	21	22(19-20+21)	23	24	25	26(22+24)
1	A国	280 000							280 000	120 000			120 000	400 000				400 000								
2	B国	240 000							240 000	60 000			60 000	300 000				300 000								
3																										
4																										
5																										
6																										
7																										
8																										
9																										
10	合计	520 000							520 000	180 000			180 000	700 000				700 000								

表 5-28　A108020 境外分支机构弥补亏损明细表

金额单位：元（列至角分）

行次	国家（地区）	非实际亏损额的弥补				实际亏损额的弥补													
		以前年度结转尚未弥补的非实际亏损额	本年发生的非实际亏损额	本年弥补的以前年度非实际亏损额	结转以后年度弥补的非实际亏损额	以前年度结转尚未弥补的实际亏损额						本年发生的实际亏损额	本年弥补的以前年度实际亏损额	结转以后年度弥补的实际亏损额					
						前五年	前四年	前三年	前二年	前一年	小计			前四年	前三年	前二年	前一年	本年	小计
	1	2	3	4	5（2+3-4）	6	7	8	9	10	11（6+…+10）	12	13	14	15	16	17	18	19（14+…+18）
1																			
2																			
3																			
4																			
5																			
6																			
7																			
8																			
9																			
10	合计																		

（二）企业所得税预缴纳税申报表填写

表 5-29　A200000 中华人民共和国企业所得税月（季）度预缴纳税申报表（A 类）

税款所属期间：　年　月　日至　年　月　日	纳税人名称：
纳税人识别号（统一社会信用代码）：□□□□□□□□□□□□□□□□□□	金额单位：人民币元（列至角分）

优惠及附报事项有关信息									
项　目	一季度		二季度		三季度		四季度		季度平均值
	季初	季末	季初	季末	季初	季末	季初	季末	
从业人数									
资产总额（万元）									
国家限制或禁止行业	□ 是　□ 否				小型微利企业				□是 □否
	附报事项名称								金额或选项
事项 1	（填写特定事项名称）								
事项 2	（填写特定事项名称）								

行次	预缴税款计算	本年累计
1	营业收入	
2	营业成本	
3	利润总额	
4	加：特定业务计算的应纳税所得额	
5	减：不征税收入	
6	减：资产加速折旧、摊销（扣除）调减额（填写 A201020）	
7	减：免税收入、减计收入、加计扣除（7.1+7.2+…）	
7.1	（填写优惠事项名称）	
7.2	（填写优惠事项名称）	
8	减：所得减免（8.1+8.2+…）	
8.1	（填写优惠事项名称）	
8.2	（填写优惠事项名称）	
9	减：弥补以前年度亏损	
10	实际利润额（3+4-5-6-7-8-9）\ 按照上一纳税年度应纳税所得额平均额确定的应纳税所得额	
11	税率(25%)	
12	应纳所得税额（10×11）	
13	减：减免所得税额（13.1+13.2+…）	
13.1	（填写优惠事项名称）	
13.2	（填写优惠事项名称）	
14	减：本年实际已缴纳所得税额	
15	减：特定业务预缴（征）所得税额	
16	本期应补（退）所得税额（12-13-14-15）　\ 税务机关确定的本期应纳所得税额	

汇总纳税企业总分机构税款计算			
17	总机构	总机构本期分摊应补（退）所得税额（18+19+20）	
18		其中：总机构分摊应补（退）所得税额（16×总机构分摊比例__%）	
19		财政集中分配应补（退）所得税额（16×财政集中分配比例__%）	
20		总机构具有主体生产经营职能的部门分摊所得税额（16×全部分支机构分摊比例__%×总机构具有主体生产经营职能部门分摊比例__%）	
21	分支机构	分支机构本期分摊比例	
22		分支机构本期分摊应补（退）所得税额	

实际缴纳企业所得税计算			
23	减：民族自治地区企业所得税地方分享部分：□ 免征 □ 减征：减征幅度____%）	本年累计应减免金额［（12-13-15）×40%×减征幅度］	
24	实际应补（退）所得税额		

谨声明：本纳税申报表是根据国家税收法律法规及相关规定填报的，是真实的、可靠的、完整的。 纳税人（签章）：　　年　月　日	
经办人： 经办人身份证号： 代理机构签章： 代理机构统一社会信用代码：	受理人： 受理税务机关（章）： 受理日期：　年　月　日

表 5-30　A201020 资产加速折旧、摊销（扣除）优惠明细表

金额单位：元（列至角分）

行次	项目	本年享受优惠的资产原值	本年累计折旧\摊销（扣除）金额				
			账载折旧\摊销金额	按照税收一般规定计算的折旧\摊销金额	享受加速政策计算的折旧\摊销金额	纳税调减金额	享受加速政策优惠金额
		1	2	3	4	5	6（4-3）
1	一、加速折旧、摊销（不含一次性扣除，1.1+1.2+…）						
1.1	填写优惠事项名称						
1.2	填写优惠事项名称						
2	二、固定资产、无形资产一次性扣除（2.1+2.2+…）						
2.1	填写优惠事项名称						
2.2	填写优惠事项名称						
3	合计（1+2）						

表 5-31　A202000 企业所得税汇总纳税分支机构所得税分配表

金额单位：元（列至角分）

<table>
<tr><th colspan="2">应纳所得税额</th><th>总机构分摊所得税额</th><th colspan="3">总机构财政集中分配所得税额</th><th colspan="2">分支机构分摊所得税额</th></tr>
<tr><td colspan="2"></td><td></td><td colspan="3"></td><td colspan="2"></td></tr>
<tr><td rowspan="5">分支机构情况</td><td rowspan="2">分支机构纳税人识别号(统一社会信用代码)</td><td rowspan="2">分支机构名称</td><td colspan="3">三项因素</td><td rowspan="2">分配比例</td><td rowspan="2">分配所得税额</td></tr>
<tr><td>营业收入</td><td>职工薪酬</td><td>资产总额</td></tr>
<tr><td></td><td></td><td></td><td></td><td></td><td></td><td></td></tr>
<tr><td></td><td></td><td></td><td></td><td></td><td></td><td></td></tr>
<tr><td></td><td></td><td></td><td></td><td></td><td></td><td></td></tr>
</table>

项目小结

作为我国税收体系中的第二大税种，企业所得税的税额计算和纳税申报非常重要。我国企业所得税的纳税人必须是独立法人，纳税采用登记注册地标准和实际管理机构标准，并将企业所得税的纳税人区分为居民企业和非居民企业。

企业所得税的征税范围包括九项所得：销售货物所得、提供劳务所得、转让财产所得、股息红利等权益性投资所得、利息所得、租金所得、特许权使用费所得、接受捐赠所得、其他所得。

我国企业所得税实行综合所得税制，适用比例税率，共分四档：25%、20%、15%、10%。企业从事业务时应充分考虑税率差异所带来的税收优惠，合理降低税负。

收入分为一般收入、特殊收入、不征税收入、免税收入四种类型。一般收入可以根据业务性质细分为销售货物收入、提供劳务收入、转让财产收入、股息红利等权益性投资收益、利息收入、租金收入、特许权使用费收入、接受捐赠收入、违约金收入、债务重组收入、其他收入。其中销售货物收入、提供劳务收入、租金收入、特许权使用费收入，均属于日常活动产生的销售（营业）收入，是企业计算业务招待费和广告宣传费扣除的基数。

扣除项目有三种：准予据实扣除项目、准予限额扣除项目、不得扣除项目。企业应当正确地区分和计算扣除项目的金额。

企业所得税的应纳税所得额是每一纳税年度的收入总额，减除不征税收入、免税收入、各项扣除和允许弥补的以前年度亏损后的余额；应纳税所得额也可以是会计利润总额进行税前调整后的金额。

企业所得税额计算的关键在于计算应纳税所得额。应纳税所得额一般是根据会计利润总额加减税前调整金额计算而来的。税前调整又必须正确地确定收入、区分扣除项目。居民企业来自境外的所得已经在境外缴纳的所得税额，允许按规定限额进行抵免。非居民企业的预提所得税税率为10%。实行核定征收所得税的居民企业要符合税法规定的核定范围，一般按核定所得率的方式计算应纳税额。

企业所得税法规定了很多的税收优惠政策，主要包括：减征免征优惠、三免三减半、税率优惠、加计扣除、创投企业抵扣所得、减计收入、税额抵免、加速折旧等优惠。

居民企业来自中国境内、境外的所得，在中国境内设立机构、场所的非居民企业来自中国境内的所得，应纳的企业所得税为应纳税所得额乘以适用税率，减除依照税法规定减免和抵免的税额后的余额。

企业所得税实行按年计征，分月或分季预缴，年终汇算清缴、多退少补的缴纳方法。居民企业以企业登记注册地为纳税地点；企业登记注册地在境外的，以实际管理机构所在地为纳税地点；企业在中国境内设立不具有法人资格的营业机构的，应汇总计算缴纳企业所得税，并实行“统一计算、分级管理、就地预缴、汇总清算、财政调库”的征收管理办法。

课后训练

一、判断题

1. 判断企业是居民企业或非居民企业的标准是登记注册地或实际经营管理机构所在地是否在中国境内。其中，实际管理机构是指对企业的生产经营、人员、账务、财产等实施实质性全面管理和控制的机构。对于实际管理机构的判断，应当遵循实质重于形式的原则。（ ）

2. 企业所得税的纳税人享受企业所得税免税待遇的，在免税期间无须办理纳税申报。（ ）

3. 根据企业所得税法的规定，在计算应纳税所得额时准予按一定比例扣除的公益、救济性捐赠包括纳税人通过企业向自然灾害地区的捐赠。（ ）

4. 除国务院财政、税务部门另有规定外，企业发生的职工教育经费支出不超过工资薪金总额2.5%的部分，准予扣除；超过部分，不得扣除。（ ）

5. 企业为投资者或者职工支付的商业保险费允许扣除。（ ）

二、单项选择题

1. 依据企业所得税法的规定，下列各项中，属于企业所得税纳税人的是（ ）。

A. 合伙企业 B. 个人独资企业 C. 有限责任公司 D. 个体户

2. 某居民企业2018年发生亏损，根据企业所得税法的规定，该亏损额可以用以后纳税年度的所得逐年弥补，但延续弥补的期限最长不得晚于（ ）。

A. 2020年 B. 2021年 C. 2022年 D. 2023年

3. 在中国设立机构、场所且所得与机构、场所有实际联系的非居民企业适用的企业所得税税率是（ ）。

A. 10% B. 20% C. 25% D. 33%

4. 根据企业所得税法的规定，下列各项中，不计入应纳税所得额的是（ ）。

A. 股权转让收入

B. 因债权人原因确实无法支付的应付款

C. 依法收取并纳入财政管理的行政事业性收费

D. 接受捐赠收入

5. 根据企业所得税法的规定，下列各项中，纳税人在计算企业所得税应纳税所得额时不得扣除的项目是（ ）。

A. 消费税　　B. 营业税　　C. 土地增值税　　D. 增值税

6. 根据企业所得税法的规定，纳税人在计算应纳税所得额时，不得作为工资薪金支出的是（　　）。

A. 地区补贴　　B. 独生子女补贴　　C. 物价补贴　　D. 误餐补贴

7. 根据企业所得税法的规定，纳税人取得的下列收入中，应计入应纳税所得额的有（　　）。

A. 银行存款利息收入　　B. 金融债券利息收入

C. 国债利息收入　　D. 国家重点建设债券利息收入

8. 根据企业所得税法的规定，企业发生的公益性捐赠支出，在计算企业所得税应纳税所得额时的扣除标准是（　　）。

A. 全额扣除

B. 在年度应纳税所得额12%以内的部分扣除

C. 在年度利润总额12%以内的部分扣除

D. 在年度应纳税所得额3%以内的部分扣除

9. 下列各项中，依据企业所得税法规定可计提折旧的生物资产是（　　）。

A. 经济林　　B. 防风固沙林　　C. 用材林　　D. 存栏待售的牲畜

10. 企业所得税税收优惠中的加速折旧，要求固定资产加速折旧的期限不得低于法律规定的最低折旧年限的（　　）。

A. 30%　　B. 45%　　C. 50%　　D. 60%

11. 企业应当在年度终了之日起（　　）内办理企业所得税的汇算清缴，多退少补。

A. 2个月　　B. 4个月　　C. 3个月　　D. 5个月

12. 某企业2023年销售货物收入1 500万元，出租房屋收入500万元，当年企业实际发生业务招待费20万元。企业可在税前扣除的业务招待费金额为（　　）万元。

A. 10　　B. 12　　C. 15　　D. 20

13. 某设备生产企业2023年销售收入净额为1 500万元，全年发生广告费52万元，2022年超标广告费90万元。2023年，该企业在计算企业所得税应纳税所得额时，准予扣除的广告费为（　　）万元。

A. 52　　B. 142　　C. 225　　D. 83

14. 某企业2023年毁损一批库存材料，账面成本10 139.50元（含运费139.50元），该企业的损失已经得到税务机关的审核和确认。在计算增值税时，不得抵扣的进项税额为（　　）元，应作“进项税额转出”补缴增值税。在计算企业所得税时，可以在税前扣除的损失是（　　）元。

A. 1 312.56，11 452.06　　B. 1 310.5，11 850

C. 1 300，11 850　　D. 1 300，11 839.5

15. 根据企业所得税法的规定，在计算企业所得税应纳税所得额时，可以计入存货成本的税金是（　　）。

A. 消费税

B. 关税

C. 资源税

D. 不能从销项税额中抵扣的增值税进项税额

三、多项选择题

1. 企业所得税法选择了来源地税收管辖权和居民税收管辖权相结合的混合管辖权，将企业分为居民企业和非居民企业，分别确定不同的纳税义务。其具体划分标准是（　　）。

A. 登记注册地标准

B. 所得来源地标准

C. 实际管理机构所在地标准

D. 经营行为实际发生地标准

2. 根据企业所得税法的规定，下列收入中，属于销售（营业）收入的有（　　）。

A. 销售货物收入

B. 提供劳务收入

C. 转让财产收入

D. 股息红利等权益性投资收益

E. 利息收入

F. 租金收入

G. 特许权使用费收入

H. 接受捐赠收入

3. 根据企业所得税法的规定，下列支出项目中，在计算应纳税所得额时不得扣除的有（　　）。

A. 税收滞纳金 4 万元

B. 银行按规定加收的罚息 6 万元

C. 被没收财物的损失 10 万元

D. 未经核定的准备金支出 8 万元

4. 在计算企业应纳税所得额时，下列支出中，可以加计扣除的有（　　）。

A. 新技术、新产品、新工艺的研究开发费用

B. 残疾职工的工资

C. 赞助支出

D. 职工教育经费

5. 某企业在计算缴纳企业所得税时提出减免企业所得税的请求，其中符合法律规定的有（　　）。

A. 购买国债取得的利息收入，请求免征企业所得税

B. 经营一项农业项目的所得，请求减征企业所得税

C. 投资经营一项非国家扶持基础设施项目的所得，请求免征企业所得税

D. 开发一项新技术的研究开发费用，请求在计算应纳税所得额时加计扣除

四、计算分析题

1. 某企业 2023 年开具增值税专用发票取得收入 3 270 万元，同时企业为销售货物提供了运输服务，运费收取标准为销售货物收入的 10%，并开具增值税普通发票。

收入对应的销售成本和运输成本为 2 780 万元，期间费用为 360 万元，营业外支出 200 万元（其中 180 万元为公益性捐赠支出），上年度企业自行计算亏损 80 万元，经税务机关核定的亏损为 60 万元。

请根据上述内容计算企业在税前可以扣除的公益性捐赠支出。

2. 甲公司 2023 年经营业务如下：取得主营业务收入 4 500 万元，其他业务收入 1 000 万元，视同销售收入 500 万元，营业成本 3 200 万元，发生销售费用 1 340 万元（其中广告费 1 000 万元），管理费用 960 万元（其中业务招待费 30 万元），财务费用 120 万元，营业税及教育费附加 80 万元，营业外收入 140 万元，营业外支出 100 万元（其中包括通过公益性社会团体向灾区捐款 60 万元，支付税收滞纳金 12 万元）。计入成本、费用中的实发工资总额 300 万元，拨缴职工工会活动经费 6 万元，提取职工福利费 46 万元、职工教育经费 10 万元。

请根据上述内容计算甲公司 2023 年应缴纳的企业所得税额。

3. 某企业 2023 年有关经营情况如下：

(1) 实现产品销售收入 5 000 万元，固定资产盘盈收入 55 万元，国债利息收入 20 万元。

(2) 应结转产品销售成本 3 000 万元。

(3) 应缴纳增值税 90 万元，消费税 110 万元，城市维护建设税 14 万元，教育费附加 6 万元。

(4) 发生产品销售费用 250 万元，发生财务费用 12 万元（其中因逾期归还银行贷款，支付银行罚息 2 万元），发生管理费用 808 万元。

(5) 发生营业外支出 70 万元（其中被工商部门罚款 15 万元）。

该企业适用的企业所得税税率为 25%。

请根据上述内容计算该企业 2023 年应缴纳的企业所得税额。

4. 某居民企业 2023 年经营业务如下：取得销售收入 8 000 万元，销售成本 2 400 万元，发生销售费用 1 540 万元（其中广告费 1 200 万元），管理费用 1 040 万元（其中业务招待费 60 万元），财务费用 200 万元，营业税金及附加 460 万元（含增值税 280 万元），营业外收入 150 万元，营业外支出 100 万元（含通过公益性社会团体向贫困山区捐款 60 万元，支付税收滞纳金 12 万元）。计入成本、费用中的实发工资总额 400 万元，拨缴职工工会经费 8 万元，提取职工福利费 47 万元、职工教育经费 12 万元。

请根据上述内容计算该企业 2023 年应缴纳的企业所得税额。

5. 长宏集团 2023 年主要业务如下：

(1) 取得产品销售收入总额 3 000 万元，已扣除折扣销售 20 万元，销售额与折扣额在同一张发票上注明。

(2) 准予扣除的产品销售成本为 860 万元。

（3）发生销售费用 90 万元，其中广告费 55 万元；管理费用 160 万元，其中业务招待费 50 万元；不需要资本化的借款利息 40 万元，其中 20 万元为向非金融机构借款发生的利息，年利率 5.5%，同期金融机构贷款利率为 5%。

（4）应缴纳的增值税额为 60 万元，其他销售税费 120 万元。

（5）营业外支出 14 万元，其中通过县政府向山区农村义务教育捐款 5 万元，直接向遭受自然灾害的学校捐款 2 万元，缴纳税收滞纳金 4 万元。

（6）本年度公司在美国的所得额为人民币 300 万元，美国所得税税率为 30%，税款已在美国缴纳。

请根据上述内容计算该企业 2023 年应缴纳的企业所得税额。

参考文献

1. 中国注册会计师协会. 税法[M]. 北京:经济科学出版社,2022.
2. 中国注册会计师协会. 税法[M]. 北京:经济科学出版社,2023.
3. 全国注册税务师执业资格考试教材编写组. 税法(Ⅰ)[M]. 北京:中国税务出版社,2023.
4. 全国注册税务师执业资格考试教材编写组. 税法(Ⅱ)[M]. 北京:中国税务出版社,2023.
5. 财政部会计资格评价中心. 经济法[M]. 北京:中国财政经济出版社,2022.
6. 财政部会计资格评价中心. 经济法基础[M]. 北京:经济科学出版社,2023.
7. 王碧秀. 税务会计[M]. 2 版. 北京:高等教育出版社,2021.
8. 梁伟样. 税费计算与申报[M]. 4 版. 北京:高等教育出版社,2021.
9. 梁文涛. 税法[M]. 4 版. 北京:中国人民大学出版社,2021.
10. 王莉. 税法[M]. 2 版. 北京:清华大学出版社,2019.
11. 王曙光. 税法[M]. 9 版. 大连:东北财经大学出版社,2021.
12. 梁文涛. 企业纳税实务[M]. 4 版. 北京:高等教育出版社,2023.